A Study of the Imperial
Examination System in the Tang Dynasty

唐代科举制度研究

吴宗国 著

北京大学出版社
PEKING UNIVERSITY PRESS

图书在版编目(CIP)数据

唐代科举制度研究/吴宗国著.—北京:北京大学出版社,2022.10
ISBN 978-7-301-33502-4

Ⅰ.①唐…　Ⅱ.①吴…　Ⅲ.①科举制度—研究—中国—唐代
Ⅳ.①D691.342

中国版本图书馆 CIP 数据核字(2022)第 193180 号

书　　　　名	唐代科举制度研究	
	TANGDAI KEJU ZHIDU YANJIU	
著 作 责 任 者	吴宗国　著	
责 任 编 辑	刘书广　张　晗	
标 准 书 号	ISBN 978-7-301-33502-4	
出 版 发 行	北京大学出版社	
地　　　　址	北京市海淀区成府路 205 号　　100871	
网　　　　址	http://www.pup.cn　　新浪微博:@北京大学出版社	
电 子 信 箱	pkuwsz@126.com	
电　　　　话	邮购部 010-62752015　　发行部 010-62750672	
	编辑部 010-62755217	
印 　刷 　者	北京中科印刷有限公司	
经 销 者	新华书店	
	650 毫米×980 毫米　16 开本　18.25 印张　260 千字	
	2022 年 10 月第 1 版　2023 年 7 月第 2 次印刷	
定　　　　价	78.00 元	

目　录

第一章　科举制度的产生

第一节　察举制内部新制度的萌芽

科举，作为唐宋以后选拔官吏的一种考试制度，是从两汉至南北朝时期的察举制度发展而来。它的产生有一个发展过程，大抵萌于南北朝，始于隋而成于唐。

春秋时期（前 770—前 476），官职完全由世族垄断。战国时期（前 475—前 221）各国变法的主要内容之一，就是要废除世卿世禄制度。虽然要职大多仍由宗室、同姓或大族担任，但是官吏都不再授给采邑，而是领取实物俸禄。同时，随着"士"这一知识群体的壮大与活跃，荐举也成为日益普遍的选官方式。

西汉初年实行"任子"和"赀选"制度。二千石以上大官的子弟可送到朝廷为郎。拥有十万钱家产而又不是商人者，也可以候选为郎。高级官吏多出自二千石子弟。郡县佐官则由长官辟召，一般平民可经过这个途径担任官职。

汉武帝时正式建立察举制度。汉文帝十五年（前 165）就曾诏诸侯王、公卿、郡守举贤良能直谏者，文帝亲自策试。① 汉武帝建元元年（前 140）诏举贤良方正直言极谏之士，武帝亲自策问以古今治道及天人关系问题。由皇帝临时下诏察举贤良的特科正式形成。汉武帝元光元年

---

① 《汉书》卷四《文帝纪》。本书所引正史均为中华书局点校本。

（前134），"初令郡国举孝廉各一人"。① 岁举孝廉的察举常科亦初步建立。同年，武帝还诏举贤良、文学，并亲加策试。汉武帝还在京师建立了太学，置博士弟子五十人，学成考试合格，可授予官职。这样，一般平民子弟就可以通过察举或学校获得官职。这是一个由贵族或高官子弟世袭任官到一般平民按才能任官的过程，但是，如果不为地方所举，仍不能做官。

东汉顺帝阳嘉元年（132），"初令郡国举孝廉，限年四十以上，诸生通章句，文吏能笺奏，乃得应选"。② 岁举孝廉也建立了考试制度，阳嘉之制实行后，儒生、文吏被郡守举为孝廉后，如果不能通过中央的考试，便不能获得官职。而郡守的举荐，则是到中央参加考试的前提。随着豪强大族经济力量的发展，他们也逐步操纵了所在州郡的政治。因此，东汉中叶以后，察举和辟召都为豪强大族所垄断。最后发展到魏晋的九品中正制，虽然出身授职还得通过两汉以来的察举、征辟等入仕途径，但被察举或征辟的条件首先是门第。门第成为做官的先决条件，这与西汉从任子、赀选到察举相比，正好是一个相反的过程。

南北朝以来，随着豪强士族的衰落，按照才能而不是按照门第选任官吏的问题被重新提了出来。后来成为梁武帝的萧衍在南齐末年的上表中提出："设官分职，惟才是务。"③西魏时苏绰在为宇文泰所拟《六条诏书》第四条中也指出，"自昔以来，州郡大吏，但取门资"。而"门资者，乃先世之爵禄，无妨子孙之愚瞽"。明确提出："今之选举者，当不限资荫，唯在得人。"④同时，社会上私学的兴起，也使教育逐步从贵族门阀的控制下解放出来，从下层产生了一批士人。察举制重新受到了重视，南朝和北朝都恢复了举秀才、举孝廉的制度。梁武帝天监四年

---

① 《汉书》卷六《武帝纪》。

② 《后汉书》卷六《顺帝纪》。

③ 《梁书》卷一《武帝纪上》。

④ 《周书》卷二三《苏绰传》。

（505）又置五经博士各一人，各主一馆。与过去国子学生只有贵族高官子弟才能入学不同，"五馆生皆引寒门俊才"。[1] "馆有数百生，给其饩廪。其射策通明者，即除为吏。十数年间，怀经负笈者云会京师。"[2] 一些寒门子弟通过明经试策的方式进入了仕途。此后，举明经逐步取代了举孝廉，形成了秀才、明经两科并立的局面。北周也实行了举明经的制度。

自举这种新的考试制度的萌芽在南北朝时期也已经出现。梁武帝在天监八年诏："其有能通一经、始末无倦者，策实之后，选可量加叙录。虽复牛监羊肆，寒品后门，并随才试吏，勿有遗隔。"[3]诏中把能通一经作为参加策试的唯一条件，并特别指出，虽寒品后门，都可以随才试吏。北齐时，马敬德"将举为孝廉，固辞不就。乃诣州求举秀才，举秀才例取文士，州将以其纯儒，无意推荐。敬德请试方略，乃策问之，所答五条，皆有文理，乃欣然举送至京"。[4] 马敬德通过诣州自请乃得举秀才，在当时虽然还只是一个偶发的事件，但也说明应举者已经可以主动采取一些行动，以争取举送，而不是在家里坐等地方长吏察举。

尽管在南北朝察举制仍被士族、贵族用作入仕的工具，特别是在南朝，秀才科几为高门所垄断，但是，通过考试按才能选官的原则毕竟是重新提出来了。而学校向寒门开放和自举的萌芽，不仅动摇了地方长官举荐这一察举制度的基础，也为朝廷从一般百姓中选拔贤才开辟了道路。这些都是在旧制度内部产生的新制度的萌芽。

第二节　科举制的产生

隋朝建立后，废除了九品中正制，并废除了州郡长官辟举佐官的制

---

[1] 《隋书》卷二六《百官志上》。

[2] 《梁书》卷四八《儒林传序》。

[3] 《梁书》卷二《武帝纪中》。

[4] 《北齐书》卷四四《马敬德传》。

度,各级官吏包括地方佐官一律由中央任免。① 官吏的任用不再受门第的限制。但是,周齐以来的用人标准和入仕途径,以及齐梁以来柔靡的文风,阻碍了新的选官制度的进一步发展。

从用人标准来说,北周、北齐尚武、尚贵戚的传统仍然起着强大的作用。尚武,主要还是西魏、北周和东魏、北齐以及南北对立的形势使然。② 尚贵戚则是鲜卑旧习和门阀制度的影响。从入仕途径来说,高级官吏多由门荫入仕的高官子弟担任,下级官吏则多由刀笔吏升任。③从士人中选拔有才学者担任各级官吏,尚未被视为当然。而士人多沾染了齐梁以来"遗理存异,寻虚逐微,竞一韵之奇,争一字之巧"④轻薄华艳的文风,这也使他们不能胜任各级政务,从他们中间很难选拔出合适的官吏。

但是,贵戚、武人也很难适应正在建立中的统一王朝的需要。因此,隋的开国功臣虽多为武将、贵戚,而隋文帝在修订律令,制礼作乐,进行各项政治经济改革时,重用的却是苏威、高颍、李德林、牛弘等一批文士。在隋朝建立后的一个时期内,有齐、周、梁、陈时期培养出来的一批文士可供驱使,但是随着时间的推移,培养和选拔新一代官吏的问题,也提到了隋王朝的面前。

隋文帝想通过学校培养一批人才,"开进仕之路,伫贤隽之人"。⑤但由于办学指导思想和教学内容上的问题,学校一直未能培养出适合当时统治需要的人才。⑥ 因此,到开皇七年(587)正月,"乙未,制诸州岁贡三人"。⑦ 正式设立了每年举行的常贡。

---

① 《隋书》卷二八《百官志》,卷七五《刘炫传》。

② 《隋书》卷四《炀帝纪下》大业八年九月己丑诏。

③ 《隋书》卷七五《儒林传序》。

④ 《隋书》卷六六《李谔传》。

⑤ 《隋书》卷二《高祖纪下》。

⑥ 《隋书》卷二《高祖纪下》开皇九年四月壬戌诏,仁寿元年六月乙丑诏。

⑦ 《隋书》卷一《高祖纪上》。

开皇时期岁贡三人的科目史无明文。《北史》卷二六《杜正玄传》记载：杜正玄"少传家业，耽志经史。隋开皇十五年，举秀才，试策高第。曹司以策过左仆射杨素，怒曰：'周孔更生，尚不得为秀才，刺史何忽妄举此人？可附下考。'乃以策抵地，不视。时海内唯正玄一人应秀才，余常贡者，随例铨注讫，正玄独不得进止"。说明常贡中有秀才一科。此外，还有明经科。隋文帝在开皇九年四月壬戌诏中提到，"京邑庠序，爰及州县，生徒受业，升进于朝，未有灼然明经高第"。[①] 灼然明经是指明于经术，高第是及第时等级高。南北朝举孝廉也要求明于经术，及第时也有等级的区别，因此，灼然明经高第还不等于明经科。但是齐、梁、北周时只有学生试经及非学校学生举明经及第，才称为明经科。而诏中所指为国子学和州县的生徒，因此，诏中所说"未有灼然明经高第"是指明经科。杜正玄传中所云"余常贡者"，所指主要即为明经科。由此可见，隋文帝时常贡的科目，主要有秀才和明经。

秀才在魏齐梁陈，主要是考文学才能。北魏刘景安致崔亮书有云："朝廷贡秀才，止求其文，不取其理。"[②]当时察举秀才，大部分仍为贵戚门阀，不过是改变一下他们的入仕途径，并非真正从下层选拔有才能者。因此，当察举真正转向选拔有作为的官吏时，标准也要随之改变。北周平北齐后，宣政元年（578）宣帝诏"州举高才博学者为秀才"，[③]着眼点已不止于文才。至隋，秀才"试方略"，[④]虽仍为试策，但更加侧重于策文的内容，更明确提出了政治见识方面的要求。要求提高了，这对当时的文士来说，是一个很难达到的标准。因此，秀才科在隋唐之际又被称为"秀异之贡"，[⑤]一般士子不敢应举，乃至出现了开皇十五年（595）应举者只有杜正玄一人的情况。有隋一代秀才及第者也不

---

① 《隋书》卷二《高祖纪下》。

② 《魏书》卷六六《崔亮传》。

③ 《周书》卷七《宣帝纪》。

④ 《隋书》卷七六《杜正玄传》。

⑤ 《隋书》卷七六《文学传》史臣曰。

过十余人。①

明经于开皇时及第的,可考者只有韦云起一人。明经由国子学和州县学的生徒或州贡举的士子升进于朝进行考试。隋文帝曾"令国子生通一经者,并悉荐举,将擢用之",策试者达四五百人之多。② 开皇初年,隋有211州,州岁贡三人,每年可贡六百人上下,其中大部分是应明经举。而及第者几乎全都没有在历史上留下什么痕迹。这至少说明,明经出身者在仕途上都颇不顺利,无人致位通显,更没有什么人作出过特殊的建树。这固然与周齐"咸取士于刀笔"的传统有关,更主要的还是因为在这种情况下"儒罕通人,学多鄙俗者也"。③

上述情况说明,秀才、明经在当时实际政治生活中都起不了什么作用。

学校和常贡都满足不了实际的需要,因此,隋文帝进一步求之于官吏的举荐。早在开皇二年(582)正月,隋文帝就曾"诏举贤良";开皇三年十一月又下诏:"如有文武才用,未为时知,宜以礼发遣,朕将铨擢。"④但那只是开国之初的一种临时措施,后来就搁置不行了。直到开皇十八年七月,才又"诏京官五品以上,总管、刺史,以志行修谨、清平干济二科举人"。企图通过举荐来发现人才。仁寿二年(602),"诏内外官各举所知",目的是从原有的官吏中选拔出一批卓越的人才。

仁寿三年七月,隋文帝又诏:"其令州县搜扬贤哲,皆取明知今古,通识治乱,究政教之本,达礼乐之源。不限多少,不得不举。限以三旬,咸令进路。征召将送,必须以礼。"要求地方官按照上述标准把"闾阎

---

① 《旧唐书》卷七〇《杜正伦传》。隋秀才除杜正玄、杜正藏、杜正伦兄弟外,还有侯白(《隋书·陆爽传附侯白》)、刘焯(《隋书·刘焯传》)、王贞(《隋书·王贞传》)、窦威(《旧唐书·窦威传》)、许敬宗(《旧唐书·许敬宗传》)、王通(《杨炯集》卷三《王勃集序》)、仲孝俊(《金石萃编》卷四〇《陈叔毅修孔子庙碑》)等。见于其他碑志者,未及列入。

② 《隋书》卷七五《房晖远传》。

③ 《隋书》卷七五《儒林传序》。

④ 《隋书》卷一《高祖纪上》。

秀异之士,乡曲博雅之儒"举荐到朝廷,使皇帝可以"藉群才"而致治。①
这个诏令在官吏的选拔和任用上提出了两个原则,一是群才不一定出
自贵族高官子弟,而可以出自闾阎乡曲。这是对以门第任用官吏的进
一步否定。二是不仅确定要以才学举人,而且对才学的内容作了进一
步阐述,就是要"明知今古,通识治乱,究政教之本,达礼乐之源"。既
要熟悉历史和现状,还要精通统治理论和统治方法。这就有别于传统
的经术和章句之学,而要求学者在经世致用上下功夫。这与秀才试方
略,在精神上是一致的。

隋炀帝即位后,选拔人才的问题更加突出了。大业元年七月,他诏
令"诸在家及见入学者,若有笃志好古,耽悦典坟,学行优敏,堪膺时
务,所在采访,具以名闻"。② 诏令提出的"学行优敏,堪膺时务",与隋
文帝提出的对才学的要求是一致的,都是要选拔具有一定素养的政治
人才。诏令还特别指明举荐的对象是"诸在家及见入学者",要从经过
学习的文士中选拔人才,把学和举直接联系在一起。

大业三年四月,炀帝又下令以孝悌有闻、德行敦厚、节义可称、操履
清洁、强毅正直、执宪不挠、学业优敏、文才美秀、才堪将略和臂力骁壮
等十科举人,并且要求只要有一艺可取,亦宜采录,不必求备。③ 在着
重选拔政治人才的同时,提出了从多方面举荐人才的要求,反映了统一
王朝对人才不同层次,不同方面的需要。

在大业八年九月的诏令中,隋炀帝进一步总结了北魏灭亡后"三
方未一,四海交争,不遑文教,唯尚武功。设官分职,罕以才授;班朝治
人,乃由勋叙,莫非拔足行阵,出自勇夫"的任官原则。并指出这些武
夫由于没有经过学习,不懂政事,"是非暗于在己,威福专于下吏",造
成了"贪冒货贿,不知纪极,蠹政害民"的严重后果。因而提出了"化人

---

① 《隋书》卷二《高祖纪下》。

② 《隋书》卷三《炀帝纪上》。

③ 同上。

成俗,则王道斯贵","世属隆平,经术然后升仕","军国异容,文武殊用"①这样一些任官用人的一般原则,进一步肯定了文帝末年以来不断提出的官吏要由经过学习、懂得政事的文士担任这样一个选任官吏的基本原则。

在具体实践上,隋炀帝除了不断诏令举荐,特别抓紧了常贡之科的建设,在保留秀才、明经科②的同时,新设立了进士科,③并继续察举孝廉。④

唐肃宗时杨绾疏云:"近炀帝始置进士之科,当时犹试策而已。"⑤唐初"进士试时务策五道",⑥就是沿袭炀帝时的制度。时务策比之方略策,虽然也要求学识和文才,但在政治识见方面要求是降低了。"于是后生之徒,复相放效,因陋就寡,赴速邀时,缉缀小文,名之策学,不以指实为本,而以浮虚为贵。"⑦进士科终于走上了文学之科的道路。从形式上看,似乎又回到了南北朝秀才试文学,明经试经义的老路,但实际上,由于选官门第限制的取消,以及要从经过学习的文士中按照才学标准选任官吏这样一个新的任官原则的提出,秀才、明经和进士三科并立的格局有了新的意义,它既体现了朝廷对人才不同层次的要求,新的选拔官吏的原则也找到了实现它的最好形式。

---

① 《隋书》卷四《炀帝纪下》。

② 岑文本、薛收,"大业末,郡举秀才",皆辞不应,见《旧唐书》二人本传;孔颖达,"隋大业初,举明经高第",见《旧唐书》本传。

③ 《通典》卷一四《选举二·历代制中》,"炀帝始建进士科"。隋进士见于记载的有杨纂(《旧唐书》本传),杜正藏(《北史·杜铨传》),房玄龄(《旧唐书》本传),张损之(《全唐文》卷三九三独孤及《唐故河南府法曹参军张公传》),侯君集、孙伏伽(《唐摭言》卷一《述进士上篇》)等。

④ 张行成"大业末,察孝廉"(见《旧唐书》本传),王湛"大业之季,本州察孝廉"。(见《杨炯集》卷八《泸州都督王湛神道碑》)。

⑤ 《旧唐书》卷一一九《杨绾传》。

⑥ 《封氏闻见记校注》卷三《贡举》,中华书局,1958年。

⑦ 《旧唐书》卷一○一《薛登传》。

这样,经过几百年的演变,开科考试在隋炀帝时就形成了一个层次不同、要求各异、由法令所规定的完整的体系,成为国家纯粹按才学标准选拔文士担任官吏的考试制度。科举制终于从察举制的母体中脱胎而出,逐步成长为中国封建社会后期考选官吏的一种主要制度。

刚刚产生的科举制与察举制的区别仅在于,科举是完全按考试成绩来进行选拔,没有其他附加条件。而察举则不然。西汉武帝时,贤良等特科虽然要进行策试,但其要求是直言极谏,主要不是才学。常科孝廉在东汉顺帝阳嘉改制前的 266 年间,基本上是不进行考试的,这个时期占去了察举常科实行时间 714 年的 37%。实行考试后,取士标准也不仅凭才学,还有德行等其他标准。而更为重要的是,到阳嘉改制,孝廉实行考试时,由于豪强大族经济力量和政治力量的发展,州郡官吏察举时对象又发生了很大的变化,豪强大族子弟受到优先的考虑,"选士而论族姓阀阅",①门第成为察举时首先考虑的条件。东晋、南北朝时期秀才、孝廉和明经虽要考试文学和经术,但在豪强士族衰而不落,九品中正制继续实行的情况下,作为士族入仕的一种途径,也不仅仅是按才学标准从广大文士中选拔官吏。

科举制虽然产生了,但旧的残余和影响仍然还有很大势力,还会存在相当一段时间。新的制度不是一下就完善和成熟起来的,它往往还要利用某些旧的形式。这些都使新的科举制保留有许多旧的察举制的痕迹。

从整个选举制度来说,隋唐的门荫和唐代杂色入流中的品子,身份性因素仍起着强大的作用。勋官上番入仕,也带有"唯尚武功"的余痕。

从科举制度本身来说,荐举这种颇带察举意味的举送方式,在制举中一直处于主导地位。常举虽然唐初以来就可以"投牒自举",但在州县考试合格后举送到中央时,要采取"随物入贡"的形式,被称为贡士。

---

① 马总《意林》卷五引仲长统《昌言》。

诸州每年贡士的人数也作了规定。《唐律疏议》卷九《职制上》"贡举非其人"条：

> 疏议曰：依令，诸州岁别贡人。若别敕令举及国子诸馆年常送省者为举人。

贡人即贡士；别敕令举的举人包括荐举参加制科考试的和荐举到中央直接任官的两类人；在国子监各学和诸馆学习期满，考试合格，举送到尚书省参加常科考试的，也称为举人。以上由州县或国子诸馆举送参加制科或常科考试之人，以及荐举到中央直接做官之人合称贡举之人或贡举人。唐初《选举令》所作的这种规定，主要是就举送的对象和形式而言，后来便被用来指称设科取士这种考试制度。唐代科举称贡举而不称科举，也是察举制留在它身上的一个胎记。

　　直到武则天、玄宗时期，随着一般地主的发展和经济的繁荣，整个社会文化水平的提高，以及关陇贵族和功臣贵戚集团的衰落，广泛地从一般地主士人中选拔才能之士担任各项官职的条件才趋于成熟。常举不能满足似乎是突然出现的这种需要，武则天便大开制科，把一批卓越的政治家提拔到重要的岗位。开元初开始，举行制举时不断诏令自举，贡举人数的限制也自然冲破。科举正在逐步成为高级官吏的主要来源。而在天宝年间确定下来的进士科以诗赋取士，一方面从考试内容和录取标准上使科举制最终摆脱了察举制传统的影响，同时，使文学取士发展到极端，暴露出这种取士标准与现实要求的严重矛盾，从而促进了进士科由单一的文学之科向文学、政事并重的方向发展。这也是进士科终于发展成为选拔官吏的主要途径的一个必要条件。

第二章　科举在唐代选官制度中的地位

唐朝初年,在各级官府中,除了与李唐皇室关系密切的周隋贵族以及唐高祖李渊为了团结各地区各方面人士而收罗的江南、山东的贵族、士族和官僚以外,在建国过程中"卜祝庸保,量能使用";[①]在建国后,"士大夫以乱离之后,不乐仕进,官员不充。省符下诸州差人赴选,州府及诏使多以赤牒补官",[②]即以空白的告身就地任命官吏。一大批各种不同出身的人进入各级官府。唐太宗即位后,又着力提拔魏徵、李勣、马周等一批山东普通地主出身的人担任中枢要职。上述各种人多是根据唐初政治形势的需要而被授予各种官职的,没有出身资格的限制,文化程度也很不一致。

随着唐朝统治的稳定,唐朝政府对官吏选拔的途径也做了具体的规定。据《旧唐书·职官志一》记载:"有唐已来,出身入仕者,著令有秀才、明经、进士、明法、书算。其次以流外入流。若以门资入仕,则先授亲、勋、翊卫,六番随文武简入选例。又有斋郎、品子、勋官及五等封爵、屯官之属,亦有番第,许同拣选。"大别之,不外乎科举、门荫入仕和杂色入流几种途径。科举仅仅是几种入仕途径中的一种。

---

① 《旧唐书》卷七五《张玄素传》。
② 《资治通鉴》卷一九二"贞观元年隋世选人"条;参《旧唐书》卷八一《刘祥道传》。

第一节　门荫入仕

　　北周勋贵功臣子弟入仕，有以父勋授子爵位和官职的，[①]也有先授以勋官，或以散官起家的，[②]还有的起家为千牛备身或左中侍上士、左侍上士、左亲卫、右勋卫等其他宿卫官，[③]都是循例而行，尚未形成严密的制度，也不包含所有的高官子弟。北齐情况大体与北周类似。

　　隋朝建立后，正式废除了九品中正制，取消了豪强士族世袭做官的特权。但为了保证当朝贵族和高官子弟世代做官，门荫也逐步形成了制度。一般以父祖封爵和资荫为官者，要先任千牛或三卫。

　　千牛是皇帝和太子的贴身侍卫，担任者多为三品以上亲贵子弟。如李渊祖李虎，西魏时为八柱国之一，周初追封唐国公；父昞，周任安州总管、柱国大将军，袭唐国公。李渊七岁袭封唐国公，隋受禅，补千牛备身。李贤孙、李崇子李敏，袭父爵广宗公，起家左千牛。宇文庆子静礼，起家为太子千牛备身。[④]

　　三卫即亲卫、勋卫、翊卫，也是皇帝的侍卫。李密以父荫为左亲侍，宇文述尝谓密曰："弟聪令如此，当以才学取官。三卫丛脞，非养贤之所。"[⑤]这是有关隋代三卫最明确的记载。其他如刘弘基，父升为河州刺史，以父荫为右勋侍。长孙顺德，父恺为开府，顺德为右勋卫。王世充，父收为长史，世充开皇中为左翊卫，后以功拜仪同，授兵部员外

---

① 《周书》卷一六《独孤信传》；卷一九《宇文贵传》。

② 《周书》卷一七《怡峰传》；《北史》卷七九《宇文述传》，卷七八《权武传》，卷七三《阴寿传》；《隋书》卷七三《梁彦光传》；《周书》卷一九《达奚武传》；《北史》卷六二《王罴传》。

③ 《北史》卷六一《窦炽传》《独孤信传》，卷六一《王盟传》，卷五九《李贤传》；《北周六典》卷八《东宫官属》"左亲卫、右勋卫"条。

④ 《旧唐书》卷一《高祖本纪》；《北史》卷五九《李贤传》；《隋书》卷五〇《宇文庆传》。

⑤ 《旧唐书》卷五三《李密传》。

郎。① 这些都是以父荫为三卫者。

唐朝建立后,继承隋制,继续实行门荫制度,并对如何以门荫入仕,作了严密的规定。

哪些人可荫子孙,唐令有明确规定,这就是《旧唐书·职官志二》"吏部郎中员外郎"条所云"凡叙阶之法,有以封爵,有以亲戚,有以勋庸,有以资荫,有以秀孝,有以劳考"中的封爵、亲戚和资荫三项,详见《唐六典》卷二"吏部郎中员外郎"条和《唐会要》卷八一《阶》。这些材料告诉我们:

1. 唐代封爵可由子孙承袭。但由于唐《封爵令》规定"王公侯伯子男,皆子孙承嫡者传袭"②,故其余子孙仍需由门荫入仕。

2. 凡三品以上曾孙,五品以上子孙,二品勋官子,方可以资荫出身。六品以下官是没有门荫特权的。

3. 凡三品以下勋官子不能以资荫入仕。但职事官、散官带勋者,三品即依勋官品同职事荫,四品降一等,五品降二等。这就给五品以上职事官、散官子孙以从高叙阶的可能。

4. 凡有封爵者和皇室的亲戚,以及五品以上官子孙以荫入仕时,根据他们父祖的身份和官品的高低,叙以不同的品阶。如嗣王、郡王初出身从四品下叙,亲王诸子封郡王者从五品上,国公正六品上,县公从六品上,侯及伯子男并通降一等;皇亲缌麻以上及皇太后周亲正六品上叙、皇太后大功亲、皇后周亲从六品上,皇帝祖免亲、皇太后小功缌麻、皇后大功亲正七品上,皇后小功缌麻、皇太子妃周亲从七品上;一品子正七品上叙,至从三品递降一等,从五品子从八品下叙,国公子亦从八品下叙。三品以上荫曾孙,五品以上荫孙,孙降子一等,曾孙降孙一等,赠官降正官一等,散官同职事。③ 这也就是《旧唐书·职官志一》所说

———————

① 《旧唐书》卷五八《刘弘基传》《长孙顺德传》;《北史》卷七九《王世充传》。

② 《唐律疏议》卷二七《诈伪》"非正嫡诈承袭"条。

③ 《唐六典》卷二"吏部郎中"条。

的"入仕者皆带散位,谓之本品";"散位则一切以门荫结品"。

门荫入仕主要有两个途径,一是通过学馆,二是直接以门荫入仕。

通过学馆,就是充当弘文馆、崇文馆或国子学、太学的学生。学成后通过考试,或出仕,或参加科举。科举及第,"若本荫高者,秀才、明经上第加本荫四阶,已下递降一等"。①

弘文馆隶门下省,学生三十人;崇文馆隶太子左春坊,学生三十人,皆取三品以上亲贵子弟为之。国子生三百人,三品以上及国公子孙、从二品以上曾孙为之。太学生五百人,文武官五品以上及郡县公子孙、从三品曾孙为之。几者相加,共八百五十人,人数不能算少。

"其弘文、崇文馆学生,虽同明经、进士,以其资荫全高,试取粗通文义。"②"课试既浅",③不需下很大功夫。但是,"凡弘文、崇文生,皇缌麻以上亲,皇太后、皇后大功以上亲,一家听二人选;职事二品以上、散官一品、中书门下正三品、同三品、六尚书等子孙并侄,功臣身食实封者子孙,一荫听二人选;京官职事正三品、同中书门下平章事、供奉官三品子孙,京官职事从三品、中书黄门侍郎并供奉三品官、带四品五品散官子,一荫一人"。④ 就每一家来说,人数有很大限制,大部分子孙都不能通过此途入仕。

而国子生和太学生需业成考试合格,通两经以上始能出仕或应举。这不仅需要几年的刻苦学习,考试也较弘文、崇文生严格得多,对于亲贵高官子弟也并非一件易事。因此,高官权贵子弟在唐初仍多直接以门荫入仕。

直接以门荫入仕,根据《唐六典》卷五"兵部郎中"条的记载,有以下数端:

---

① 《唐六典》卷二"吏部郎中员外郎"条。

② 《唐六典》卷四"礼部尚书侍郎"条。

③ 《旧唐书》卷八七《魏玄同传》。

④ 《新唐书》卷四五《选举志》。

1. 五品以上高级官吏子孙直接以门荫入仕，要先充当千牛、进马和亲卫、勋卫、翊卫等三卫，也就是皇帝或太子的侍卫。

2. 根据父祖身份和官品的高低，子孙所充千牛、三卫的秩品高低也是不等的。三品以上职事官子孙、四品清官子充当的千牛备身、备身左右为正六品下阶，太子千牛则为正七品上阶，三品以上子、二品以上孙充当的亲卫为正七品上阶，四品子、三品孙、二品以上曾孙充当的勋卫及太子亲卫为从七品上阶，四品孙、职事五品子孙、三品曾孙、勋官三品以上有封及国公子充当的翊卫及太子勋卫为正八品上阶；太子翊卫为从八品上阶。父祖官品高的，出身时阶就高。他们出身官品的高低，是在出生前就确定了的，与他们个人的学识、才能和品德无关。

3. 根据父祖官品高低，不仅子孙叙阶时高低不同，而且担任千牛、三卫的年限也是不一样的。千牛以及充任进马的三卫五考，五年后即可随文武简入选例，到吏部应选，委派担任职事官，走上迅速升迁的道路。三卫，根据不同情况，需五至八考。父祖官位高的考数少，较低的考数多。凡三卫皆限年二十一以上。父祖官位越高，子孙脱离千牛、三卫而去担任其他官职的年龄也就越小，官位也就越高，特别是千牛不见有年龄的限制。正因为这样，才会出现魏玄同所说的奇怪现象："今贵戚子弟，例早求官，龆龀之年，已腰银艾，或童丱之岁，已袭朱紫。"①

4. 担任三卫的，并不全都要轮流上番，除京兆、河南及附近的八个州皆令番上，余州皆纳资而已。纳资满规定年限，即可参加兵部校试。

5. 千牛和三卫属卫官，本身就是一种官职，在唐律令中享有和职事官、散官同样的政治待遇。三卫"考满，兵部校试，有文堪时务则送吏部，无文则加其年阶，以本色迁授"。千牛备身、备身左右考满亦送兵部校试，有文者送吏部。② 总之，只要混够年头，不论有文无文，都不影响其迁授升官。

---

① 《旧唐书》卷八七《魏玄同传》。

② 《唐六典》卷五"兵部郎中员外郎"条；《新唐书》卷四五《选举志下》。

据《通典》卷一五《选举三·历代制下》，按格令，千牛备身80员，备身256员，进马16员，诸三卫、监门直长①39462员。千牛名额有限，但出身高，在重资荫的武德、贞观时期及其后一段时间里，高级官吏多出其中，因此具有很大的重要性。三卫及监门直长总额近四万人，每月番上者数千人，②是高级官吏子弟主要的出身途径。③

和门荫相联系的，还有斋郎和品子。

斋郎隶太常寺，其中太庙斋郎以五品以上子孙及六品职事并清官④子为之，六考而满。郊社斋郎以六品职事子为之，八考而满。⑤

斋郎总862员，人数较多，年龄又限制在十五岁至二十岁之间，六至八考考满后，试两经，取文义粗通者，拣送吏部应选。⑥ 这对于一般高官子孙，特别是六品职事并清官子来说，是一条相当便捷的入仕之途。

品子，以文武官六品以下、勋官三品以下、五品以上成年子充。⑦

---

① 左右监门直长属左右监门卫，太子监门直长属太子左右监门率府，均为卫官，由三卫有才用者补任。见《旧唐书》卷四二、卷四四，《唐六典》卷五、卷二五。

② 《新唐书》卷四九上《百官志》"左右卫"条。

③ 王永兴：《唐天宝敦煌差科簿研究——兼论唐代色役制和其他问题》，《敦煌吐鲁番文献研究论集》，中华书局，1982年。

④ 《旧唐书》卷四二《职官志一》：职事官资，则清浊区分，以次补授。又以三品已上官，及门下中书侍郎、尚书左右丞、诸司侍郎、太常少卿、太子少詹事、左右庶子、秘书少监、国子司业为清望官。太子左右谕德、左右卫左右千牛卫中郎将、太子左右率府左右内率府率及副、太子左右卫率府中郎将(已上四品)、谏议大夫、御史中丞、给事中、中书舍人、太子中允、中舍人、左右赞善大夫、洗马、国子博士、尚书诸司郎中、秘书丞、著作郎、太常丞、左右卫郎将、左右卫率府郎将(已上五品)、起居郎、起居舍人、太子司议郎、尚书诸司员外郎、太子舍人、侍御史、秘书郎、著作佐郎、太学博士、詹事丞、太子文学、国子助教(已上六品)、左右补阙、殿中侍御史、太常博士、四门博士、詹事司直、太学助教(已上七品)、左右拾遗、监察御史、四门助教(已上八品)，为清官。

⑤ 《新唐书》卷四五《选举志》。

⑥ 《唐六典》卷五"兵部郎中员外郎"条。

⑦ 王永兴：《唐天宝敦煌差科簿研究——兼论唐代色役制和其他问题》。

他们虽然不能以门荫入仕,也不能以资荫叙阶,但是,他们在担任王公以下的亲事、帐内或其他杂掌,番上、纳课期满后,亦可到兵部简试:"文理高者送吏部,其余留本司,全下者退还本色。"[①]这是六品以下官吏子入仕的主要途径。

多层次和文武分途,是唐代门荫制度的两个特点。

唐代门荫实际上分成几个部分。

第一部分是嗣封和亲戚,对象是皇亲贵戚和有封爵者的子孙,他们具有世袭性的政治特权。

第二部分是资荫,对象是所有五品以上官员的子孙以及有封爵者不能袭封的子孙。他们入仕的资格是由父祖官位而来,他们入仕后的品阶也是由父祖的官位高低决定。这是一种给予当朝高级官员的具有身份性的政治特权。

第三部分是斋郎、品子。斋郎和千牛、三卫不同,不是官职,本身无品阶,但其中五品以上子孙有资荫。而品子和六品职事、清官子为斋郎者,必须考试合格才能入流。这与流外入流相类似,也与科举以才学取士相一致。不论斋郎和品子,均需轮流番上或纳课,与流外官常年在职,又有所不同。七品官以上子且可于从九品上阶叙阶。[②] 因此,斋郎和品子,对于中下级官吏来说,也是一种具有身份性的政治待遇。

北周门荫重点在酬劳功臣,因此,嗣封、赐爵、授官多为功臣勋贵子弟。隋代高官子弟可以千牛、三卫起家,范围较北周扩大,但对下层官吏尚无适当照顾。唐代采取封爵、亲戚、资荫、斋郎和品子这样多层次的办法,便可以照顾到贵族和各个层次官僚的利益,有利于协调地主阶级内部的关系。同时也可以从更广泛的范围选拔官员,有利于人才的发现。

隋代以门荫入仕,一般均先授千牛、三卫,还没有文武分途。如窦

---

① 《唐六典》卷五"兵部郎中员外郎"条。

② 《新唐书》卷四五《选举志》。

抗少入太学,略涉书史,亦释褐千牛备身。^①到唐朝,有资荫者除了以千牛、三卫出身,还可以通过学馆,或从科举入仕,文武正式分途。由于有荫者科举及第后叙品阶时加阶,升迁也比较迅速,因此,许多好学而又有才能的高官子弟直接从科举入仕。如台州刺史苏亶子苏瓌本州举进士,尚书左丞狄孝绪孙狄仁杰以明经授汴州判佐。一些弘文生也经由科举出身,如裴炎,少补弘文生,擢明经第,寻为濮州司仓参军;裴行俭,幼以荫补弘文生,贞观中举明经,拜左屯卫仓曹参军。^②

不论是千牛、三卫,还是斋郎、品子,均需经过考试,以及资荫和科举的结合,说明以才学取士的原则已渗透到门荫制度中来。到唐朝后期,越来越多的高官子弟从科举出身,科举制逐步取代门荫,成为入仕的正途。高级官吏主要来源于进士科,门荫制度随之衰落。

第二节　流外入流与杂色入流

流外入流是唐代入仕的又一个途径。流外指流外官,即《唐六典》卷二"吏部郎中员外郎"条所云"凡未入仕而吏京司者"。流外官亦分为九品,"其应选之人,以其未入九流,故谓之流外铨"。流外官具体包括哪些人,在《通典》卷四〇《大唐官品》"流外勋品"条有详细记载,概括地说就是"诸台省寺监军卫坊府之胥吏",^③即三省六部、九寺三监、御史台、左右羽林军、十六卫、亲王府、太子左右春坊等中央有关部门的录事、令史、楷书手、谒者、典书,以及诸仓、关津的录事、府史、史、计史等胥吏。此外,还有专门从事技术性工作和其他杂务的胥吏。

流外官中,尚书都省和六部以及各司的令史具有特别重要的地位。令史自汉至南北朝,历朝皆有,职主文簿,行文书,皆有品秩。"自隋以

---

①　《旧唐书》卷六一《窦威传附从子窦抗传》。

②　《旧唐书》卷八九《狄仁杰传》,卷八七《裴炎传》;卷八四《裴行俭传》。

③　据《新唐书》卷四五《选举志》,参《通典》卷一五。

来,令史之任,文案烦屑,渐为卑冗,不参官品",①由官逐步演变为胥吏。

至唐,令史等的胥吏身份最后确定下来,并形成了流外官制度。《通典》卷二二《历代都事主事令史》:

> 大唐武德中,天下初定,京师谷籴贵,远人不相愿仕流外,始于诸州调佐史及朝集典充选,不获已而为之,遂促年限,优以叙次,六七年有至本司主事及上县尉者。自此之后,遂为官途。

此后,流外入流便成为中下级官吏的重要来源。特别是"尚书省二十四司及门下、中书都事、主书、主事等,比来选补,皆取旧任流外有刀笔之人。纵欲参用士流,皆以俦类为耻,前后相承,遂成故事"。② 尚书省都事、门下省录事和中书省主书皆从七品上阶,虽然在中级官吏中品阶较低,但他们在三省中均为主典官,其地位仅次于左右司郎中、给事中和中书舍人。尚书二十四司的主事,皆为从九品上阶,在六部也都是主典官,其地位仅次于郎中、员外郎。③ 他们对于政务的及时而正确的处理和保证政府机构的正常运转,具有重要意义。任用流外出身者担任这些品阶低而地位重要的官职,说明流外入流在唐代选官制度中的重要地位。

流外官亦分为九品,从勋品、二品到九品。流外官由尚书吏部的吏部司选补,六品以下九品以上子及州县佐史和庶民皆可参流外选。录取的条件是工书、工计、晓时务,三事中有一优长,即可录用。担任流外官后,每经三考,可到吏部应选,量其才能升迁。考满,即升至流外勋品,又经三考,经过考试合格,可到吏部参加铨选,授予职事官或散官,进入流内。

流外官与州县胥吏不同。州县胥吏不是由尚书吏部补授,也不能

---

① 《通典》卷二二《历代都事主事令史》。

② 《旧唐书》卷八一《刘祥道传》。

③ 《旧唐书》卷四三《职官志二》;《唐律疏议》卷五《名例五》"同职犯公坐"条。

入流。故王梵志诗云:"佐使非台补,任官州县上,未是好出身,丁儿避征防。"①但流外官与州县胥吏也并非全无关系,州县佐史和担任其他州县吏的品子,"本州量其所堪,送尚书省",参流外选,是有可能补为流外官而从流外入流的。

流外入流与杂色入流也有区别。

杂色入流,就唐朝令式而言,并没有这一项目。"杂色入流"这个提法,首见于高宗显庆二年(657)黄门侍郎知吏部选事刘祥道的奏疏:"杂色入流,不加铨简,是伤滥也。"②《通鉴》卷二〇〇也记载了此事,胡三省注云:"杂色补官者,谓之流外官;入流内叙品,谓之入流。"把杂色入流和流外入流完全等同起来。多少年来,不少人即按此注理解杂色入流。而对杜佑在《通典》卷一七《选举五·杂论议》中对刘祥道奏疏中"不简杂色人即注官是伤滥"所作之注,未加注意。

杜佑注云:"杂色解文:三卫、内外行署、内外番官、亲事、帐内、品子任杂掌、伎术、进司、书手、兵部品子、兵部散官勋官、记室及功曹参军、检校官、屯副、驿长、校尉、牧长。"杜佑所注,内外行署为流外官,亲事帐内、品子勋官均非流外官,三卫且为卫官。杂色的范围大大超出了胡三省所说的流外官。

至于杜佑把三卫列入杂色,与刘祥道的原意也并无矛盾,刘祥道云:"杂色人请与明经、进士通充入流之数,以三分论,每二分取明经、进士,一分取杂色人。"③把明经、进士以外的,都列入杂色一类。《新唐书·刘祥道传》在略叙刘祥道上疏所陈六事后记云:"会中书令杜正伦亦言入流者众,为官人敝。乃诏与祥道参议,而执政惮改作,又以勋戚子进取无他门,遂格。"意思是如果按刘祥道所奏,多取明经、进士,少取杂色人,是会影响勋戚子弟的进取门路的。因此,刘祥道所谓杂色,

①　《王梵志诗校辑》卷二《佐使非台补》,张锡厚著,中华书局,1983年。

②　《旧唐书》卷八一《刘祥道传》。

③　《通典》卷一七《选举五·杂论议中》。

是没有把三卫排斥在外的。

垂拱(685—688)中，魏玄同在所上之疏中，更是明确把"弘文、崇贤之生，千牛辇脚之类"贵戚子弟和其他由三卫出身的五品以上官子弟加以区分，把"勋官、三卫、流外之徒"列入了一类。[①] 大历(766—779)中洋州刺史赵匡在《举选议》中议道："举人大率二十人中方收一人，故没齿而不登科者甚众。其事难，其路隘也如此。而杂色之流，广通其路也。此一彼十，此百彼千，搂其秩序，无所差降。"[②]举人乃应科举者的泛称。赵匡也是把科举以外的都列入杂色一类。

根据上述情况可知：

1. 从刘祥道、魏玄同到赵匡和杜佑，时间虽然前后相距达一个半世纪，但他们在使用杂色入流这个提法时，目的都是相同的，都是为了突出科举，因而把科举和其他入仕之途区别开来。

2. 杂色入流并非专指流外官，而是包括以下三类人：一是三卫，即五品以上子孙以门荫入仕，先授亲、勋、翊卫者；二是流外入流者；三是斋郎、品子、勋官、五等封爵、屯官之属。他们"亦有番第，许同拣选"，[③]番上或纳资课期满，考试合格后，分别到吏部或兵部应选。

3. 尽管以上三类人均被称之为杂色，但第一类作为卫官的三卫和二、三类仍然有着严格的区分。神功元年(697)制："勋官、品子、流外，国官出身，不得任清资要官。应入三品，不得进阶。"[④]不能担任高级官吏和其他清官。

4. 不论是三卫、斋郎，还是勋官、品子、流外，他们每年入流的人数都大大超过科举入仕者。开元十七年(729)国子祭酒杨玚上言："自数

① 《旧唐书》卷八七《魏玄同传》，纪年据《通典》卷一七。
② 《通典》卷一七《选举五·杂论议中》，纪年据郁贤皓《唐刺史考》卷二〇九《洋州》，第五册，江苏古籍出版社，1987年。
③ 《旧唐书》卷四二《职官志一》。
④ 同上。

年以来,省司定限,天下明经、进士及第,每年不过百人。"①唐前期大体在此数上下浮动。而诸色入流者,显庆(656—661)时"每年入流数过一千四百人",垂拱前后"诸色入流,年以千计"。② 开元十七年,"诸色出身每岁尚二千余人,方于明经、进士,多十余倍"。③ 即使到唐朝后期,"进士、明经,岁大抵百人,吏部得官至千人",④也仍然保持着一比十的比例。

① 《全唐文》卷二九八《谏限约明经进士疏》。
② 《通典》卷一七《选举五·杂论议中》。
③ 《全唐文》卷二九八《谏限约明经进士疏》。
④ 《新唐书》卷一六二《许孟容传》。

第三章 唐代科举制度之一：常科

第一节 科 目

唐代科举分为常举和制举。制举由皇帝临时下制诏举行。常举即"常贡之科",①是常年按制度举行的科目。

常举主要有秀才、明经、进士、明法、明书和明算等六科。

秀才科为最高科等。《唐六典》卷二"吏部郎中员外郎"条记载了有关以秀才叙阶的规定：

> 谓秀才上上第正八品上；已下递降一等,至中上第,从八品下。明经降秀才三等。进士、明法甲第,从九品上；乙第降一等。

据《通典》卷一五《选举三·历代制下》：

> 按令文,科第秀才与明经同为四等,进士与明法同为二等。然秀才之科久废,而明经虽有甲乙丙丁四科,进士有甲乙二科,自武德以来,明经唯有丁第,进士唯乙科而已。

可见明经叙阶一般为从九品上阶,进士则为从九品下阶。秀才则高踞于明经、进士之上。唯秀才科设置时间不长,永徽初即停废。

明经为仅次于秀才科的科目。通常所谓明经,是指通二经者。此外,还有明五经、童子科,以及唐朝后期设立的三礼、三传、三史等科,也

---

① 《通典》卷一五《选举三·历代制下》。

都是属于明经这一系统的科目。

进士科按科等来说,又次于明经科,但后来却成为常科中最主要的科目。

明法、明书、明算等科都是考试专门学问,是选拔明习法令、文字训诂和数学计算方面专门人才的科目。其中除明法出身者有可能做到高官,明书、明算都不能高升,因此士子一般都不愿参加这几科的考试。

此外,还有武则天时设立的武举和玄宗时设立的道举。

现仅将常科设置中秀才科之废和明经诸科的一些问题分述如下:

一、秀才科之废

关于秀才科之废,杜佑在《通典·选举三》中写道:"贞观中,有举而不第者,坐其州长,由是废绝。"现一般学者仍沿此说。

按唐废秀才科,《新唐书·选举志》云:"高宗永徽二年,始停秀才科。"《玉海》卷一一五《科举》所引《登科记》也有同样的记载:"(永徽)二年始停秀才举。"《文献通考》卷二九《选举考二·举士》和《玉海》所引《登科记》并记录了武德至永徽元年每年秀才及第的人数,其中武德时六人,贞观时二十二人,永徽时一人。最后的一名秀才是永徽元年及第的刘鲦。录取人数虽然不多,但说明直到永徽元年,秀才举是持续进行的。《通典》所记秀才科废绝的时间是不确切的。

至于秀才科废除的原因,亦有两说。一说即为杜佑所云:"有举而不第者,坐其州长,由是废绝。"《唐律·职制律》有"贡举非其人"条:

> 诸贡举非其人,及应贡举而不贡举者,一人徒一年,二人加一等,罪止徒三年。

非其人,是指"德行乖僻,不如举状者"。如果德行没有问题,只是试策不及第,减二等处罪,即杖九十。根据目前所见材料,唐初因举而不第坐其州长者,只有贞观十八年举孝廉茂才异能之士一次。这次举孝廉,是贞观十七年五月太宗临时下诏举行的,属制举性质,[1]与作为常举的秀才科有着严格的区别。但孝廉亦为州长所举,考试科目也有对策,和秀才科又有相通之处。杜佑是别有所据,还是把二者混为一谈,根据现在掌握的材料,尚难定夺,有待进一步研究。

另一说见于《唐六典》卷四"礼部侍郎"条:秀才"试方略策五条,此科取人稍峻,贞观已后遂绝"。《旧唐书·职官志》所记略同。《封氏闻见记》卷三《贡举》亦云:"其后举人惮于方略之科,为秀才者殆绝,而多趋明经、进士。"封演不仅肯定了《唐六典》和旧志"此科取人稍峻"的记载,而且具体指明罢废的主要原因是"举人惮于方略之科"。方略策和时务策不同,它不仅要求举人精通时事,而且要引经据典,提出经邦治国的方略。这对于唐初的士人来说,确实是一个很大的难题。贞观十八年唐太宗接见各州所举孝廉十一人时,"借以温颜,密访政道,莫能对扬,相顾结舌"。太宗考虑他们可能是一时紧张,又让他们答策,结果也是"构思弥日,终不达问旨,理既乖违,词亦庸陋"。[2] 无怪乎太宗发愁道:"朕发诏征天下俊异,才以浅近问之,咸不能答。海内贤哲,将无其人耶!朕甚忧之。"[3]这是文士中一部分人的情况。还有一部分人,则醉心于词华。如张昌龄,文章是写得很好的。"然其体轻薄,文章浮艳",[4]也很难有真切的内容。在这样的情况下,通过秀才科选拔具有治国方略的人才,是很困难的。这是秀才科废弃的根本原因。

秀才科废弃后,仍不断有人提出恢复秀才科。显庆二年(657)刘祥道上疏说:"国家富有四海,已四十年,百姓官僚,未有秀才之举,岂

---

① 《册府元龟》卷六四三《贡举部·考试一》,《旧唐书》卷三《太宗本纪》"贞观十七年五月乙丑"条。

② 《唐大诏令集》卷一〇二《荐举贤能诏》。

③ 《唐会要》卷七六《孝廉举》。

④ 《封氏闻见记校注》卷三《贡举》。

今人之不如昔人。"建议"特降纶言,更审搜访"。① 他完全抹杀了唐初秀才科存在的事实,而建议"搜访"秀才,成"一代盛事"。他所要求的,实乃南北朝时期乡举里选,州长所举的秀才,而不是唐初作为常举的秀才科。

开元二十四年(736)贡举归礼部后,又曾一度恢复了秀才科。《通典》卷一五云:"开元二十四年以后,复有此举。"而《唐六典》卷四"礼部侍郎"条言秀才时则云,"贞观已后遂绝"。说明开元二十六年《唐六典》修成时,此科尚未恢复。《通典》卷一五还说:

> 其时以进士渐难,而秀才本科无帖经及杂文之限,反易于进士。主司以其科废久,不欲收奖,应者多落之。三十年来无及第者。至天宝初,礼部侍郎韦陟始奏请有堪此举者,令官长特荐。其常年举送者并停。

按韦陟为礼部侍郎在天宝元年(742),②开元二十六年至天宝元年不可能有"三十年来",概"十"为衍字,应为"三年无及第者"。据此可知开元末复有秀才举,是在二十七、二十八、二十九三年。至天宝元年以后,作为常举的秀才科就最终地取消了。此后,秀才一词仍在民间沿用,但含义全变,即李肇在《唐国史补》卷下所云,进士为时所尚久矣,"通称谓之秀才"。秀才成为进士的雅号。

二、明经类各科

《新唐书·选举志上》:"而明经之别,有五经,有三经,有二经,有学究一经,有三礼,有三传,有史科。"新志所云,包括了唐朝各个时期所设立的有关明经的科目,其中学究一经、三礼、三传、史科不纯是贡举。

---

① 《旧唐书》卷八一《刘祥道传》。
② 《登科记考》卷九天宝元年。

《封氏闻见记》卷三《贡举》："国初,明经取通两经。"《唐六典》卷二"吏部考功员外郎"条:

> 其明经各试所习业,文注精熟,辩明义理,然后为通。正经有九,《礼记》《左传》为大经,《毛诗》《周礼》《仪礼》为中经,《周易》《尚书》《公羊》《榖梁》为小经。通二经者,一大一小,若两中经;通三经者,大中小各一;通五经者,大经并通。其《孝经》《论语》并须兼习。

可知一般所说的明经,只试两经,同时兼试《论语》和《孝经》。只有举三经者才试三经,举五经者才试五经。据《旧唐书·张嘉贞传》,张嘉贞"弱冠应五经举",时间大体在光宅二年(685)。[1] 杨灵贶亦"幼以五经上第",杨天宝十四载去世,年七十三,[2]其应五经举,亦当在武则天统治时期。可见不仅明经,而且五经、三经在唐朝前期都已经设立。

三礼、三传等科,都是在经学越来越不为人们重视的情况下,为了鼓励举子学习某些儒家经典而逐步设立的科目。

开元二十六年(738)十二月,国子祭酒杨玚奏:"今之明经,习《左氏》者十无一二,恐左氏之学废,又《周礼》《仪礼》《公羊》《榖梁》,亦请量加优奖。遂下制:明经习《左氏》及通《周礼》等四经者,出身免任散官。"[3]这还只是在及第后的处分上加以特别的照顾来吸引士子,还没有设立特别的科目。

直到贞元九年(793),三礼首先被列为一科。其年五月二日敕指出:"礼者,务学之本,立身之端,居安之大猷,致治之要道。"下令"自今已后,诸色人中有习三礼者,前资及出身人依科目例选,吏部考试。白

---

① 《登科记考》卷三光宅二年。

② 《全唐文》卷四一九常衮《滑州匡城县令杨君墓志铭》。

③ 《唐会要》卷七五《明经》。

身人依贡举例,吏(衍字)礼部考试。每经问大义三十条,试策三道"。①
三礼有了自己的考试科目,从此才正式立为一科。

三传、三史立科的时间更晚。长庆二年(822)二月,谏议大夫殷侑
上奏:"伏以《左传》卷轴文字,比《礼记》多校一倍;《公羊》《榖梁》,与
《尚书》《周易》多校五倍,是以国朝旧制,明经授散,若大经中能习一
传,即放冬集。然明经为传学者,犹十不一二。今明经一例冬集,人之
常情,趋少就易,三传无复学者。伏恐周公之微旨,仲尼之新意,史官之
旧章,将坠于地。伏请置三传科,以劝学者。"②唐穆宗批准了殷侑的建
议,三传科得以设立。

殷侑又奏:"历代史书,皆记当时善恶,系以褒贬,垂裕劝戒。其司
马迁《史记》,班固、范晔(《会要》误为煜)两汉书,旨义详明,惩恶劝
善,亚于六经,堪为世教。"而"近日以来,史学都废,至于有身处班列,
朝廷旧章,昧而莫知,况乎前代之载,焉能知之。伏请置前件史科"。③
这个建议,也被批准执行,三史科与三传科同时设立。

与明经类各科相类的,还有《开元礼》举。《开元礼》修成后,未列
入学科。贞元二年六月十一日敕:"自今已后,其诸色举人中,有能习
《开元礼》者,举人同一经例,选人不限选数许习。但问大义一百条,试
策三道。"④这是《开元礼》举设置之始。

需要特别指出的是,三礼、三传、三史和《开元礼》诸科,与明经类
的明经、三经、五经不同,已有出身者及前资官亦可参加考试。因此,它
们既是贡举的科目,同时又是吏部科目选的科目。

至于学究一经,和三礼、三传等一样,既是礼部科目,又是吏部科

---

① 《唐会要》卷七六《三礼举》;《册府元龟》卷六四〇《贡举部·条制二》。
② 《唐会要》卷七六《三传》;《册府元龟》卷六四〇《贡举部·条制二》。"多校",《册府元
龟》作"多较"。
③ 同上。"旨义",《唐会要》作"音义"。
④ 《唐会要》卷七六《开元礼举》。

目。武德七年(624),唐高祖曾令"四方诸州,有明一经以上,未被升擢者,本属举送,具以名闻,有司议等,加阶叙用"。① 明一经只是地方官举荐的条件,不是一个科目。唐太宗时曾规定:"学生能通一大经已上,咸得署吏。"②也止限于国子监学生。而学生在当时只有七品以上官贵子弟才能充任。庶人子弟入四门学,那是后来的事。开元二十一年玄宗敕:"诸州县学生二十五已下,八品、九品子弟,若庶人,并年二十一已下,通一经已上,未及一经而精神聪悟,有文词史学者,每年铨量举送所司简试,听入四门学充俊士。"③通一经成为入四门学的条件之一,一般人,包括八、九品子弟,均不可能由此入仕。

首先提出以一经取人的是杨绾。代宗宝应二年(763)六月,他上疏条奏贡举之弊,提出废除明经科和进士科,由州县察举孝廉。"其所习经,取《左传》《公羊》《穀梁》《礼记》《周礼》《仪礼》《尚书》《毛诗》《周易》,任通一经,务取深义奥旨,通诸家之义。"④七月,他在所奏贡举条目中正式建议"孝廉举人,请取精通一经",上第者望付吏部,便与官;中第,与出身。代宗虽然没有同意废除进士科,但还是批准杨绾的建议,"宜与旧法兼行"。⑤ 这样,以"精通一经"取人,终于以制敕的形式肯定下来。同时他还建议重新设立秀才科,要求精通五经。据文献记载,归登"大历七年举孝廉高第"。⑥ 冯伉"大历初登五经秀才科"。⑦可见虽然由于"举人旧业已成,难于速改",⑧这两科应举和及第的都很少,但这两科确实是实行了的。此外,大历十一年(776)进士及第的许

---

① 《唐大诏令集》卷一〇五《置学官备释奠礼诏》。

② 《旧唐书》卷一八九上《儒学传序》。

③ 《唐摭言》卷一《两监》。

④ 《旧唐书》卷一一九《杨绾传》。

⑤ 《册府元龟》卷六四〇《贡举部·条制二》;《唐会要》卷七六《孝廉举》。

⑥ 《旧唐书》卷一四九《归崇敬传附子登传》。

⑦ 《旧唐书》卷一八九下《冯伉传》。

⑧ 《旧唐书》卷一一九《杨绾传》。

孟容,"后究《王氏易》登科"。①《唐摭言》卷九则记载为"许孟容进士及第,学究登科,时号锦袄子上着莎衣"。《唐摭言》是把这件事作为"好及第,恶登科"而加以记载的。可见以一经取人在它开始的阶段,就既是礼部贡举科目,又是吏部科目。

建中元年(780),"敕孝廉科宜停"。② 贞元二年(786)敕:"自今已后,其诸色举人中有能习《开元礼》者,举人同一经例,选人不限选数许习。"③以一经取人作为礼部科目继续实行。

贞元末权德舆在《答柳福州书》中提到:"虽今吏部学究一经之科,每岁一人,犹虑其不能至也。"④此后,学究一经不绝于记载:

元和八年四月吏部奏:"应《开元礼》及学究一经登科人等,旧例据等第高下,量人才授官。"⑤这里学究一经既是礼部科目,也是吏部科目。

长庆二年(822)二月殷侑奏请设立三传、三史科,建议三传及第及能通一史者,"其有出身及前资官应者,请同学究一经例处分"。⑥ 这里又把学究一经和应吏部科目联系在一起。

大和四年(830)十月,中书门下奏:"应《开元礼》、学究一经、三礼、三史、明习律令科人等,准大和元年十月二十三日敕,散试官及白身人并于礼部考试。其有出身及有官人,并吏部科目选者,凡是科目,本合在吏部试。"大中十年(856)三月,中书门下奏:"据礼部贡院见置科目内,《开元礼》、三礼、三传、三史、学究、道举、明算、明法、童子等九科,近年取人颇滥,曾无实艺可采,徒添入仕之门,须议条流,俾精事业。"⑦

---

① 《旧唐书》卷一五四《许孟容传》。
② 《唐会要》卷七六《孝廉举》。
③ 《唐会要》卷七六《开元礼举》。
④ 《权载之文集》卷四一。
⑤ 《唐会要》卷七六《开元礼举》。
⑥ 《唐会要》卷七六《三传》。
⑦ 《册府元龟》卷六四一《贡举部·条制三》。

学究一经作为礼部科目和吏部科目,一直并存。

与明经相关的,还有大成。《唐六典》卷二《尚书吏部》"考功员外郎"条:

> 国子监大成二十员,取贡举及第人聪明灼然者,试日诵千言,并口试,仍策所习业,十条通七,然后补充,各授官,依色令于学内习业,以通四经为通。

参《唐六典》卷二一《国子监》"大成"条,贡举及第人由考功简试合格后补充大成,授散官,令于学内习业。大成有俸禄赐会,与单纯的散官不同,但也不是职事官。大成结业后要经过吏部考试,及第后加阶放选。其他贡举及第者及官人亦可请试经,及第者亦可按规定放送或进阶。贡举归礼部后,简试由礼部举行,业成后仍由吏部考试放选。取得大成入学资格的考试由贡举主持机关进行,有类于贡举。而业成后的考试由吏部进行,又有类于科目选。它实际上乃是为了培养和选拔掌握更多儒家经典的官吏和国子监各学师资而设立的一种进修班、研究班,有类于今天的研究生。

据《新唐书·选举志》,大成始设于上元二年(675),名额为 20 人,至开元二十年(732)减为 10 人。大成见于记载的有尹守贞,守贞"垂拱四年以明经高第,遂授大成"。长安初,授四门助教。[①] 由于儒学在唐朝并不兴时,因此,似乎还没有由大成而致高位的。

童子科实际也是明经科的变形。十岁以下儿童,能通一经及《孝经》《论语》,每卷诵文十通者与官,七通者与出身。[②]

裴耀卿,"八岁神童举,试《毛诗》《尚书》《论语》及第"。[③] 虽多试一经,还是按通常规定进行考试的,但也有例外。如王丘,"年十一,童

---

① 《张说之文集》卷二二《四门助教尹先生墓志》。
② 《新唐书》卷四四《选举志上》。
③ 《王右丞集》卷二一《裴仆射济州遗受碑》。

子举擢第,时类皆以诵经为课,丘独以属文见擢,由是知名"。① 概童子科实为粉饰盛世而设,以诵经为课不过是照顾了儿童善于背诵的特点,如有善属文等其他才能者,自不必拘以常规。

裴、王神童举及第后,都没有立即授官。裴耀卿是"弱冠拜秘书正字",②王丘则是"弱冠,又应制举,拜奉礼郎"。③ 都是成年后,甚至是应制举后才授予官职的。举神童后也有立即授予官职的,其中最著名的人物刘晏,"年七岁,举神童,授秘书省正字"。④ 十岁时曾经在勤政殿受到唐玄宗的召见。⑤

唐代宗广德二年(764),杨绾以童子科"不在常科,同之岁贡,恐长侥幸之路",建议停止童子岁贡。⑥ 大历三年(768)恢复,十年又停。

童子科虽然是每岁贡,但及第后或授官,或与出身,与常科有很大区别,故杨绾说"不在常科"。儿童背诵一经,并非特别难事,只要家庭具备教授的条件就行,确是子弟入仕的一条捷径。而地方长官亦可借举童子来炫耀自己的政迹。因此,举荐童子一直没有停止。开成三年(838)敕虽然进一步申明,诸道应荐万言童子等,今后不得更有闻荐。⑦ 但也正如《唐会要》卷七六《童子》"开成三年敕"条注所云:"虽有是命,而以童子为荐者,比比有之。"宣宗大中十年(856)五月中书门下奏文中,在礼部贡院现置科目中,即有童子科。奏文并提出,"起今已后,望令天下州府荐送童子,并须实年十一、十二以下,仍须精熟一经,问皆全通,兼自能书写者"。⑧ 除了年龄有所提高,要求也更加具体。

---

① 《旧唐书》卷一〇〇《王丘传》。

② 《旧唐书》卷九八《裴耀卿传》,参《全唐文》卷三一二孙逖《唐齐州刺史裴公德政碑》。

③ 《旧唐书》卷一〇〇《王丘传》。

④ 《旧唐书》卷一二三《刘晏传》。

⑤ 《明皇杂录》。

⑥ 《旧唐书》卷一一九《杨绾传》。

⑦ 《唐会要》卷七六《童子》。

⑧ 《册府元龟》卷六四一《贡举部·条制三》。

道举也是从明经派生出来的一个科目。它是在社会上道家思想影响日益扩大，道教日益盛行的情况下逐步发展起来的。早在高宗上元元年十二月，武后在建言十二事中就提出："伏以圣绪出自元（玄）元，五千之文，实惟圣教。望请王公以下，内外百官，皆习老子《道德经》，其明经咸令习读，一准《孝经》《论语》，所司临时策试。"根据这个建议，上元二年（675）正月敕明经加试《老子》策二条，进士加试帖三条。这是贡举加试《老子》的开始。其后，长寿二年至神龙元年（693—705）期间，曾一度暂停。[①]

　　开元二十一年，玄宗御注《老子》成，[②]诏"士庶家藏《老子》一本，每年贡举人，量减《尚书》《论语》一两条策，加《老子》策"。[③]

　　开元二十九年（741），又"制两京、诸州各置玄元皇帝庙并崇玄学，置生徒，令习《老子》《庄子》《列子》《文子》，每年准明经例考试"。[④] 天宝"十三载十月十六日。道举停习《道德经》，加《周易》。宜以来载为始"。[⑤] 这就是"道举"。

　　崇玄生按规定，三年始业成。因此，开元二十九年又下诏求明《老》《庄》《文》《列》四子之学者，应举者五百余人，玄宗亲临兴庆门策试。及第者据《登科记考》卷八记载的有姚子彦、元载、靳能等人。根据以下记载：天宝元年中书门下奏，"今冬崇元学人，望且准开元二十九年正月制考试"；二年三月制，"崇元生试及帖策各减一条，三年业成，始依常式"，以及"七载五月十三日，崇元生出身，至选时，宜减于常例一选，以为留放"。[⑥] 道举作为常科，天宝时是每年举行的。

　　代宗广德二年（764）曾停止道举，但崇玄生仍然保留。因此，很快

① 《唐会要》卷七五《明经》。

② 《册府元龟》卷六三九《贡举部·条制一》。

③ 《唐会要》卷七五《帖经条例》。

④ 《旧唐书》卷九《玄宗纪下》

⑤ 《唐会要》卷七七《崇元生》。

⑥ 同上。

又恢复了道举。大历十一年敕就已把道举和进士、明经等并列在一起。① 宣宗大中十年五月中书门下奏中所举礼部贡院见置科目,其中也有道举。②

第二节 举 格

唐朝的贡举制度,在《唐令·选举令》中作了系统的规定。《三师三公台省职员令》对贡举的主持机关,《唐律疏议·职制律》对贡举非其人的处分也都作了规定。

为了对贡举制度作某些改变,或为了指出贡举中存在的问题并作出相应的处理,唐朝前期皇帝也专门颁发制诏或在有关的制敕中提出。如《唐大诏令集》卷一〇六所载永隆二年(681)《条流明经进士诏》,开元二年(714)《令贡举人勉学诏》,开元二十四年《令礼部掌贡举敕》等都是专门为贡举而颁发的诏敕;卷一〇〇开元末《诫励吏部礼部掌选知举官敕》则是针对掌选知举官员而发的敕。至于每年贡举前是否颁发专门的下行文书,则史无明文。

到唐朝后期,据皇甫湜《悲汝南子桑》:汝南周子桑,"贞元十九年如京师,将举五经,秋及陕,见无诏,东还"。③ 元和八年进士及第的舒元舆也记载说:"臣又见每岁礼部格下天下。"④礼部每年贡举前都要颁格于天下。《唐会要》载有大和四年格的部分内容。会昌四年中书门下奏:"仍委礼部明为戒励,编入举格。"⑤《唐摭言》卷一并记录了《会昌五年举格节文》。每岁颁于天下之格已通称为举格。

① 《唐会要》卷七五《冬集》。
② 《册府元龟》卷六四一《贡举部·条制三》。
③ 《皇甫持正集》卷二。
④ 《全唐文》卷七二七舒元舆《上论贡士书》。
⑤ 《唐会要》卷七六《进士》。

举格不见于《通典》和《新唐书·选举志》。但《通典·选举三》有关于选格的记载:凡选始于孟冬,终于季春。注云:"先时,五月颁格于郡县,示人科限而集之。"《册府元龟》卷六四一《贡举部·条制三》:大和八年"八月,诏罢诸色选举,以岁旱故也。九月敕吏部,礼部、兵部,今年选举……宜依常例却置,应缘所纳文状及铨试等期限,仍准今年格文,递延一月"。这里所说的今年格文,即选格和举格,由此也可知举格和选格在内容上是有相通之处的。从现存《会昌五年举格节文》和舒元舆所述元和时礼部格的部分内容,以及《通典》《唐会要》和《册府元龟》中的有关材料来看,举格主要包括下列各项内容:

1. 国子监和各地举送到尚书省参加明经、进士考试的人数。

2. 主司录取的人数,即舒元舆所云:"又于格中程之人数,每岁多者固不出三十,少或不满二十。"当然,这是就进士而言。据《唐会要》,明经、进士录取的人数都是频有处分,不断变动的:

"(贞元)十八年五月敕:明经、进士,自今已后,每年考试所拔人,明经不得过一百人,进士不得过二十人。如无其人,不必要补此数。"[1]

"(大和)九年十二月,中书门下奏:今月九日,阁内面奉进止,令条流进士人数,及减下诸色入仕人等。准太和四年格,及第不得过二十五人。今请加至四十人。明经准太和八年正月敕,及第不得过一百一十人。今请再减下十人。"

"会昌三年正月敕:礼部所放进士及第人数,自今后,但据才堪即与,不要限人数每年止于二十五人。"[2]

3. 对举主、试官的要求。舒元舆说:"臣又见每岁礼部格下天下,未有不言察访行实无颇邪,然后上贡。苟不如格,抵罪举主。"《会昌五年举格节文》也提出:"今诸州府所试,各须封送省司检勘。如病败不近词理,州府妄给解者,试官停见任用阙。"

---

① 《唐会要》卷七六《缘举杂录》。

② 《唐会要》卷七六《进士》。

4. 其他具体规定或要求。如开成元年十月中书门下奏:"臣等商量,今日以后,举人于礼部纳家状后,望依前五人自相保。其衣冠则以亲姻故旧,久同游处者。其江湖之士,则以封壤接近,素所谙知者为保。如有缺孝悌之行,资朋党之势,迹由邪径,言涉多端者,并不在就试之限。如容情故,自相隐蔽,有人纠举,其同举人并三年不得赴举,仍委礼部明为戒励,编入举格。敕,依奏。"①

唐后期每年贡举前或贡举期间,还经常以制敕形式把礼部或中书门下关于贡举问题的奏状加以公布。有时皇帝也直接颁发有关贡举的制敕。制敕中的有关规定,如果不是作为临时处分,而是申明"永为常式"的,那么,经过一段时间,就会对这些制敕加以整理删削,编制成格、式。这些格式与前述举格或礼部格有很大的差别:

1. 举格虽然也包括一些例行的条文,但是作为一种制度,它是要每岁下天下,颁发到各地的。

2. 举格的内容都是和当年贡举有直接关系的,不是把有关贡举的令、格、式重新公布一次。

3. 举格包括一些临时性规定,这与"永为常式"的格、式是不同的。

第三节　乡　贡

制敕或举格颁布后,馆学生徒业成者,由国子监进行考试后,按规定人数举送到尚书省参加各科考试。具体情况,详学校与科举节。

不在馆学的,"举人辄自陈牒","怀牒自列于州县",②自己向州县报名,州县考试合格后举送到尚书省。这就是《新唐书》卷四四《选举志》所说的,"不繇馆学者谓之乡贡","由州县者曰乡贡"。"乡贡",亦

① 《唐会要》卷七六《进士》。
② 《旧唐书》卷一一九《杨绾传》;《新唐书》卷四四《选举志上》。

称为"宾贡""宾荐"①。

唐高祖李渊于武德四年(621)四月初一,敕诸州学士及白丁,"有明经及秀才、俊士、进士,明于理体,为乡里所称者,委本县考试,州长重覆,取其合格,每年十月随物入贡"。② 这是唐代贡士之始。

《唐六典》卷三〇《三府督护州县官吏》"功曹司功参军"条:

> 凡贡举人,有博识高才,强学待问,无失俊选者为秀才;通二经已上者为明经;明闲时务,精熟一经者为进士,通达律令者为明法;其人正直清修,名行孝义,旌表门闾,堪理时务,亦随宾贡,为孝悌力田。
>
> 凡贡人,上州岁贡三人,中州二人,下州一人。若有茂才异等,亦不抑以常数。
>
> 凡贡人,行乡饮酒之礼,牲用少牢。

根据《唐六典》《唐摭言》《唐会要》以及其他文献材料,乡贡在唐朝前期的情况大体是:

1. 举送的科目主要有明经、进士和明法。秀才科永徽二年即已废弃,至开元二十六年始复置,《唐六典》卷三十列入秀才,乃是照抄旧格。孝悌力田也是开元时临时设立的科目,至开元二十六年即"委所

---

① 《唐六典》卷三〇《三府都督都护州县官吏》"功曹司功参军"条:"凡贡举人……其人正直清修,名行孝义,旌表门闾,堪理时务,亦随宾贡,为孝悌力田。"《唐会要》卷二三《武成王庙》:"开元十九年四月十八日……诸州宾贡武举人,准明经进士行乡饮酒礼。"《册府元龟》卷八四三《总录部·知人第二》:"李华,栖筠之族子也。栖筠……初自负器业,耻从宾贡,隐居于汲郡共城山下。华固勉其应举,一试登进士第。"《白氏长庆集》卷四六《中和节颂并序》:"夫贱臣居易忝濡文明之化,就宾贡之列,辄敢美盛德,颂成功,献《中和颂》一章,附于唐雅之末。"《张说之文集》卷二二《四门助教尹先生墓志》:"自延载(694)之后,条限宾荐。长安之初,大开贡举。"晚唐外国人参加科举者稍多,"宾贡"多用来指称参加科举的外国人。终唐"宾贡"没有成为一个科目。

② 《唐摭言》卷一《统序科第》,卷一五《杂记》(此处"乡里"作"乡曲","取其合格"作"取上等人")。

由长官时以名荐"，①停止其作为常科的一个科目。至于明书、明算，因所试乃专门学问，不包括在乡贡的范围之内。

2. 诸州贡士有人数的限制，但如确有才行者，亦不限于常数。②

3. 应举者，皆须于本籍报名。开元十九年敕："诸州贡举，皆于本贯籍分信明者。然依例，不得于所附贯便求申送。如有此色，所由州县即便催科，不得递相容许。"③

4. 报名后先要由县进行考试，然后再由州府考试，合格者始给予解状，送尚书省。

县的考试，一般由县尉主持。开元五年进士及第的王泠然在与御史高昌宇书中所云："仆之怪君，甚久矣！不忆往日任宋城尉乎？……先天年中，仆虽幼小，未闲声律，辄参举选。公既明试，量拟点额。仆之枉落，岂肯缄口。……去年冬十月得送，今年春三月及第。往者虽蒙公不送，今日亦自致青云。"④说的就是县尉在举送时往往起决定作用。府州考试，一般则由功曹或司功参军事主持其事。开成二年，京兆府即差功曹卢宗回主试。大中二年，康某"调授京兆府参军，其年冬为进士试官"。⑤ 有时亦由属县县尉担任试官。白居易有《进士策问五道》，即为元和二年以盩厔尉为府试官时所作。⑥ 唐特为渭南尉，亦曾为京兆府试进士。乾符四年，万年县尉公乘亿亦曾为试官。⑦ 州刺史有时也亲自出策试题，元结为道州刺史，即出有《问进士》五道。⑧ 唐后期，节镇也有亲自主持其事的，令狐楚"镇三峰，时及秋赋，特置五（三？）场

① 《唐会要》卷七六《制科举》。

② 《唐摭言》卷一《贡举厘革并行乡饮酒》。

③ 《唐会要》卷七六《缘举杂录》。

④ 《唐摭言》卷二《恚恨》。

⑤ 《唐摭言》卷二《废等第》；《全唐文》卷七九五孙樵《康公墓志铭》。

⑥ 《白香山集》卷三〇，纪年据朱金城《白居易年谱》。

⑦ 《因话录》卷三；《唐摭言》卷二《置等第》。

⑧ 《元次山集》卷九。

试,第一场杂文,第二场诗歌,第三场表檄"。①

州县考试,作为一种制度,终唐都是存在的。韩愈在《赠张童子序》中记载贞元(785—805)时的情况说:"天下之以明二经举于礼部者,岁至三千人。始自县考试,定其可举者,然后升于州若府。其不能中科者,不与是数焉。州若府总其属之所升,又考试之如县,加察详焉,定其可举者,然后贡于天子,而升之有司。其不能中科者,不与是数焉。谓之乡贡。"②《续玄怪录》卷三"窦玉妻"条有进士王胜、盖夷,元和中求荐于同州,借郡功曹王翥私第西廊"以俟郡试"的叙述。咸通(860—874)末,"永乐崔侍中廉问江西,取罗邺为督邮,邺因主解试"。③ 这些都是府州考试的情况。京兆府解试,也一直是"比同礼部三场试"。④

乡贡在贡举中一直具有重要地位。唐初,乡贡严格按规定举送。贞观末,李勣为并州都督,张楚金与兄越石同予乡贡进士。州司将罢越石而荐楚金。楚金辞曰:"以顺则越石长,以才则楚金不如。"固请俱退。李勣叹曰:"贡士本求才行,相推如此,何嫌双居也。"乃俱荐擢第。⑤ 张昌龄,冀州南宫人,弱冠以文词知名,本州欲以秀才举之,昌龄以时废此科已久,乃充进士贡举及第。⑥ 此后一段时间里,乡贡一直是参加科举的一个重要途径。

而乡贡之大行,则在武则天长安(701—704)之后。当时学校废隳,士子多在各地假名就贡。张说记载说:"自延载(694)之后,条限宾荐。长安之初,大开贡举,考功是岁千五百余人。"⑦《唐摭言》也说:

---

① 《唐摭言》卷五《以其人不称才试而后惊》。

② 《韩昌黎集》卷二〇。

③ 《唐摭言》卷二《争解元》。

④ 《唐摭言》卷二《为等第后久方及第》。

⑤ 《旧唐书》卷一八七上《张道源传附楚金传》。

⑥ 《旧唐书》卷一九〇上《张昌龄传》。

⑦ 《张说之文集》卷二二《四门助教尹先生墓志》。

"景云(710—711)之前,乡贡岁二三千人。"①

玄宗开元(713—741)初年,整顿贡举和学校,学校又重新受到重视,应进士举者竞集于国子监。李华、赵骅、邵轸、萧颖士等著名文士皆由太学登科,故"是时常重两监"。② 但乡贡的人数也没有因之衰减。特别是到开元、天宝之际,京兆府在解送贡士时,"选才以百数为名,等列以十人为首"。即"率以在上十人,谓之等第,必求名实相符,以滋教化之源"。凡被列入等第的,有时全部及第,一般也十得其七八。③ 同州、华州解送的,录取比例也很大,"同、华解最推利市,与京兆无异。若首送,无不捷者"。④ 故天宝后士子"以京兆为荣美,同、华为利市,莫不去实务华,弃本逐末"。⑤

针对这种情况,"天宝十二载(753)七月十三日诏:天下举人,不得充乡赋,皆须补国子学生及郡县学生,然后听举。至至德元年(756)已后,依前乡贡"。⑥ 此后,特别是贞元十年(794)以后,"膏粱之族,率以学校为鄙事","殆绝于两监矣"。⑦ 士子多到各地假名就贡。

唐朝前期,投牒取解皆须于本贯。到唐朝后期,如韩愈所云:"今之举者,不本于乡,不序于庠,一朝而群至乎有司,有司之不之知宜矣。"⑧取解不再受籍贯限制。如白居易,下邽人,"始举进士,与侯生俱为宣城守所贡";张籍,和州乌江人(一说苏州吴人),则为韩愈在徐州主试时所荐送。⑨ 举子有因地而投奔取解的,如京兆、同、华举送者及

---

① 《唐摭言》卷一《乡贡》。

② 《唐摭言》卷一《两监》。

③ 《唐摭言》卷二《京兆府解送》《元和元年登科记京兆等第榜叙》。

④ 《唐摭言》卷二《争解元》。

⑤ 《唐摭言》卷一《两监》。

⑥ 《唐会要》卷七六《缘举杂录》。

⑦ 《唐摭言》卷一《乡贡》《两监》。

⑧ 《韩昌黎集》卷一四《进士策问十三首》。

⑨ 《白香山集》卷二六《送侯权秀才序》,《登科记考》卷一四贞元十五年"张籍"条。

第可能性大,士子乃群奔于京兆、同、华取解;有因人而投奔取解的,如"白乐天典杭州,江东进士多奔杭取解"。① 还有因关系而至某地取解的,如李绛,即因其父李元善曾任襄州录事参军,而到襄州取解。② 甚至有一地取解不成,至另一地取解者,如皇甫弘,原来在华州取解,因酒忤于刺史钱徽,被逐出,乃至陕州求解。③

唐朝后期取解的时间,一般是在七八月,《南部新书·乙》说,举子在"七月后,投献新课,并于诸州府拔解"。《续定命录》亦云:"秋八月,果有取解,举人具名投刺。"④

举子投牒后,按制度应经过县和州府的考试,但事实上,一般只到州府取解,因此,只经过州一级的考试,有时甚至不经过考试,就给予解状。大中(847—860)末,宰相令狐绹准备下台,每年都为其子令狐滈取得赴举的文解。⑤ 因此,元和(806—820)前后就有"外府不试而贡者,谓之拔解"⑥的说法。后梁开平元年(907)六月诏中也指出:"近年诸道贡举人当藩方秋荐之时,不亲试者,号为拔解。"⑦

第四节 考 试

一、到省后的手续

举子投牒取解,考试合格后,"每年十月随物入贡"。⑧ 唐制,府都督、州刺史或上佐每年要到京都汇报地方官的考课情况,与考官对定考

---

① 《唐摭言》卷二《争解元》。

② 《刘宾客嘉话录》。

③ 《太平广记》卷二七八《皇甫弘》。

④ 《太平广记》卷二七八《韦词》。

⑤ 《旧唐书》卷一七二《令狐楚传》。

⑥ 《唐国史补》下。

⑦ 《册府元龟》卷六四一《贡举部·条制三》。

⑧ 《唐摭言》卷一《统序科第》。

第,并进贡各地土特产品,谓之朝集使。各地乡贡的举子也由朝集使贡于尚书省,这就是随物入贡。唐代朝集使皆以十月二十五日至京都,十一月一日户部引见。因此,举子也必须在十月二十五日到京,并于十一月一日参加朝见。

朝见的情况,据《南部新书·丙》记载:"每岁十一月,天下贡举人于含元殿前见。四方馆舍人当值者宣曰:'卿等学富雄词,远随乡荐,跋涉山川,当甚劳止。有司至公,必无遗逸,仰各取有司处分。'再拜舞蹈讫退。"大历十二年进士及第的黎逢在《贡举人见于含元殿赋》中也有生动的描述:

> 当仲冬月,候丹禁门,于时铜壶尚滴,粉壁犹昏,骊驹波跃,蜡炬星繁。俄而钟断长乐,殿启含元,中使森而鹤立,诸生凛以骏奔。进抑退扬,俨褰衣而设礼;左旋右折,俯丹陛以陈言。曰臣等才非可升,德非可举,幸以辞平海上,达彼君所。今则凝神注目,无非绣户金铺;接踵比肩,尽是鸿俦鹤侣。欢声数四,周览再三,散漫而龙池雾起,参差而宫树烟含。既而中贵遥宣,劳卿远见,咸精笔阵,勉赴文战。时康俗泰,终有待于英髦;择善搜贤,本无遗于寒贱。诸生乃退行列,整簪裾,瞻凤扆,献玉除,俟青春而变化有望,当圣意而光辉有余,集鸿都而固难比矣,会虎观而未可加欤?则唐之盛也,尧舜不如。[①]

安史乱后,府州不派长吏上佐至京,朝见礼废坠。至建中元年(780)十一月一日,德宗"御宣政殿,朝集使及贡士见",[②]恢复了旧典。但不久就发生了藩镇连兵和内地节度使的叛乱,德宗一逃奉天,再逃汉中,大纷乱的局面延续了五年之久,朝见礼无法举行。按规定,举子应该是在随朝集使朝见后,始赴尚书省考试。但由于朝见礼时行时废,因

---

① 《全唐文》卷四八二。

② 《唐会要》卷二四《诸侯入朝》。

而朝见也就不是一个必不可少的环节。

唐朝前期，举子到省后由户部集阅。杜佑在《通典》卷一五记叙唐代贡举制度时就谈到，"到尚书省，始由户部集阅而关于考功课试"。到唐朝后期，举人到京后，一律于礼部交纳文状。大和八年为推迟举选人交纳文状及铨试期限，特敕吏部、礼部、兵部，就把户部排除在外。[①]每年举人到京后，"贡院悬板样，立束缚检约之目"。[②] 其情况大体与铨选类同："选曹每年皆先立版榜，悬之南院。选人所通文书，皆依板样。一字有违，即被驳落。"[③]因此，举人不仅要文书齐备，而且文字也不得小有差错。

到省后的手续和集阅的内容，《新唐书·选举志上》有如下记载："既至省，皆疏名列到，结款通保及所居，始由户部集阅，而关于考功员外郎试之。"说的是开元二十四年前贡举由考功主持时的情况。这些制度至后期除了由户部改为礼部，具体做法无大变化，只是要求更加严格罢了。

疏名列到，即所谓"到状"。除签名报到外，还应交纳有关文状，如文解、家状等。家状包括乡贯及三代名讳及本人体貌特征，《南部新书·乙》云："吏部常式，举选人家状须云：'中形，黄白色，少有髭。'"官贵子弟还要写明诸亲等第。

结款通保，即《唐国史补》所说的"将试，各相保任，谓之合保"。开成元年[④]十月中书门下奏："近缘核实不在于乡间，趋名颇杂于非类，致有跋扈之地，情计交通。将澄化源，在举明宪。臣等商量，今日以后，举人于礼部纳家状后，望依前五人自相保。其衣冠则以亲姻故旧，久同游处者；其江湖之士，则以封壤接近，素所谙知者为保。如有缺孝弟之行，

---

① 《册府元龟》卷六四一《贡举部·条制三》。

② 《全唐文》卷七二七舒元舆《上论贡士书》。

③ 《封氏闻见记校注》卷三《铨曹》。

④ 《册府元龟》卷六四一《贡举部·条制一》作会昌四年。

资朋党之势,迹由邪径,言涉多端者,并不在就试之限。如容情故,自相隐蔽,有人纠举,其同举人并三年不得赴举。"①对合保的做法做了明确的规定,并指出合保的目的就在于对应举者的人品德行进行审查,避免非类杂入应举者的行列。合保的有关文书,亦称保辨识牒。②

有无籍记,也是集阅的一项重要内容。《封氏闻见记·制科》:"旧举人应及第,开检无籍者不得与第。"开元时陈章甫应制举,户部检报"无籍记",陈章甫上书吏部孙员外,力陈"今乃坐征籍书,务在驳放,此所谓嫉贤也"。③"所司不能夺,特谘执政收之,天下称美焉。"④

举人交纳文状后,即由户部或礼部进行审校,审查结果,出驳榜公布。"礼部驳榜者,十一月出。粗驳者,谓有状无解无状;细驳,谓书其行止之过。"⑤粗驳主要是文状是否完备的审查结果,细驳则是对人品德行的审查结论。凡不合格者,均被驳放,丧失考试资格。

舒元舆《上论贡士书》中所云:"前年臣年二十三,学文成立,为州县察臣,臣得备下土贡士之数。到阙下月余,待命有司,始见贡院悬板样,立束缚检约之目,勘磨状书,剧责与胥吏等伦。臣幸状书备,不被驳放,得引到尚书省试。"⑥说的就是举人到京后接受资格审查的情况。

二、主 司

唐初以来,贡举由吏部考功司主管。"武德旧制,以考功郎中监试贡举",⑦而实际上主持考试的则为考功员外郎。武德五年(622)诸州

---

① 《唐会要》卷七六《进士》。

② 《全唐文》卷三三一杨绾《上贡举条目疏》:"比来有到状保辨识牒等,请并停。"

③ 《全唐文》卷三七三《与吏部孙员外书》。

④ 《封氏闻见记校注》卷三《制科》。

⑤ 《南部新书》丁。

⑥ 《全唐文》卷七二七。

⑦ 《通典》卷一五《选举三·历代制下》。

所贡明经、进士、秀才等，即由吏部奏付考功员外郎申世宁考试。① 因此，"贞观后，则考功员外郎专掌之"。② 但有时也命他官与考功员外郎同试，如"龙朔（661—663）中，敕右史董思恭与考功员外郎权原崇同试贡举"。③ 至开元二十四年（736），始由吏部转归礼部主管。《唐会要》卷五九《礼部侍郎》：

> 开元二十四年三月十二日，以考功员外郎李昂为举人所讼，乃下诏曰：每岁举人，顷年以来，惟考功郎所职，位轻务重，名实不伦。欲尽委长官，又铨选委积。但六官之列，体国是同。况宗伯掌礼，宜主宾荐。自今以后，每年诸色举人及斋郎等简试，并于礼部集。既众务烦杂，仍委侍郎专知。

《唐国史补》亦云："李昂为士子所轻诋，天子以郎署权轻，移职礼部。"

李昂为举人李权所诋事，详《大唐新语》卷一〇《厘革》篇及《唐摭言》卷一《进士归礼部》。二书都将此事最后归结为，"由是庭议以省郎位轻，不足以临多事，乃诏礼部侍郎专之矣"。在移职礼部的原因上，仍然是就事论事，没有超出三月十二日诏中所指出的"位轻务重，名实不伦"的范围。

只有《封氏闻见记》卷三《贡举》在记述此事时与众不同：

> 玄宗时，士子殷盛，每岁进士到省者常不减千余人。在馆诸生更相造诣，互结朋党以相渔夺，号之为"棚"，推声望者为棚头，权门贵盛，无不走也，以此荧惑主司视听。其不第者，率多喧讼，考功不能御。开元二十四年冬，遂移贡举属于礼部。

封演所记与《唐摭言》所述"李昂员外性刚急，不容物，以举人皆饰名求

---

① 《唐摭言》卷一五《杂记》。此处"乡里"作"乡曲"，"取其合格"作"取上等人"。
② 《通典》卷一五《选举三·历代制下》。
③ 《封氏闻见记校注》卷三《贡举》。

称,摇荡主司,谈毁失实,窃病之而将革焉"①相合。可见所谓省郎位轻,是与参加科举者日益增多,权门贵盛对主司的嘱请日益频繁,而举人也由于高官子弟参加科举者的增多以及互相之间结为朋党而胆大气粗有关。因此,仅为从六品上阶的考功员外郎,既无力上抗高官的嘱请,也无力应付不第举子的喧讼。同时,举子人数增多,原来的考功贡院也已无力应付有关贡举的繁杂众务。提高主管贡举官员的级别,扩大主持贡举的机关,早已势在必行。严挺之开元十五、十六年为考功员外郎,典举二年,迁考功郎中,又特敕令知考功贡举事。孙逖开元二十二、二十三年掌举后,二十四年即擢升为中书舍人。这些都反映最高统治者对贡举已给予更多的重视,开始提高掌贡举者的地位,并使之差遣化。开元二十四年李昂为李权所诋,不过是加速了这一变革罢了。封演着重分析了当时考功不能御的情势,而不谈李昂与举子所发生的冲突,是很有见地的。

贡举由吏部转归礼部掌管后,由礼部侍郎一人专掌,称为知贡举。天宝二年,达奚珣以中书舍人权知礼部侍郎,放榜后正拜礼部侍郎;九载,李麟以中书舍人权知礼部侍郎事;十载、十一载,李麟以兵部侍郎权知礼部贡举;十二载,杨濬以中书舍人权知礼部侍郎,榜后正拜礼部侍郎;乾元三年,以中书舍人姚子彦知贡举,榜后正拜礼部侍郎。此后,即经常委派中书舍人、各部侍郎等诸司四品清资官掌贡举,称为权知贡举。有的一榜后即正拜礼部侍郎,其中尤以中书舍人权知者为多。②

贡举由吏部考功员外郎掌管时,尽管也有很大的独立性,并不受吏部严格统辖,但从组织系统上来说,毕竟是吏部的一个下属机构。因此,至少从形式上来说,科举考试和官吏铨选都是由吏部掌管的。贡举改归礼部后,考试机关和铨选机关就完全分离了,考试机关取得了更大的独立性。虽然贡举按规定由礼部侍郎专掌,但实行不久,就常以他官

---

① 《唐摭言》卷一《进士归礼部》。

② 严耕望《唐仆尚丞郎表》卷一六《辑考五下·尚书礼部侍郎》;《登科记考》卷八至卷二〇。

权知。即使是礼部侍郎知贡举，一般也不超过三榜。知贡举实际上成为一种差遣；同时，有关贡举的事务也统归贡院，并设立专门的印信，作为权力的凭据；有事则上呈中书门下，[1]而不是上报礼部，礼部贡院事实上也成为中书门下的一个直属机构。

贡举归礼部后，主持者的品阶由从六品上升到正四品下阶。唐后期尚书成为加衔，侍郎实际成为各部首长，掌贡举者的地位更加提高。担任者多为知名官吏，且很多人做到宰相。肃宗乾元（758—760）时，李揆即以礼部侍郎知贡举后入相。代宗时先后于东都和京师掌贡举的杨绾、张延赏和常衮也都做到宰相。德宗、宪宗时知贡举者做到宰相的比例最大。德宗贞元（785—805）时掌贡举者先后共10人，其中做到宰相的有杜黄裳、陆贽、顾少连、高郢、权德舆等5人。宪宗元和年间（806—820）掌贡举者先后亦为10人，其中张弘靖、韦贯之、崔群、李逢吉、李程等5人也做到宰相。[2] 故韦贯之尝言，"礼部侍郎重于宰相"。宪宗问其故，对曰："然为陛下柬宰相者，得无重乎？"[3]权德舆为礼部侍郎，擢进士第者七十有余，"登辅相之位者，前后凡十人。其他征镇、岳牧、文昌、掖垣之选，不可悉数"。[4] 正是由于科举在铨选中的重要性日益提高，成为高级官吏乃至宰相的主要来源，并代替门荫成为入仕的正途，因而掌贡举者的地位也不断提高。

文宗（827—840）以后，由于座主、门生关系的发展和党争的激烈，知贡举往往成为一个很敏感的职位。有的人借此来扩大自己的势力，壮大自己的声势。如宝历（825—827）时，杨嗣复连知两榜贡举，恰逢

---

[1] 《唐会要》卷七五《帖经条例》开元二十五年敕："其应试进士等唱第讫，具所试杂文及策，送中书门下详覆。"

[2] 《登科记考》卷一〇至卷一八；《新唐书》卷六二《宰相表中》；《旧唐书》《新唐书》有关人列传。

[3] 《新唐书》卷一六九《韦贯之传》。

[4] 《全唐文》卷六一一杨嗣复《丞相礼部尚书文公权德舆文集序》。

其父杨於陵自洛阳入朝，杨嗣复乃率门生出迎，并置宴于新昌里第，[①]一时传为佳话。也有的原来很有入相的希望，却因频知贡举，门生遍天下而受到排斥。如王起于会昌三、四年连知两榜，声动京师，影响很大，[②]结果被出为山南西道节度使，并给以通常宰相出镇才授予的使相同平章事头衔。王起以文臣未任宰相而直授使相无此前例，固辞，武宗则以"宰相无内外之异，朕有阙失，卿飞表以闻"，要他接受。[③] 君臣之间的这段谈话多少透露了王起被排斥未能入相的事实。正因为如此，从长庆、宝历(821—827)之际李宗闵、杨嗣复掌贡举后，文、武、宣三朝掌贡举者做到宰相的就大为减少了。文宗时 8 人中仅有贾𫗧、崔郸 2人；武宗时 3 人中仅有陈商 1 人；宣宗时 11 人中仅魏扶、裴休、杜审权 3人。懿宗时虽有所回升，12 人中也只有裴坦、郑从谠、萧仿、王铎、李蔚等 5 人。[④]

三、考　试

唐代常科考试的情况，现在能见到的材料大部分是有关进士考试的，且大部分是后期的。明经和其他各科的情况，有待进一步研究。

明经、进士通过各项审核后，于来年春天参加考试，故亦称春闱，时间一般是在正月。举人临试前由贡院派人引试，《玄怪录》卷三吴全素条记载了明经引试的情况：

> 吴全素，苏州人，举孝廉，五不上第。元和十二年寓居长安永兴里。十二月十三日夜既卧，见二人白衣执简，若贡院引牌来召者。全素曰：礼闱引试，分甲有期，何烦夜引。

① 《新唐书》卷一七四《杨嗣复传》。
② 《唐摭言》卷三《慈恩寺题名游赏赋咏杂纪》。
③ 《资治通鉴》卷二四七会昌四年。
④ 《登科记考》卷一九至卷二三；《新唐书》卷六三《宰相表下》、《旧唐书》《新唐书》有关人列传。

按孝廉,唐后期即指明经,文中也明确写道,"元和十三年明经出身"。可见明经考试前,贡院要将他们分为甲,每甲数十人。舒元舆所云:"臣幸状书备,不被驳放,得引到尚书试。"① 说的则是进士考试时的情况。

进士考试在尚书都省进行。② 元结也说:"有司于都堂策问群士。"③

入试的情况杜佑和舒元舆有两段生动的描写:

> 礼部阅试之日,皆严设兵卫,荐棘围之,搜索衣服,讥诃出入,以防假滥焉。④

> 试之日,见八百人尽手携脂烛水炭,洎朝晡餐器,或荷于肩,或提于席,为吏胥纵慢声大呼其名氏,试者突入,棘围重重,乃分坐庑下。寒余雪飞,单席在地。呜呼!唐虞辟门,三代贡士,未有此慢易者也……施棘围以截遮,是疑之以贼奸徒党,非所以示忠直之节也;试甲赋律诗,是待之以雕虫微艺,非所以观人文化成之道也。……臣窃欲陛下诏有司……俾有司加严礼待之。举六义试之,试之时,免自担荷,廊庑之下,特设茵榻,陈炉火脂烛,设朝晡饭馔,则前日之病,庶几其有瘳矣。⑤

考试是在都省的廊庑之下,度地而坐。不要说是寒冷的正月,即使是早春二月或阳春三月,也都免不了寒意的。碰到气候异常,寒余雪飞,那就更加要缩手缩脚了。

入试时要自带食物,亦见于《因话录》,该书卷六羽部记许孟容知

---

① 《全唐文》卷七二七舒元舆《上论贡士书》。

② 《唐摭言》卷一五《杂记》。科举考试绝大部分时间都是在长安举行的,只有武则天称帝前后,代宗永泰元年至大历十年曾同时在长安和洛阳举行。文宗大和二年为洛阳举行。

③ 《元次山集》卷一○《文编序》。

④ 杜佑《通典》卷一五。

⑤ 《全唐文》卷七二七舒元舆《上论贡士书》。

第三章　唐代科举制度之一:常科　49

举时,进士陈存能"将试前夕,宿宗人家。宗人为具入试食物,兼备晨食,请存偃息以候时"。没有宗人或亲朋的一般士子,就需要自己准备了。

进入试场时搜身,见于《通典》而不见于舒元舆《上论贡士书》,是安史乱前的制度。《旧唐书》卷一二六《李揆传》:

> 乾元初,兼礼部侍郎。揆尝以主司取士,多不考实,徒峻其隄防,索其书策,殊未知艺不至者,文史之圉亦不能摛词,深昧求贤之意也。其试进士文章,请于庭中设《五经》、诸史及《切韵》本于床,而引贡士谓之曰:"大国选士,但务得才,经籍在此,请恣寻检。"由是数月之间,美声上闻。

在贴诵之风日炽,考试务求其难的情况下,李揆在试场内陈放经史和韵书,允许举子翻阅寻检,是很有胆识的。在唐代考试制度上是一次重大的突破。

李揆开启这个先例后,接着就循例实行下去了。长庆三年(823)白居易在《论重考进士事宜状》中说:"伏准礼部试进士例,许用书策,兼得通宵。"[1]正是由于许用书策,不怕举子挟带书策入内,因此,搜身制度在唐朝后期也就取消了。

考试的时间,据《全唐文》卷一七三张鹜《太学生刘仁范等省试落第,挝鼓申诉:准式,卯时付问头,酉时收策。试日晚付问头,不尽经业,更请重试。台付法不伏》。卯时为晨五时至七时,酉时为晚五时至七时,可见唐前期考试是从清晨开始,到夜晚结束。据《大唐传载》:"常相衮为礼部,判杂文榜后云:旭日登场,思非不锐,通宵绝笔,恨即有余。"考试仍然从清晨旭日初升时开始。《唐国史补》卷下"二崔俱捷事"条亦云:"旭日都堂始开。"惟考试结束的时间,向后推移了。后期许多材料记载进士考试"兼得通宵"。长庆元年重试进士时"给烛只许

---

[1] 《白香山集》卷四三《论重考试进士事宜状》。

两条"，白居易即以旧例兼得通宵向皇帝提出了意见。[1] 裴坦知举时，早年同学刘虚白就试，投诗曰："二十年前此夜中，一般灯烛一般风，不知岁月能多少，犹着麻衣待至公。"[2]讲的也是考试在夜中进行。

咸通八年(867)进士及第的韦承贻，策试之夜，潜记长句于都堂西南隅，诗曰：

> 褒衣博带满尘埃，独上都堂纳试回。蓬巷几时闻吉语，棘篱何日免重来？三条烛尽钟初动，九转丸成鼎未开。残月渐低人扰扰，不知谁是谪仙才。白莲千朵照廊明，一片升平雅颂声。才唱第三条烛尽，南宫风景画难成。[3]

诗中不仅描绘了早春夜晚，上千名举子点燃上千支烛，像千朵白莲把都省廊庑照得通明，一派升平宁静的景象，使人仿佛看到了一个个举子，有的在凝神沉思，有的在奋笔疾书；而且着重表达了夜半钟动，残月渐低，三条烛尽，举子们忐忑、期望、懊恼的复杂心情。特别是其中"棘篱何日免重来"，"不知谁是谪仙才"，包含了举子们的多少辛酸、期待和焦虑。因而这首诗受到了人们，特别是屡举不第和苦去甘来、从科举出身的官僚的共鸣，直到光化初(898)仍保留在都省壁上。

考试时，对试题有问题的，举子可向考官提问。明人郎瑛《七修类稿》云："予尝疑宋时举子秋试，皆得诣考官而问题……后知唐制，礼部试诗赋题，不皆有出处也，或以己意立之。故举子皆许进问，谓之上请。"

碰到题目有家讳，文字不便，举子便须托疾退出试场，并呈交将息状："牒某，忽患心痛，请出试院将息，谨牒。"真有暴疾也同样处理。[4]

---

① 《白香山集》卷四三《论重考试进士事宜状》。

② 《唐摭言》卷四《与恩地旧交》。

③ 《唐摭言》卷一五《杂记》。

④ 《南部新书》丙。

第五节　录取和发榜

一、录取情况

贞观二十年(646)考功员外郎王师旦考进士张昌龄"文策全下"而未予"奏等第"。唐太宗怪无昌龄等名,虽经王师旦解释,但在唐太宗的干预下,还是予以及第。① 垂拱元年(685),吴师道等二十七人及第,武则天敕批云:"略观其策,并未尽善。若依令式,及第者惟只一人,意欲广收其才,通三者并许及第。"②这两条材料说明,在唐朝前期,至少是进士及第者的名单,最后是要奏报皇帝批准的。而是否录取,则是由主司以策文的好坏即考试成绩来定夺。唐太宗认为张昌龄应予及第,是认为他的文章写得好;武则天敕批通三者并许及第,是因为人数未充,因而降低录取标准,都没有离开策文考试成绩这个标准。故高宗时记叙进士及第者,多强调其策文成绩。如陈子昂记陈该,"上元元年,州贡进士,对策高第"。③ 张荐"初登进士第,对策尤工",考功员外郎骞味道赏之曰:"如此生,天下无双矣。"④

武则天以后,奔竞之风渐起,"请托大行"。在一个时期里,主司颇为权势者所左右,"取士颇滥,每年至数百人"。但这也只是一种暂时的现象,开元初便得到了纠正。开元二年,王丘为考功员外郎知贡举,他"一切核其实材,登科者仅满百人。议者以为自则天已后凡数十年,无如丘者"。⑤ 开元五、六年知贡举的裴耀卿也以"惟才是举"知名。⑥ 开元八年,有北军勋臣葛福顺子举明经,玄宗听说后,"故试其子,墙面

---

① 《唐会要》卷七六《进士》;《旧唐书》卷一九〇上《张昌龄传》。

② 《唐摭言》卷一《试杂文》。

③ 《陈子昂集》卷六《陈君硕人墓志铭》。

④ 《旧唐书》卷一四九《张荐传》。

⑤ 《旧唐书》卷一〇〇《王丘传》。

⑥ 《全唐文》卷二五一苏颋《授裴耀卿检校考功员外郎制》。

不知所对",考功员外郎李纳以举人不实,被贬为沁州司马。① 其后严挺之典举二年,"大称平允",②席豫亦"典举得士,为时所称"。③ 开元二十二、二十三年,孙逖知贡举"精核进士,虽权要不能逼","多得俊才"。④ 从唐玄宗到知贡举的官员,一般都能坚持按考试成绩进行录取。

为了进一步消除"请托于时,求声于人","摇荡主司"的现象,开元二十四年贡举改由礼部侍郎主持。开元二十五年并规定,"其应进士等唱第讫,具所试杂文及策送中书门下详覆"。⑤ 建立了试卷复查制度。

但是,仅以一场考试成绩的好坏来决定取舍,也往往不能准确地反映一个人的才能。因此,天宝元年韦陟知贡举时,创立了纳卷制度,令应进士举者在考试前先"自通所工诗笔",呈送自己的作品,使主考官"知其所长,然后依常式考核"。⑥ 天宝十二载元结应进士举,礼部考核旧文,即曾"作《文编》纳于有司"。⑦

随着科举制的发展和进士成为士林华选,加之应举者人数不断增加,主司不可能对试卷进行认真的评比,因此知贡举者在录取时除了责其旧文,知其所长,社会上对应举者的评价也是一个重要的依据。士子的声誉在录取时的影响越来越大,录取和考试成绩开始出现脱节的情况。天宝十二载,礼部侍郎杨浚掌贡举,就曾要求著名文士萧颖士推荐贤才,"海内以为德选"。⑧ 此后,就有不少人为举人制造声誉

---

① 《册府元龟》卷六五一《贡举部·谬滥》。

② 《旧唐书》卷九九《严挺之传》。

③ 《旧唐书》卷一九〇中《席豫传》。

④ 《全唐文》卷三三七颜真卿《孙逖文公集序》;《旧唐书》卷一九〇中《孙逖传》。

⑤ 《册府元龟》卷六九三《贡举部·条制一》。

⑥ 《旧唐书》卷九二《韦陟传》。

⑦ 《元次山集》卷一〇《文编序》。

⑧ 《全唐文》卷三一七李华《三贤论》。

或向主司荐贤。

主司在录取时，也往往请名士参谋。贞元八年陆贽知贡举，"考文章甚详"，同时"亦由梁补阙肃、王郎中础佐之。梁举八人无有失者，其余则王皆与谋焉"。崔元翰亦向他"推荐艺实之士"。① 李绛、崔群、王涯、韩愈、冯宿、李观、欧阳詹等一批杰出的政治家和文学家同时被录取。② 贞元十八年，权德舆知贡举，祠部员外郎陆傪为之通榜帖，韩愈向陆傪推荐了十人，其中六人都在权德舆掌贡举期间及第。在这个阶段，推荐者意在荐贤，掌贡举者务在得人。因此，尽管这个时期请托之风并未稍衰，与主司分深者，"一言姓名，状头可致"。③ 但这种把考试成绩和推荐相结合进行录取的做法，在当时的情况下，还是有利于选拔贤才的。

宰相对录取的干预也在逐步加强。开元二十五年虽有中书门下详覆的制度，但录取的决定权主要还在主司，宰相一般是不置可否的。详覆制度后来并没有严格执行，④但向宰相呈榜的制度，却在唐朝后期逐步形成。《续玄怪录》卷二《李岳州》条记，贞元二年李俊应进士举，国子祭酒包佶为其向主司请托。"榜前一日，例以名闻执政"，李俊请求包佶："今当呈榜之晨，冒责奉谒"，要求包佶向主司询问。包佶"到子城东北隅，逢春官怀其榜将赴中书。佶揖问曰：'前言遂否？'春官曰：'诚知获罪，负荆不足以谢，然迫于大权，难副高命。'"包佶听后很生气，要和他绝交，春官不得已，表示"宁得罪于权右耳，请同寻榜，揩名填之"。包佶要揩去李夷简，春官急曰："此人宰相处分，不可去。"于是揩去李温，代以李俊。李俊终于及第。《唐摭言》还记载，贞元四年刘

① 《韩昌黎集》卷一七《与祠部陆员外书》；《唐会要》卷七六《缘举杂录》。
② 《登科记考》卷一三贞元八年。
③ 《续玄怪录》卷二《李岳州》；《太平广记》卷三四一《李俊》作"一言状头可致"。
④ 《旧唐书》卷一六八《钱徽传》：穆宗长庆元年诏："宜准开元二十五年敕，及第讫，所试杂文并策，送中书门下详覆。"

太真知贡举，"将放榜，先巡宅呈宰相。榜中有姓朱人及第，宰相以朱泚近大逆，未欲以此姓及第，亟遣易之"。① 刘太真临时以包谊代替，包谊因而及第。元和二年，崔邠知贡举。"初春将放二十七人及第，潜持名来呈相府，才见首座李公，公问吴武陵及第否。主司恐是旧知，遽言吴武陵及第也。其榜尚在怀袖，忽报中使宣口敕，且揖，礼部从容，遂注武陵姓字呈上李公。"②李吉甫的一句话，就决定了吴武陵及第的命运。

长庆（821—824）前后，随着大地主、大官僚政治经济地位的巩固，以及官僚子弟参加科举成为普遍现象，固然还有一些掌贡举者能拒绝权贵的嘱托，但也有不少知举者随波逐流，尽量满足权势者的要求。穆宗长庆元年敕："访闻近日浮薄之徒，扇为朋党，谓之关节，干扰主司，每岁策名，无不先定。"③这种情况，一直延续下去。咸通四年（863）萧倣因掌贡举放故人而被贬为蕲州刺史后，在上懿宗表中就写道："常年榜帖，并他人主张。凡是旧知，先当垂翅。"④

大和八年（834），中书门下曾奏请停止向宰相呈榜，但并没有实行。会昌三年（843）宰臣李德裕等奏："旧例，进士未放榜前，礼部侍郎遍到宰相私第，先呈及第人名，谓之呈榜。比闻多有改换，颇致流言。宰相稍有寄情，有司固无畏忌，取士之滥，莫不由斯。将务责成，在于不挠。既无取舍，岂必预知？臣等商量，今年便任有司放榜，更不得先呈臣等。仍向后便为定例。如有固违，御史纠举奏者。"⑤呈榜取消后，宰相虽然不能在发榜前改换榜帖上的及第人姓名，但这决不意味着宰相对录取工作干预的减少。宣宗时令狐绹为宰相，其子令狐滈虽暂曾罢

---

① 《唐摭言》卷八《误放》。

② 《云溪友议》卷下《因嫌进》。

③ 《唐会要》卷七六《进士》。

④ 《唐摭言》卷一四《主司失意》。

⑤ 《册府元龟》卷六四一《贡举部·条制二》。

举,但"每岁贡闱登第,在朝清列除官,事望虽出于绚,取舍全由于滈"。[①] 通榜帖也受到宰相更多的关注和干预。

还有皇帝对录取的干预。这种情况唐初即发生过,如太宗过问张昌龄及第,但那只是一种个别的、偶发的现象。天宝九载,某伎术供奉官女婿王如泚应进士举,请求玄宗"与一及第",玄宗"付礼部宜与及第"。礼部侍郎李昈执诏找到右相李林甫。李林甫以其文章处于及第与不及第之间,向玄宗闻奏不与,而让王如泚依例考试。[②] 皇帝的意见也只是作为主司的参考,可按一定的程序而不予执行。至长庆中,陈商发榜,穆宗怪无顾非熊名,"诏有司追榜放及第"。[③] 咸通(860—874)时,懿宗还敕赐韦保义、刘邺进士及第。[④] 皇帝对录取进行了直接的干预。

整个贡举工作,从方针、制度到每年的录取人数,都是要通过皇帝和宰相的,都是要通过一定的程序进行的。而上述宰相和皇帝对录取的干预,则是在制度之外进行的,是一种宰相和皇帝的个人行为,也是唐末政治日趋腐朽的表现。

二、放　榜

《大唐传载》记,"开元中,进士唱第于尚书省。其策试者并集于都堂,唱其第于尚书省。有落去者,语云:两两三三戴帽子,日暮但候吟一声,长安竹帛皆枯死"。《朝野金载》卷三亦云:"河东裴元质初举进士,明朝唱策,夜梦一狗从窦出,挽弓射之,其箭遂擎。以为不祥,问曹良史,曰:'吾往唱策之夜,亦为此梦。……'寻而唱第,果如梦焉。"据此可知,在吏部考功员外郎掌贡举时期,进士考试的成绩,要在尚书省唱

———————————

① 《旧唐书》卷一七二《令狐滈传》。

② 《封氏闻见记校注》卷三《贡举》。

③ 《唐摭言》卷八《已落重收》。

④ 《唐摭言》卷九《敕赐及第》。

第公布。神龙(705—707)后尽管三场试已成定局,但直到开元中,录取仍以对策为主,且对策为最后一场,故唱策就成为录取与否的关键,被唱者即为及第,没有唱到的即是落下、落去,也就是落第,下第。从"日暮但候吟一声"看,唱第的时间可能就在日暮。

除了唱第,还要张榜。第一名即状元列在最前面,称为状头或榜头。开元中进士及第的樊系,"未应举前一年,尝梦及第。榜出,王正卿为榜头,一榜二十六人"。①《唐才子传》卷一、卷二亦有杜审言,"咸亨元年宋守节榜进士",沈佺期,"上元二年郑益榜进士",张子容,"开元元年常无名榜进士",王昌龄,"开元十五年李嶷榜进士"等记载。

贡举归礼部后,发榜的地点在礼部南院东墙。《唐摭言》卷一五《杂记》云:

> 进士旧例于都省考试,南院放榜(原注:南院,乃礼部主事受领文书于此。凡板样及诸色条流,多于此列之)。张榜墙乃南院东墙也。别筑起一堵,高丈余,外有壖垣。未辨色,即自北院将榜就南院张挂之。元和六年,为监生郭东里决破棘篱(原注:篱在壖垣之下,南院正门外亦有之)。坼裂文榜,因之后来多以虚榜自省门而出,正榜张亦稍晚。

榜头由黄纸四张竖黏而成,以毡笔淡墨书"礼部贡院"四字,和浓墨书写的及第进士姓名辉映成趣。

进士发榜是在春天,故又称春榜。及第者和祝贺者亦往往称之为"金榜"。何扶,大和九年进士及第,十年,博学宏词登科,因以一绝寄旧同年曰:"金榜题名墨尚新,今年依旧去年春。"②会昌三年进士及第的金厚载,在和周墀寄贺诗中亦有"天书再受恩波远,金榜三开日月明"③之句。

---

① 《太平广记》引《命定录》。

② 《唐摭言》卷三《今年及第明年登科》。

③ 《唐摭言》卷三《慈恩寺题名游赏赋咏杂纪》。

发榜一般是在二月,如贞元九年柳宗元、刘禹锡进士及第即在二月丙子。① 也有早到正月,晚到三月的。② 但不论在哪一个月,都没有固定的日期。

发榜的时间是在凌晨。榜于曙色朦胧中张贴。清晨禁鼓初鸣,宵禁解除,也就算是正式发榜了。故韦庄有"一声天鼓辟全扉,三十仙才上翠微"的诗句。《剧谈录》也有韦颙"夜分归于所止,拥炉而坐,愁叹无已。……俄而禁鼓忽鸣,榜到,颙已登第"的记载。这时也正是朝士们上朝的时候,还留下了这样一段笑话:会昌初进士及第的薛逢,晚年官运不济,尝骑着羸马赴朝,正好碰上新进士榜下,缀行而出。时进士团所由辈数十人,见他行李萧条,前导曰:"回避新郎君。"薛逢感到愕然,派仆从语之曰:"报道莫贫相,阿婆三五少年时,也会东涂西抹来。"③

大部分应举者都要前去观榜的,唯有及第者列队而出,并有进士团为之开道,心中充满春风得意的情怀。元和十一年周匡物进士及第后,写有《及第谣》:

> 水国寒消春日长,燕莺催促花枝忙。风吹金榜落凡世,三十三人名字香。遥望龙墀新得意,九天敕下多狂醉。骅骝一百三十蹄,踏破蓬莱五云地。物经千载出尘埃,从此便为天下瑞。④

春风得意的心情溢于言表。落第者则别有一番滋味。元和十三年,落第进士陈标献诸先辈诗:

> 春官南院院墙东,地色初分月色红。文字一千重马拥,喜欢三十二人同。眼前鱼变辞凡水,心逐莺飞出瑞风。莫怪云泥从此别,

---

① 《柳河东集》卷二二《送苑论登第后归觐诗序》。
② 《唐摭言》卷二《恚恨》王泠然与御史高昌宇书。
③ 《唐摭言》卷三《慈恩寺题名游赏赋咏杂纪》。
④ 《全唐诗》第八函第二册。

总曾惆怅去年中。①

诗中除了记述了发榜的地点、时间外,也反映了这位落第者终于从及第者也曾落第中看到了自己的希望。陈标四年后及第。三、四举及第在当时还不能算是老于场屋者,故能有此豪情。那些七、八举、十举、二十举不第者心情就不一样了。孙定久困场屋,景福二年(893)下第后醉中写诗曰;

> 行行血泪洒尘襟,事逐东流渭水深。愁跨寒驴风尚紧,静投孤店日初沉。一枝犹挂东堂梦,千里空驰北巷心。明日悲歌又前去,满城烟树噪春禽。②

除了张榜公布,榜还要流传到各地,故"每岁得第之人,不浃辰而周闻天下"。③ 赵惊及第后,节度使谓其妻父:"适报至,已及第矣。"即授所持书,乃榜也。④ 会昌三年华州刺史周墀贺王起诗序所云"况新榜既至,众口称公",说的也是这种情况。至于高退之所云"忽闻金榜扣柴荆",那是退之先期回家,进士团遣人赍榜,扣关相报,并非一般情况。⑤

一般新进士及第后,即以泥金书帖子附家书中,用报登科之喜。至家乡,亲戚例以声乐相庆,谓之喜庆。⑥ 这种泥金帖子在开元天宝时期就已经盛行了。到文宗朝,这种风气逐渐衰落,代之而起的是金花帖子。南宋赵彦卫《云麓漫钞》卷二云:"国初,循唐制,进士登第者,主文以黄花笺长五寸许,阔半之,书其姓名,花押其下,护以大帖,又书姓名于帖面,而谓之榜帖,当时称为金花帖子。"金花帖子和泥金帖子很有

---

① 《唐摭言》卷一五《杂记》。

② 《唐诗纪事》卷六六《孙定》。

③ 《通典》卷一五注引沈既济曰。

④ 《玉泉子》。

⑤ 《唐摭言》卷三《慈恩寺题名游赏赋咏杂纪》。

⑥ 《开元天宝遗事》卷下《泥金帖子》。

一些类同的地方,但泥金帖子实际上乃是一种家庭喜报,是由及第者自己书写的。而金花帖子则是由知贡举者花押签发的,实际上具有录取通知书的性质。进士录取人数每年不过二三十人,人数不多,加以座主门生关系的发展,主司对及第者也就特别看重。金花帖子就是在这样的情况下,由泥金帖子发展而来。

明经亦在南院发榜。黄滔《送人明经及第东归》诗云:"十问九通离义床,今时登第信非常。亦从南院看新榜,旋束春关归故乡。"①

三、谢恩、期集和关试

进士及第后,有参见宰相、向主司谢恩、同年期集等仪式。

进士发榜讫,"则须谒宰相"。② 其日,为新及第进士张罗一切的进士团先于大明宫内光范门里东廊供帐备酒食,新进士在此集合,等候宰相上堂后参见。宰相到齐后,堂吏来收取名纸,然后生徒随座主去中书省。宰相横排站立在都堂门内。堂吏通报:"礼部某姓侍郎,领新及第进士见相公。"状元乃出行致词云:"今月日,礼部放榜,某等幸忝成名,获在相公陶铸之下,不任感惧。"状元有故不能参加,则由第二名致词。致词后,揖而退下。然后,自状元以下,一一通报自己的姓名。自我介绍后,堂吏云"无客"。主司长揖后,整个仪式就完成了。参见宰相后,还要由主司领至舍人院,拜见中书舍人。状元致词再拜后退出。③ 参见宰相是在中书省都堂,因此也叫过堂。

过堂后,新及第进士便要向掌贡举的礼部侍郎或其他知贡举官员谢恩。谢恩一般多在主司住宅进行,也有在都省或贡院举行的,还有不行的。如"郑少尹师熏知举,放榜日,毕令到宅谢恩。至萧相公知举,放榜日,并无人及门,时论称之。主司放榜日,于贡院见门生,惟广南郑

---

① 《全唐诗》卷七〇五。

② 《玉泉子》。

③ 《唐摭言》卷三《过堂》;《玉泉子》。

尚书及杨侍郎"。①

谢恩时，新进士到主司宅门前下马，排列成行，呈送名纸，通报后入门，排列于阶下。状元出列致词，回到原位后，新进士一一拜见主司，各自作自我介绍并谢恩。状元还要曲谢名第，与主司或他的先人及第时名次相同者则要谢衣钵。谢毕，登阶，状元与主司对坐。饮酒数巡后，新进士退出。谢恩时，往往有公卿前来观看，或坐或立，礼毕而去。②

三日后还要曲谢。第一次谢恩，主要是礼节性的，通过自我介绍和谢恩参拜，表明座主、门生关系的建立。第二次曲谢，"主司方一一言及荐导之处，俾其各谢挈维之力。苟特达而取，亦要言之"。这样，就又增加了一些具体的内容。唐后期通过进士科而建立起来的官僚关系网，在谢恩和曲谢这两次活动中集中反映出来。

至于期集，则是新及第进士的聚会。聚会的地点就在主司住宅附近，系临时由进士团团司代为租用，称为期集院。院内供帐宴馔，豪华丰盛。大凡正式录取的敕文下来以前，每日都要期集，其间还要两度诣主司之门参谒。③

进士及第，只是取得出身资格。还要到吏部参加关试，由吏部员外郎试判两节。关试时诸生要向吏部员外郎谢恩，称门生，谓之"一日门生"。新进士经过关试，"当年关送吏部"，④"自此方属吏部矣"，⑤由"吏部给春关牒"，⑥这才取得了到吏部参加铨选授官的资格，开始步上仕途。

唐朝后期进士及第后，皆称"新及第进士"，及吏部给春关牒，便称"前乡贡进士"或"前进士"。韩仪《知闻近过关试仪》："短行纳了付三

---

① 《唐语林》卷三《方正》。

② 《唐摭言》卷三《谢恩》；《唐语林》卷三《方正》。

③ 《唐摭言》卷三《期集》《散序》。

④ 《册府元龟》卷六四一《贡举部·条制三》。

⑤ 《唐摭言》卷三《关试》。

⑥ 《容斋续笔》。

铨,休把新衔恼必先。今日便称前进士,好留春色与明年。"①说的便是有关关试的情况。"短行纳了"是指试判两节;"付三铨"是指关系转到了吏部,可参加吏部的铨选。

关试后,新进士大宴于城东南的曲江亭子,四海之内,水陆之珍,靡不毕备。并请教坊派乐队演奏助兴。有时皇帝也登上曲江南岸的紫云楼,垂帘观看。②曲江大会在关试后进行,故亦称"关宴"。宴后新进士就各奔东西了,所以也叫"离会"。③

过关宴后,新进士还要期集于曲江北岸的慈恩寺大雁塔下题名。④

曲江游宴和雁塔题名,都始自神龙(705—707)。曲江宴则盛于开元之末。⑤ 到唐朝后期特别是唐朝末年,随着权豪子弟及第者的增多,曲江宴的豪华奢靡达到了吓人的程度,加上各种游赏宴会,"一春所费,万余贯钱",故"家贫者苦于成名"。⑥

---

① 《唐摭言》卷一《述进士下篇》;《容斋续笔》。

② 《唐摭言》卷三《散序》。

③ 《唐摭言》卷一《述进士下篇》。

④ 《唐摭言》卷三《慈恩寺题名游赏赋咏杂纪》。

⑤ 同上。

⑥ 《唐大诏令集》卷一〇六《厘革新及第进士宴会敕》。

第四章 唐代科举制度之二:制举

第一节 制科的设置

《新唐书·选举志》云:"其天子自诏者曰制举。"

制举在唐代有一个发展的过程。隋代就曾不止一次下诏举人,虽也列有科目,但均由京官五品以上及诸州总管、刺史举荐,且未明令考试。① 唐初,武德五年(622)曾下令举人,除由中央和地方官吏举荐外,"其有志行可录,才用未申,亦听自举,具陈艺能,当加显擢,授以不次"。也没有明确说要考试。唐太宗贞观时不断要求大臣和地方举荐贤才;②贞观十五年并曾"欲令人自举",魏徵以"知人者智,自知者明。知人既以为难,自知诚亦不易。且矜能伐善,恐长浇竞之风,不可行也。乃止",③加以反对,乃没有实行。

除了荐举,武德、贞观之世明确举行制举考试的记载有如下一些:

崔仁师,"武德初应制举,授管州录事参军"。④

张行成,"大业末察孝廉,为谒者台散从员外郎。王世充僭号,以为度支尚书。世充平,以隋资补宋州谷熟尉,又应制举乙科,授雍州富

---

① 《册府元龟》卷六七《帝王部·求贤一》。

② 《贞观政要》卷三《择官》;《唐大诏令集》卷一〇二《采访孝悌儒术等诏》《求访贤良限来年二月集泰山诏》《荐举贤能诏》《搜访才能诏》。

③ 《册府元龟》卷六七《帝王部·求贤》

④ 《旧唐书》卷七四《崔仁师传》。

平县主簿"。①

崔信明,"贞观六年应诏举,授兴世丞"。②

谢偃,"仕隋为散从正员郎,贞观初应诏对策及第,历高陵主簿"。③

郑敞,"贞观七年,制策高第,授越州都督府参军事"。④

李楚才,"贞观元年授长乐监,仍命于北门供奉。……十四年,应诏四科举,射策登甲第"。⑤

但是,举行这些考试的诏令,大都没有流传下来,是否可以自举,也没有记载。

以上情况说明,唐初在人才的选拔上,主要还是着眼于举荐,制举虽也曾举行,但还不处于重要地位,也没有形成完整的制度。

《唐会要》卷七六《制科举》:"显庆三年(658)二月,志烈秋霜科,韩思彦及第。"这是文献中见到的关于制举科目的最早记载。《登科记考》卷二同年还引录了杨炯《唐右将军魏哲神道碑》,碑云魏哲显庆三年"诏除左卫清宫府左果毅都尉,寻围谷府折冲都尉,并长上如故。又以应诏举,对策甲科,迁左骑卫郎将"。⑥魏哲四年即被任为铁勒道行军总管,故应诏举的时间当在三年或四年初。

显庆四年二月,高宗"亲策试举人","凡九百余人,唯李巢、张昌宗、秦相如、崔行功、郭待封五人为上第,令待诏弘文馆"。⑦此年不仅应举人数很多,科目也很多,有"洞晓章程""材称栋梁,志标忠鲠""政均卓鲁,字俗之化通高""安心畎亩,力田之业凤彰""道德资身,乡闾共

① 《旧唐书》卷七八《张行成传》。

② 《旧唐书》卷一九○上《崔信明传》。

③ 《旧唐书》卷一九○上《谢偃传》。

④ 《全唐文》卷二七五薛稷《故洛阳令郑府君碑》。

⑤ 《杨炯集》卷七《原州百泉县令李君神道碑》。

⑥ 《杨盈川集》卷八,《四部丛刊》本。

⑦ 《旧唐书》卷四《高宗纪上》;《册府元龟》卷六四三《贡举部·考试一》。

挹""养志丘园,嘉遁之风载远""材堪应幕""学综古今"等八科。^① 此后,制举大体就按这个路子发展下去。故《册府元龟》卷六三九《贡举部·总序》说,制诏举人,"始于显庆(656—661),盛于开元(713—741)、贞元(785—805)"。

第二节　科　目

《通典》卷一五云:"其制诏举人,不有常科,皆标其目而搜扬之。"《封氏闻见记》卷三《制科》也说:"国朝于常举取人之外,又有制科,搜扬拔擢,名目甚众。"据《唐会要》卷七六《制科举》,显庆三年至大和二年(658—828),共举行制科举 78 次。《册府元龟》《云麓漫钞》等也记载了唐代制举的科目。安史乱前,有些科目尽管类同,但基本上没有重复的。建中元年(780)以后,有些科目就重复出现了。关于唐代制举的科目,正如徐松在《登科记考》凡例中所云:

> 《困学纪闻》云:"唐制举之名多至八十有六,凡七十六科。"《玉海》亦言:"自志烈秋霜而下,凡五十九科,自显庆三年至大和二年,及第者二百七十人。"今以《旧唐书》《唐会要》《册府元龟》《文苑英毕》《云麓漫钞》诸书参考之,其设科之名已无虑百数。又如曰吏职清白,曰孝弟廉让,见《孝子郭思训墓志》;曰穿杨附枝,见李邕《臧怀亮碑》……是知科目之名遗佚者多矣。

制科举由皇帝临时下制或诏举行,有些科目只用了一两次,有些科目文字有异而内容类同。因此,科目的多少和名称虽然并不是无关重要的,但更重要的是要搞清每一个时期的主要科目及其在政治上和文化上的意义,以及那些在政治上起过重要作用的人物,是通过哪些科目起家或得到擢升的。下面我们就根据《登科记考》的考定,从这个角度

---

① 《云麓漫钞》卷六。

来进行一些考查。

高祖、太宗时期，制诏举人次数不多，科名不详。

高宗时，永徽三年至乾封二年(652—667)的16年间有9年举行制科，共20科，平均1.78年举行一次，平均每年1.25科。其后有6年未行制科举。从上元元年至永隆二年(674—681)8年间有6年举行制科，共13科，平均1.33年举行一次，平均每年1.63科。据现有材料，33科中，文学之科4次，①奖拔幽素之科5次，②英才之科3次，③忠鲠之科4次。④ 在设科方面值得注意的有几点：一是显庆四年(659)八科举的进行。一次设立这么多的科目，应举者达900余人，并由皇帝进行亲试，这在唐代实在是空前的。二是在众多的科目中，唯有麟德三年(666)的幽素科得人为多，苏瑰、解琬、苗神客、格辅元、王勃等均为此科登科。苗神客、王勃为有名的文士；解琬以识练边事为武则天所赏识，中宗、睿宗时曾为朔方军大总管；格辅元、苏瑰均做到宰相。⑤ 三是上元三年(676)，仪凤二年(677)文学之科的连续举行，其中产生了崔融、马怀素、姚崇、张鷟、韩思彦等在政治、学术和文学上有重大影响的人物。⑥ 但是总的看来，高宗时还是临时设科，还没有一定的格局。制科还处于初创阶段。

武则天临朝称制后，嗣圣元年(684)举行三科制举，此后有3年不见有制举的记载。直到垂拱四年(688)起，才又连续举行。从垂拱四

---

① 乾封二年词赡文学科，上元三年词殚文律科、文学优赡科，仪凤二年下笔成章科。见《登科记考》卷二。

② 显庆四年安心畎亩、力田之业凤彰科，养志邱园嘉遁之风载远科，麟德元年销声幽素科，藏器下僚科。见《登科记考》卷二。

③ 麟德元年茂才异行科，经明行修科，上元元年英才杰出科。见《登科记考》卷二。

④ 显庆三年志烈秋霜科，四年材称栋梁志标忠鲠科，龙朔元年忠鲠科，乾封二年直言极谏科。见《登科记考》卷二。

⑤ 《登科记考》卷二；《旧唐书》各人本传。

⑥ 同上。

年至长安二年(688—702)的 15 年间,据现有记载,共有 11 年举行制举,共 18 科。每年约为 1.2 科,略低于高宗时;平均 1.36 年举行一次,频率则较高宗时为高。其中垂拱四年至天授二年(688—691)和长寿三年至万岁通天二年(694—697)都是连年举行。① 前一个 4 年恰好是武则天称帝前后,大开制科是她"以禄位收天下人心"政策的一部分。后一个 4 年则是在武则天"任威刑以禁异议"②革命成功之后开始改变恐怖政策的年代,除了选拔经世治国之才的需要,仍然具有收天下人心的性质。

在科目的设置上,也有一些值得注意的地方。

一是文学之科略有增加,由高宗时的 4 次增加到 5 次。③

二是儒素科的出现。嗣圣元年(684)有抱儒素科,载初元年(689)有抱儒素之业科,天授二年(691)有业奥六经科,④中宗时被称为大儒的祝钦明即此年登此科。儒素科的设立反映了武则天称帝时力图借助儒学经典和学说的愿望。武则天称帝前,春官尚书李思文曾上言,《尚书·武成》篇,"辞有'垂拱天下治',为受命之符"。武则天听后就很高兴,当即颁示天下。⑤

三是经邦科的出现。天授三年(692)左补阙薛谦光疏云:"只如才应经邦之流,唯令试策。"⑥可知天授前即曾有才应经邦科,只是由于没有出什么人物,故未被记录下来。直到圣历三年(697)才有明确的记录。⑦ 但在此前,永昌元年(689)、载初元年(689)、证圣元年(695)、天

---

① 《登科记考》卷三、卷四。

② 《资治通鉴》卷二○五,"长寿元年一月丁卯"条,"七月戊寅"条。

③ 《登科记考》卷三、卷四。

④ 同上。

⑤ 《新唐书》卷七六《则天武皇后传》。

⑥ 《唐会要》卷七六《制科举》。

⑦ 《云麓漫钞》卷六。

册万岁二年（696）就先后举行过贤良方正、拔萃、超拔群类、绝伦等科，[1]说明通过制举选拔政治人才，已经提到日程上来，而且也确实选拔出了张柬之、崔沔、苏颋、卢从愿、刘幽求等一批后来成为宰相、大臣的政治人才。

中宗神龙二年至睿宗景云三年（706—712），连年以才膺管乐（神龙二年）、材堪经邦（三年）、抱器怀能（景龙二年）、文以经国（景云二年）、文可以经邦、材可以治国、道侔伊吕（三年）等来命科名。7 年中除景龙二年、四年没有有关制举的记载外，其余 5 年共有 26 科，而每年都有直接以经邦治国命名的科目。[2] 这一方面是反映了对经世治国人才的迫切需求，同时，也可以使一些确有才能的人有可能进到经邦治国的岗位上去。如张九龄，长安二年（702）进士及第，神龙三年（707）材堪经邦科登乙科，景云三年（712）道侔伊吕科对策第二等，迁左拾遗，至开元十一年（723）即拜中书舍人，成为正五品上阶的高级官员，并在开元二十一年做到宰相。[3] 这对于没有父祖官荫凭借，又是来自边远地区的士子来说，是一个很快的速度了。又如韩休，景云三年，初应文经邦国科，累授桃林丞，又应贤良方正科，受到玄宗赏识，擢授左补阙，后来步步高升，开元二十一年也做到宰相。[4] 升迁的速度比张九龄还快。

玄宗时，除开元二年（714）有直言极谏、哲人奇士逸伦屠钓、良才异等等科外，其后在开元年间举行制举的有 22 年，共 27 科，天宝年间有 8 年，共 14 科。科目大体可分为五类：

其一为文史兼优、文儒异等（开元六年），博学通艺（开元六年）、文词雅丽（开元七年、二十三年）、文藻宏丽（开元十年）、博学宏词（开元

① 《登科记考》卷三、卷四。

② 《登科记考》卷四、卷五；《唐会要》卷七六《制科举》。

③ 《旧唐书》卷九九《张九龄传》。

④ 《旧唐书》卷九八《韩休传》；《唐会要》卷七六《制科举》。

二年、十九年、二十二年,天宝二年),文词秀逸、博学通儒(天宝元年),词藻宏丽(天宝十三载)等文学或儒学之科;

其二为知合孙吴,可以运筹决胜(开元九年),将帅(开元十二年)、武足安边(开元十五年)、智谋将帅(开元二十三年)、军谋越众(天宝元年、十三载)等韬略之科;

其三为超拔群类(开元六年)、拔萃(开元九年、十三年、十六年、十八年、二十四年,天宝八载)、茂才异等(开元十年)、贤良方正(开元十四年、天宝元年)、多才(开元二十一年)等超拔之科;

其四为高才沉沦、草泽自举(开元十五年),才高未达、沉迹下僚(开元十七年),高蹈不仕(天宝四载)、风雅古调(天宝六载)等。

其五为王霸、牧宰(开元二十三年),博通坟典、才可宰百里(天宝十载)等理人之科。

此外,还举行过一次洞晓玄经科(天宝十三载)。

在这几类科目中,文学之科主要集中在开元五年至十年之间,韬略之科主要集中在开元九年至十五年间,而在开元十三年至二十三年间,则主要是拔萃和才高未达一类科目。至天宝年间,制举主要集中在天宝元年和天宝十三载,其他时间没有什么实质性科目,也没有选拔出什么突出人才。

玄宗开元五年至十五年期间,制举以文学之科和韬略之科为主。这是与玄宗在开元之治逐步形成后,锐意于文治武功一致的。开元中年又连续几次以"才高位下、沉迹下僚"为科名,则是为了协调地主阶级内部的某些关系。天宝年间虽然平均年科次与开元时相近,但平均 1.7 年进行一次,仍低于开元时 1.3 年一次的水平。除天宝三年和十三载有文词秀逸、词藻宏丽和军谋越众等科,其他年代分别为博学宏词、高蹈不仕、风雅古调、拔萃、博通坟典、才可宰百里等科,没有显示一个集中的主题。这与天宝年间李林甫当政,主要是以吏干来选拔官员,也有密切的关系。

开元、天宝时期设科的这种情况说明,开元前期,玄宗虽曾想通过制科来选拔一些经邦治国、明于韬略的人才,但由于神龙以后,文学取士成为主要的潮流,因此,除了选拔出王翰、孙逖、达奚珣、苗晋卿等文士外,并没有选拔出什么杰出的政治人才。而随着开元之治局面的形成和社会矛盾的迅速发展,开元中年以后迫切需要一批能够解决实际问题的人才。武则天时选拔出来的人才逐渐凋谢,神龙、开元以来提拔起来的文士又不能去完成这些任务。因此,玄宗也就放弃了武则天以来通过制举选拔经邦治国之才的做法,而着重提拔那些在实际工作中表现出成绩的吏干之士。

玄宗时还有进献文章、上著述等名目。《封氏闻见记》卷三《制举》云:"常举外,复有通五经、一史及进献文章,并上著述之辈,或付本司,或付中书考试,亦同制举。"

进献文章,最著名的莫若大诗人杜甫。天宝十载(751)正月,玄宗先后朝献太清宫,享太庙,有事于南郊。天宝初举进士不第的杜甫"献《三大礼赋》,玄宗奇之,召试文章,授京兆府兵曹参军"。①

上著述的,"开元中,有唐颍上《启典》一百三十卷,穆元休上《洪范外传》十卷,李镇上《注史记》一百三十卷、《史记义林》二十卷,辛之谔上《叙训》两卷,卜长福上《续文选》三十卷,冯中庸上《政事录》十卷,裴杰上《史汉异议》,高峤上《注后汉书》九十五卷。如此者并量事授官,或沾赏赉,亦一时之美"。②

献文章、上著述的,此后亦间或有之,不过都没有出什么突出人才。

肃宗在位期间,正值安史之乱。肃宗在灵武,玄宗在成都,都曾下令荐举和自举,但兵荒马乱之中,荐举者"多非实才,所以询事考言,登科盖寡"。③ 乾元二年(759)五月,肃宗亲自在宣政殿试文经邦国等四

---

① 《登科记考》卷九天宝十载;《旧唐书》卷一九〇下《杜甫传》。

② 《封氏闻见记校注》卷三《制举》。

③ 《册府元龟》卷八七《帝王部·赦宥第六》"乾元元年十月甲辰"条,卷六八《帝王部·求贤第二》"乾元元年十月甲辰"条略同;《唐大诏令集》卷二九《立成王为皇太子德音》。

科举人。① 上元元年(760)又令中外五品以上文武正员官"各举贤良方正、直言极谏各一人,武艺文才俱堪济理者,亦任状举。其或文乏词策,武非骑射,但权谋可以集事,材力可以临戎,方圆可收,亦任通举"。② 虽然也同样是登科盖寡,但也反映了在多事之秋,最高统治集团想通过制举不拘一格来选拔贤才的迫切心情。

代宗即位后,宝应元年(762)五月制令:"其有明于政理,博综典坟,文可经邦,谋能制胜,及孝悌力田,诸州刺史并宜搜扬闻荐。"③次年五月,"尚书省试制举人,命左、右丞、侍郎对试,赐食如旧仪"。④ 大体恢复了制举的常规。此后两年,也不断以孝悌力田、怀才抱器、遗逸未经荐达、安贫乐道、茂才异等等科目举人,仍以搜扬遗逸之士、敦风俗、变人伦为主要内容。

值得注意的是,肃宗时曾亲试文经邦国科,代宗时也曾试讽谏主文、智谋经武等科,又开始注意通过制举来选拔经邦治国的政治家和有智谋的军事家。

德宗至文宗时期,德宗 26 年间,有 15 年举行了制举,共 29 科,平均 1.73 年举行一次,平均每年 1.16 科;宪宗元和 15 年间,有 7 年举行制举,共 12 科,平均 2.14 年一次,平均每年 0.8 科;穆宗长庆 4 年间,有 3 年举行制举,共 7 科,平均 1.33 年一次,平均每年 1.75 科;敬宗 1年间共有 4 科;文宗 14 年间有 5 年举行,共 8 科,平均 2.8 年一次,平均每年 0.57 科。制举举行的次数呈下降趋势,至文宗大和二年(828)以后,制举就基本停止了。有人认为文宗以后制举仍不断举行,那是把科目选中的博学宏词等科误认为是制举了。

建中元年至大和二年(780—828)科目设置的情况和录取的著名

---

① 《旧唐书》卷一〇《肃宗纪》。

② 《唐大诏令集》卷四《改元上元赦》。

③ 《唐大诏令集》卷二《代宗即位赦》。

④ 《旧唐书》卷一一《代宗纪》。

人物分述如下:

德宗建中元年:贤良方正、能直言极谏科(姜公辅、樊泽、吕元膺、韩皋),文词清丽科(奚陟、梁肃、吴通玄),经学优深科,高蹈邱园科,军谋越众科,孝弟力田闻于乡闾科;

贞元元年(785):贤良方正、能直言极谏科(韦执宜、穆赞、裴复、柳公绰、归登、崔邠、魏弘简、韦纯、钱徽),博通坟典、达于教化科(熊执易),识洞韬略堪任将帅科,超绝科;

贞元四年:贤良方正、能直言极谏科(崔元翰、柳公绰、赵儋),清廉守节、政术可称、堪任县令科(李巽),孝弟力田、闻于乡闾科;

贞元十年:贤良方正、能直言极谏科(裴垍、王播、裴度、熊执易、许尧佐、崔群、皇甫镈、王仲舒、许季同、仲子陵),博通坟典、达于教化科,详明政术、可以理人科(张平叔、李景亮);

贞元十一年:隐居邱园、不求闻达科;

贞元二十一年:茂才异等科(杜元颖);

宪宗元和元年:才识兼茂、明于体用科(元稹、韦惇、独孤郁、白居易、沈传师、萧俛),达于吏理、可以从政科;

元和三年:贤良方正、能直言极谏科(牛僧孺、皇甫湜、李宗闵、贾𫗧、王起),博通坟典、达于教化科,军谋弘达、材任将相科(樊宗师),详明政术、可以理人科;

元和十二年:宝(龚?)黄科;

穆宗长庆元年(821):贤良方正、能直言极谏科(庞严、姚中立、李蟠(回)、崔嘏、崔龟从、韦正贯、沈亚之),博通坟典、达于教化科,详明政术、可以理人科,军谋弘远、堪任将帅科;

长庆二年:山人科,日试百篇科;

长庆三年:道举科,日试万言科;

敬宗宝历元年(825):贤良方正、能直言极谏科,详闲吏理、达于教化科(韦正贯),军谋弘远、材任边将科;

文宗大和二年(828):贤良方正、能直言极谏科(裴休、李郃、杜牧、马植、郑亚、崔玙、王式、崔慎由），详闲吏理，达于教化科，军谋弘远、堪任将帅科，处士科。[1]

综观建中元年至大和二年制举设科和及第情况，可以归纳出以下几点：（1）设科时间除德宗时与政治形势的变化有关，其他各朝多在即位之初。其他时间很少举行，即使举行，也多不是很重要的科目。（2）贤良方正、能直言极谏科和博通坟典、达于教化科，详明政术、可以理人科成为经常使用的科目。贤良方正能直言极谏科要求有广博的经史知识，能提出经邦治国的方略和解决现实问题的办法。许多著名的政治家、思想家均出自此科，其中不少人做到宰相，执掌了国家大政。贤良方正能直言极谏科还要求举人对时政没有保留地提出意见，许多士子也就通过对策，来揭露现实存在的各种弊病，发表自己的见解，提出解决的方法，表达了一般地主士大夫的愿望和要求。这不论是对人才的选拔，还是对社会舆论都产生了巨大的影响。后两科的侧重点，则在于对人民的教化和对地方的治理，主要是选拔称职的理民官。但这两科出人很少。此外，军谋弘远、材任将帅一类韬略之科，也是经常举行的科目，但除了选拔出一个后来以经学著称的樊宗师外，也没有选拔出什么将帅之才。

第三节　制举之制

制举和常举不同，常举的科目和各项制度均已由选举令和吏部或礼部的格、式作了规定，唐朝后期礼部每年还要定期颁布举格，规定应举的有关事宜，而制举则是由皇帝临时颁布制、敕或诏进行。高宗显庆二年、五年有令京官五品以上及诸州牧守各举所知的诏令，前诏要求"如有此色，可精加采访，各以奏闻"。后诏要求也是"精加搜访，各以

---

[1]　《登科记考》卷一一德宗建中元年至卷二〇文宗大和二年；《册府元龟》卷六四五《贡举部·科目》；《唐会要》卷七六《制科举》。

名荐"。^① 尽管在相应的时间里曾经举行过制举,但由于缺乏足够的材料,还无法辨别以上诏令所指到底是单纯的举荐,还是要进行考试的制举。现在可以认定是制举诏令的,是仪凤元年(676)十二月的《访孝悌德行诏》。^② 诏曰:

> 山东、江左,人物甚众,虽每充宾荐,而未尽英髦。或孝悌通神,退逊推敬;或德行光裕,邦邑崇仰;或学综九流,垂帷觇奥;或文高六义(一作"艺"),下笔成章;或备晓八音,洞该七曜;或射能穿札,力可翘关;或邱园秀异,志存栖隐;或将帅子孙,素称勇烈。委巡抚大使,咸加采访,伫申褒奖。亦有婆娑乡曲,负材傲俗,为讥议所斥,陷于踬弛之流者,亦宜选择,具以名闻。

《旧唐书》卷一三五下《阳峤传》:

> (阳峤)仪凤中应八科举,授将陵尉。

《旧唐书》卷一九〇中《员半千传》:

> (员半千)上元初,应八科举,授武陟尉。

《旧唐书》卷九四《崔融传》:

> 崔融,齐州全节人,初,应八科举擢第,累补宫门丞,兼直崇文馆学士。

而诏令所举,恰为八科。《唐会要》卷七六《制科举》:

> 上元三年正月,辞殚文律科,崔融及第。

可知词殚文律科即为八科之一。盖诏令所列,只是指明八科的范围,至考试时又赋予了更加具体的名称。至于举行的时间,据陈子昂

---

① 《册府元龟》卷六七《求贤一》;《唐大诏令集》卷一〇二。
② 同上。

《陈君硕人铭》：①

> （陈该）上元元年，州贡进士，对策高第，释褐授将仕郎。其明年，制敕天下文儒，司属少卿杨守讷荐君应词殚文律，对策高第，敕授茂州石泉县主簿。②

仪凤后，随着制举的发展，逐步形成了一套完整的制度。在一次制举的过程中，先后要发布五道诏敕。

（1）下令举行某科或某些科目制举的诏令。大体包含三方面内容，一是申明对人才的重视和对贤才的渴求；二是科目的名称；三是要求官员举荐或自举。有的还规定到京集中的时间。这些内容大多包含在赦文、德音一类的制敕中，如《改元天宝赦》③《顺宗即位赦》④《立成王为皇太子德音》⑤中，均包含了这样的内容。也有单独发表诏令的，如前引《访孝悌德行诏》。

（2）公布应举人考试时间的诏令，如长庆元年（821）十月诏："文武常参官及诸州府，准制举荐贤良方正人等，以十一月二十五日御宣政殿策试。宜令所司准式。"⑥

（3）临试时的诏令。如《元和元年尚书省试制科举人敕》《长庆二年试制科举人敕》《宝历元年试制举人诏》。⑦ 内容主要是申明致治的愿望，说明策试的目的是探求治乱兴衰之源，访闻时政得失，要求举人无保留地写出自己的意见。最后是"宜坐食讫就试"，表示对举人的关怀。

---

① 《陈子昂集》卷六。
② 上元元年州贡进士，及第当在二年。其明年为上元三年（十一月改为仪凤），及第则在仪凤二年。《登科记考》《唐会要》和《旧唐书·员半千传》纪年皆误。
③ 《唐大诏令集》卷四。
④ 《唐大诏令集》卷二。
⑤ 《唐大诏令集》卷二九。
⑥ 《册府元龟》卷六四四《贡举部·考试二》。
⑦ 《唐大诏令集》卷一〇六《制举》。

（4）录取的诏令。如《放制举人敕》《放制举人诏》。①　主要是公布各科及第名单和等第，以及各等处分的原则。

（5）制举及第后授官的诏令。如长庆元年《除制举人官敕》，②是对中书门下拟定的制举登科人授官意见予以批准并加以公布的文书。

制举制度的完备，表明通过特别考试选拔卓越的政治人才，即诏令中反复强调的贤才，已成为封建王朝政策的一个重要组成部分。而在大赦、德音一类制敕中提出，则反映制举的举行，往往是和一个时期的政治形势的变化以及统治者的政治需要紧密联系在一起的。

第四节　荐举和自举

应制举，有荐举和自举两途。高祖武德五年（622）举人的诏令中提出过"其有志行可录，才用未申，宜听自举"。③　武则天亦曾于垂拱元年（685）"诏内外文武九品已上及百姓，咸令自举"。载初二年"冬十月制官人者咸令自举"。④　前者属于荐举的范围，后者则是武则天为了收买人心而采取的一种临时措施，也与制举无关。从全国统一到开元初的百年间有关制举的诏令，都是令有关官员精加搜访，按几科闻奏，而不谈自举。诏令且只标明科目，而不谈考试问题。从形式上来看，与荐举尚无严格区别。只有根据到京后是否策试，才能区别出是单纯的荐举，还是制举。自举一直没有实行，故天授三年（692）补阙薛谦光在上武则天疏中说：

> 或明制才出，试遣搜扬，驱驰府寺之门，出入王公之第。上启
> 陈诗，惟希咳唾之泽；摩顶至足，冀荷提携之恩。故俗号举人，皆称

---

① 《唐大诏令集》卷一〇六《制举》。

② 同上。

③ 《册府元龟》卷六七《帝王部·求贤一》。

④ 《旧唐书》卷六《则天皇后纪》。

"觅举"。觅为自求之称，未是人知之辞。察其行而度其材，则人品于兹见矣。①

可见贤才必须通过举荐，到武则天时期仍然还是一种根深蒂固的观念，不仅不能自举，连通过一定的关系请求别人的推荐，也被视为"其人品于兹见矣"。

直到玄宗时，自举才不断被提了出来。开元二年六月甲子，制曰：

其有茂才异等，拔萃超群，缘无绍介，久不闻达者，咸令自举。②

三年十月，诏曰：

有怀才抱器，沉沦草泽，不能自达者，具以名闻。③

其精神，是希望从民间选拔出一些卓越的政治人才。

到开元九年正月，又诏曰：

今边境未清，统边须将。顷林胡暂扰，柳城非捷；北虏忽惊，西军莫振。罪由失律，过在无谋。曹刿不言，宁知登轼之效；毛遂缄口，岂彰处囊之奇。长想古人，是思擢士。其有虽沾簪绂，犹晦迹于下流；或蕴智谋，尚沉名于大泽，不加精访，何以甄收！其两京、中都及天下诸州官人百姓，有智合孙、吴，可以运筹决胜，有勇齐贲、育，可以斩将搴旗，或坐镇行军，足拟万人之敌，或临戎却寇，堪为一堡之雄，各听自举，务通其实。仍令州县，具以名进，所司遣立限期，随表赴集。朕当亲试，不次用之。④

这是开元八年营州都督许钦澹在东北讨契丹牙官可突干失利，突厥暾

---

① 《旧唐书》卷一〇一《薛登传》。
② 《册府元龟》卷六八《帝王部·求贤二》。
③ 同上。
④ 同上。

欲谷围北庭(今新疆吉木萨尔)，掠凉州(今甘肃武威)羊马，又在删丹大败唐兵之后，玄宗感到将帅没有谋略，因而想到春秋时齐师伐鲁，曹刿请见论战，以及毛遂自荐的故事，想通过自举，发现可以运筹决胜、坐镇行军、临戎却敌的军事人才。

其后，开元十五年正月，玄宗在连年下令举荐草泽遗才、邱园之俊未见成效的情况下，"制草泽有文武高才，令诣阙自举"。[①] 二十二年三月诏"博学、多才、道术、医药举人等，先令所司表荐，兼自闻达"。[②] 此后二十年间，未见有关于自举的记载。直到天宝十三载(754)，自举才被重新提了出来。《天宝十三载册尊号敕》:

> 自临御已来，四十余年，械朴延想，寤寐求贤，林薮无遗，旌招不绝。犹虑升平已久，学业增多，至于征求，或遗僻陋。其博通坟典，洞晓玄经，清白著闻，词藻鸿丽，军谋出众，武艺绝伦者，任于所在自举。[③]

诏令明确承认，玄宗梦寐求贤，旌招不绝的目的，是为了追求野无遗贤这样一种局面，来装点盛世的门面。而当时虽然随着地主经济的发展，社会上出现了五尺童子耻不言文墨的局面，但由于开元时期铨选和科举均以文学作为标准，涌现出来的是一批文士，而缺乏卓越的政治人才。因此，玄宗通过自举不是要从民间选拔经世治国的政治家，而只是选拔在某些方面有一定才能的人，这与天宝年间以吏干作为用人标准是完全一致的。

肃宗至德元载(756)、至德二载、乾元元年(758)，代宗大历五年(770)，大历十四年德宗制举的诏敕中，也都提出自举，其科目大都是经学优深，文词清丽、军谋宏远、沉沦草泽、怀才抱器等偏重某方面特长

---

① 《旧唐书》卷八《玄宗纪》;《全唐文》卷三七三苏源明《自举表》:"伏奉今年正月五日制，诣阙自举。"
② 《册府元龟》卷六三九《贡举部·条制一》。
③ 《唐大诏令集》卷九。

的科目,从民间搜罗遗贤也仍然是自举的主要目的。

　　自举使一般有志气、有才能的士子和下级官吏可以不必通过什么门路,或依靠别人的赏识,就报名参加制科举的考试。这样,朝廷就有可能从更广泛的范围内拔擢优秀人才。但制科举的根本目的,是要选拔更高层次的经邦治国之才,要求应举者有广博的经史知识、高明的政治见解,并且要求有一定政治实践。就唐朝的情况来看,平民中还很少这样的才识之士。因此,除了安史之乱期间至德元载(756)的直言极谏科和至德二载的文经邦国科,在涉及选拔政治人才的科目中,没有实行过自举。

　　建中(780—783)以后,改革浪潮逐步兴起,制举重新成为选拔卓越政治人才的主要方式,应举者一律要通过举荐。从建中到宝历(780—826)的47年间,自举一直没有实行。直到文宗大和元年,才又令"无人举者,亦听自举"。① 虽然这次也包括了"贤良方正、能直言极谏者",但到大和四年后,制举基本上就停止举行了。因此,在整个唐代,制科举中自举始终处于一种陪衬的地位。

第五节　考　试

一、考试时间

　　制举考试没有固定的时间。根据现在见到的材料,除了炎暑六月以外,其余十一个月都进行过考试。例如,开元九年正月下诏,五月考试;开元十四年十月诏,十五年正月试;十五年正月制,九月试;大历五年六月制,六年四月试;贞元四年正月制,当年四月试;元和二年正月制,三年三月试,长庆元年正月制,十一月试。应举者到京的时间制敕也都作了规定,一般在考试前的一个月或两个月,也有多到三四个月

---

① 《全唐文》卷七五文宗《大和改元敕文》。

的。从下制到考试,时间长的达一年多,短的只有三四个月。①

考试一般在白天进行,也有延长到夜间的。大历六年(771)"将夕,有策未成者,命大官给烛,令尽其才思,夜分而罢"。② 元和三年敕:"制举人试讫,有逼夜纳策,计不得归者,并于光宅寺止宿。应巡检勾当官吏并随从人等,待举人纳策毕,并赴保寿寺止宿。仍各仰金吾卫使差人监引,送至宿所。如勾当,勿令喧杂。"③

二、亲试和考官

制举考试虽然是由皇帝下制、诏举行的,但并非一开始即由皇帝亲试。贞观十七年五月,唐太宗手诏"令州县举孝廉茂才,好学异能卓荦之士"。十八年三月(《唐会要》作二月),诸州所举十一人,太宗引入内殿,赐座于御前。太宗、皇太子、近臣相继提问,"咸不能答"。又令到中书省射策,"所答乖旨"。④ 这是现在见到由皇帝亲试的第一次记载。这次亲试,主要是口试。太宗考虑到他们初次见到皇帝,可能太紧张,不能充分表达自己的学识和见解,于是又让他们到中书省射策。这与后来制举只试策不同。这种做法后来没有继续下去,因此,还只是一个孤立的事件。

高宗时,亦曾两次亲试。

显庆四年"二月乙亥,上亲策试举人,凡九百人,惟郭待封、张九龄五人居上第,令待诏弘文馆,随仗供奉"。⑤ 据《册府元龟》卷六四三《贡举部·考试一》,居上第的五人为李巢、张昌宗、秦相如、崔行功、郭待封。《高宗纪》把张昌宗误记为当时尚未出生的张九龄。

---

① 据《登科记考》卷三至卷二〇所引制敕。

② 《册府元龟》卷六四三《贡举部·考试一》。

③ 《唐会要》卷七六《制科举》。

④ 《册府元龟》卷六七《帝王部·求贤一》,卷六四三《贡举部·考试二》;《唐会要》卷七六《孝廉举》。

⑤ 《旧唐书》卷四《高宗纪上》。

调露元年"十二月壬子",高宗御武成殿,召诸州举人亲问。"甲寅,御制问目以试之"。①

显庆四年的一次,就形式而言,与后来的亲试相近,但没有继续下去。调露元年则又回到了贞观十七年亲问而后试策的模式。因此,这两次也都不能算作亲试的正式开始。

历来被视为皇帝亲试开始的是载初元年(690)二月十四日,武则天"试贡举人于洛成殿前,数日方毕。殿前试人,自兹始也"。②除《唐会要》将此事系于制科举,《册府元龟》卷六四三《贡举部·考试一》和《资治通鉴》卷二○四天授元年均止言"试贡举人""策贡士"而不言是否为制举。唯《大唐新语》卷八《文章》云:"则天初革命,大搜遗逸,四方之士应制者向万人。则天御洛阳城南门亲自临试。张说对策为天下第一。"此次殿前所试,乃应制举的贡士,是没有问题的。武则天称帝后虽频繁地举行制举,但亲试却只有这一次记录。此前,高宗曾亲试过,此后,武则天本人、中宗、睿宗都未见亲自临试。《唐会要》《通鉴》等书将这次亲试视为殿前试人的开始,是不恰当的。

从玄宗开元九年(721)起,皇帝亲试才持续地进行下去。开元九年五月"乙亥,亲试应制举人于含元殿,命有司置食"。③其后,十年、④十四年、十五年,玄宗在洛阳都曾亲临南门试制举人。回长安后,开元二十六年八月,亲试文词雅丽举人。天宝元年、十载、十三载又先后御花萼楼、勤政楼、含元殿亲试制举人,并命有司供食。⑤

皇帝亲试,逐步形成一种例行的做法。从开元中到唐朝后期,凡是

---

① 《旧唐书》卷一九○中《员半千传》;《册府元龟》卷六四三《贡举部·考试一》。

② 《唐会要》卷七六《制科举》。

③ 《册府元龟》卷六四三《贡举部·考试一》。《唐会要》卷七六《制科举》系此事于开元八年三月,《旧唐书》卷八《玄宗纪上》系此事于九年四月甲戌,《册府元龟》亦记有"四月甲戌,亲策试应举人于含元殿"。今从《登科记考》卷七开元九年。

④ 《记纂渊海》。

⑤ 《册府元龟》卷六四三《贡举部·考试一》。

比较重要的制举，皇帝一般都是要亲自临试的。只有代宗宝应二年（763）五月，由尚书省试制举人，命左右丞、侍郎对试，赐食如旧仪。①还有元和元年（806）顺宗下诏后未及试而亡，新即位的宪宗"以制举人皆先朝所征，故不亲试"，命宰臣以下监试应举人于尚书省。②

穆宗即位后，元和十五年二月亦曾敕："先帝所征贤良方正、能直言极谏等科目，朕不欲亲试。宜令中书门下、尚书省四品已上官，就尚书省同试。"③三月又以所集之人多已分散，敕令所司商量闻奏。吏部尚书赵宗儒等乃奏：

> 伏以制科所设，本在亲临，南省策试，亦非旧典。今覃恩既毕，庶政惟新，况山陵日近，庶务繁迫。待问之士，就试非多。臣等商量，恐须停罢。④

穆宗接受了这个意见。这次制科是停止举行了，但赵宗儒等的奏状却告诉我们，制科和亲试已经必然地联系在一起了。亲试在此以前，早已是制度化了。亲试在唐朝后期的制度化，说明制举在官吏选拔中地位的上升，反映了最高统治者对制科举的重视。

考试不论是否由皇帝亲试，都设有考官。天册万岁二年（696）策贤良方正科，武则天没有亲试，典试官有梁载言、陈子昂等。⑤ 开元十四年"又举贤良方正，玄宗御洛城门引见，命户部郎中苏晋等第"。⑥ 考官由皇帝临时任命，其主要任务就是评阅试卷，定出等第。这是唐朝前期的情况。

唐朝后期皇帝一般均要亲自临试，同时设有考策官，或曰试官。一

① 《旧唐书》卷一一《代宗纪》。
② 《册府元龟》卷六四四《贡举部·考试二》。
③ 《唐会要》卷七六《制科举》。
④ 《册府元龟》卷六四四《贡举部·考试二》。
⑤ 《全唐文》卷三三八颜真卿《博陵崔孝公宅陋室铭记》。
⑥ 《新唐书》卷二〇二《孙逖传》；《登科记考》卷七开元十四年。

般考策官均由四、五品高级官吏中的文人名士担任,有时也任命从六品上阶的员外郎担任。例如:

贞元元年,"试官鲍防、独孤愐"。按是年鲍防为礼部侍郎,并知贡举。① 独孤愐为右司郎中。

元和元年,韦贯之时为右补阙,"与中书舍人张弘靖考制策,第其名者十八人,其后多以文称"。②

长庆元年,"策召贤良,选当时名士考策,(贾)𫗧与白居易俱为考策官"。③ 据《册府元龟》卷六四四《贡举部·考试二》:"中书舍人白居易、膳部郎中陈岵、考工员外郎贾𫗧同考制策。"

宝历元年,"以中书舍人郑涵、吏部郎中崔琯、兵部郎中李虞仲并充考制策官"。④

大和二年,"左散骑常侍冯宿、太常少卿贾𫗧、库部郎中庞严为考策官。三人者,时之文士也"。⑤

考策官考定等第后,皇帝有时还要令人覆视。元和三年,吏部员外郎韦贯之、户部侍郎杨於陵、左司郎中郑敬、都官郎中李益同为考官,⑥翰林学士王涯、裴垍居中覆视。⑦

三、考试科目和试题

制科一般只考对策。天宝十三载词藻鸿丽科策问之外更试诗赋各一道,一般都说,"制举试诗赋,从此始"。⑧ 但据现在所见材料,此后基

---

① 《唐大诏令集》卷一〇六《贞元元年贤良方正直言极谏科策问》。

② 《旧唐书》卷一五八《韦贯之传》。

③ 《旧唐书》卷一六九《贾𫗧传》。

④ 《旧唐书》卷一七上《敬宗纪》。

⑤ 《旧唐书》卷一九〇下《刘蕡传》。

⑥ 《旧唐书》卷一五八《韦贯之传》。

⑦ 《旧唐书》卷一四八《裴垍传》。

⑧ 《唐会要》卷七六《制科举》。

本上没有再试过诗赋。

试策的道数，原来没有规定。"永淳二年（683）三月敕，令应诏举人并试策三道，即为永例。"①此后一般即为三道。开元九年玄宗亲试应制举人时敕，"古有三道，朕今减其二策"。②只是一种临时的措施。

策试的试题即词目一般都是命专人出题，皇帝偶尔也亲出试题。调露元年（679）岳牧举，高宗即"御制问目以试之"。③不论由谁出题，由于是由皇帝下令征集考试的，因此，策词多是以皇帝的口气发问。

在唐朝前期的策问中，一般都是从"朕闻……"开头，中间是所问的具体内容。最后则以"伫尔昌言，朕将亲览"或"伫听良谟，朕将亲览"结尾。后期的策问，开头往往是"皇帝若曰"，最后则是"以称朕意"，"朕将亲览"。④

策问内容，随科目不同而有所不同，但都提出现实问题，要求提出解决的办法。这在前后期都是一致的。当然后期的问题往往提得更加具体，更加尖锐。而在问题的回答上，前后期则有很大的不同。前期对策，不论问题多么现实，答策者往往多以历史典故的堆砌或儒家经典的引证来敷衍成文，最后以不着边际的寥寥数语，算是对策问的回答。如证圣元年张倚（《登科记》作"漪"）对长才广度、沉迷下僚科策问，神龙二年苏晋对贤良方正科策词，均为如此。⑤评卷时主要也是看文才，"若其文擅清奇，便充甲第；藻思微减，便即告归"。⑥针对这种重形式、轻内容的做法，天授中左补阙薛谦光曾建议高宗降明制，颁峻科，"断浮虚之饰词，收实用之良策；不取无稽之说，必求忠告之言。文则试以效官，武则令其守御，始既察言观行，终亦循名责实，自然侥倖滥吹之

---

① 《唐会要》卷七五《帖经条例》。

② 《册府元龟》卷六四三《考试一》。

③ 同上。

④ 《文苑英华》卷四七七至卷四九三，策一至策十七。

⑤ 《文苑英华》卷四七九、卷四八〇。

⑥ 《旧唐书》卷一〇一《薛登传》。

伍,无所藏其妄庸"。① 由于当时社会上重文学成风,文士也缺乏提出良策忠告的素质,薛谦光的建议没有引起多大的影响。只有天册万岁二年崔沔对贤良方正科策问,敢于揭示问题,提出了解决问题的方略,故典试官梁载言、陈子昂叹曰:"虽公孙、晁、郄不及也。"②按公孙指西汉公孙弘、晁指西汉晁错、郄指晋郄诜,③他们均以策文能指陈时弊,卓有见地而著称于世。梁载言、陈子昂正是从这个意义上充分肯定崔沔的对策。

唐朝后期,特别是贞元、元和(785—820)之际,情况就大不一样了。不仅科目就以直言极谏命名,策词多提现实性很强的难题,而且答策者也多敢于指陈时政得失,提出解决问题的方略。许多士子在应试前就积极进行准备。如元稹和白居易"将应制举,退居于上都华阳观,闭户累月,揣磨当代之事,构成策目七十五门"。④ 因此,在后期出现了许多有名的对策,策问也因对策的流传而得以保存下来。⑤

第六节　录取和出路

应制举对策及第者,由考官定其等第,再根据等第高低给予出身或授以官职。

天宝以前的具体情况,由于有关制敕没有流传下来,不得其详,但从列传和碑志的材料中仍可略窥其貌:

1. 制举及第,原来没有出身和官职的,多授以从九品下阶或上阶的县尉。如王无竞,仪凤二年(677)"初应下笔成章举及第,解褐授赵

---

① 《旧唐书》卷一○一《薛登传》。
② 《全唐文》卷三三八颜真卿《博陵崔公宅陋室铭记》。
③ 《册府元龟》卷六四七、卷六四八《对策》。
④ 《日香山集》卷四五《策林序》。
⑤ 《册府元龟》卷六四九《对策四》;《文苑英华》卷四七七至卷四九三,策一至策十七。

州乐城县尉"。① 殷楷,"高宗朝四岳举高第,释褐拜雍州新丰尉"。② 刘幽求,"圣历年应制举,拜阆中尉"。③ 亦有授正九品下阶的秘书省正字、太子校书的。如李史鱼,"开元中,以多才应诏,解褐秘书省正字"。④ 张说,"弱冠应诏举,对策乙第,授太子校书"。⑤ 个别的还授予从八品下阶的大理评事,甚至从七品上阶的上州参军事。如樊泽父樊泳,"开元中举草泽,授试大理评事"。⑥ 齐澣,"弱冠以制科登第,释褐蒲州司法参军"。⑦

按照唐朝的叙阶之法,进士甲第,从九品上叙阶,乙第降一等。而在具体执行时,进士唯有乙第,故一般均由从九品下叙。⑧ 而制科出身者,成绩稍佳即可由从九品上叙,成绩好的还可由正九品下叙,起家即可比进士高两阶。个别成绩突出,或碰上特殊的机遇,还可获得七、八品的官职。至于考试成绩平平者,只授与出身而不与官职,⑨要做官还需要按照规定参加铨选。

2. 有资荫或出身而未释褐,考试成绩一般的,即按其资荫或出身所应叙之阶或高一阶授官。如韩朝宗,景云二年(711),"应文以经国举甲科,试右拾遗"。⑩ 韩朝宗之父韩思复,景龙中迁给事中,寻转中书舍人,⑪为正五品官员。按唐叙阶之法,正五品官员子,从八品上叙,右拾遗恰为从八品上阶。又如严挺之"举进士,神龙元年制举擢第,授义

① 《旧唐书》卷一九〇中《王无竞传》。
② 《全唐文》卷六二四冯宿《殷公家庙碑》。
③ 《旧唐书》卷九七《刘幽求传》。
④ 《全唐文》卷五二〇梁肃《李史鱼墓志铭》。
⑤ 《旧唐书》卷九七《张说传》。
⑥ 《旧唐书》卷一二二《樊泽传》。
⑦ 《旧唐书》卷一九〇中《齐澣传》。
⑧ 《唐会要》卷八一《阶》;《通典》卷一五《选举三·历代制下》。
⑨ 《通典》卷一五《选举三·历代制下》。
⑩ 《全唐文》卷三二七王维《韩公墓志铭》。
⑪ 《旧唐书》卷一〇一《韩思复传》。

兴尉"。① 马怀素，"举进士，又应制举，登文学优赡科，拜郿尉"。② 进士出身又应制举及第者，一般也都是从县尉开始他们的做官生涯。考试成绩好的，可比一般高几阶授官。如张九龄，"登进士第，应举登乙第，拜校书郎"。③ 校书郎为正九品上阶，比一般要高三阶。

3. 原有官职的，可加阶授官。如张柬之，"进士擢第，累补青城丞（正九品上）。永昌元年（689），以贤良征试，同时策者千余人，柬之独为当时第一，擢拜监察御史（正八品上）"。④ 郑惟忠，仪凤（676—679）中进士举，授井陉尉，转汤阴尉。天授（690—692）中应举召见，授左司御率府胄曹参军（从八品下）。⑤ 卢从愿，明经，授绛州夏县尉。又应制举，拜右拾遗（从八品下）。⑥ 杨绾，举进士，调补太子正字（正九品下），天宝十三年应制举，"时登科者三人，绾为之首，超授右拾遗"。⑦以上四人普遍都升了三至四阶，其中张柬之是"独为当时第一"，杨绾是登科者之首，郑惟忠是皇帝召见时应对称善，都是对策成绩特别突出或受到皇帝的赏识，而特加擢拜、超授的。一般的，只能升一二阶，甚至只予转官。如王昌龄，进士登第后，授秘书省校书郎，开元二十二年"又以博学宏词登科，再迁汜水县尉"。⑧ 颜真卿进士及第后，开元二十四年判入高等，授朝散郎、秘书省著作局校书郎。天宝元年博学文词秀逸上第，授京兆醴泉县尉。⑨ 校书郎为正九品上阶职事官，汜水、醴泉为河南府和京兆府属县，其县尉为正九品下阶职事官。颜真卿散官朝

① 《旧唐书》卷九九《严挺之传》。
② 《旧唐书》卷一〇二《马怀素传》。
③ 《旧唐书》卷九九《张九龄传》。
④ 《旧唐书》卷九一《张柬之传》。
⑤ 《旧唐书》卷一〇〇《郑惟忠传》。
⑥ 《旧唐书》卷一〇〇《卢从愿传》。
⑦ 《旧唐书》卷一一九《杨绾传》。
⑧ 《旧唐书》卷一九〇下《王昌龄传》。
⑨ 《全唐文》卷五一四殷亮《颜鲁公行状》。

散郎为从七品上阶,大大高于其职事官的品阶。概"九品以上职事,皆带散位,谓之本品。职事则随才录用,或从闲入剧,或去高就卑,迁徙出入,参差不定"。① 本无一定之规。由校书郎转为河南府、京兆府之县尉,虽然是去高就卑,但却是从闲入剧,在仕途升迁上,有重要意义。又如归崇敬,明经擢第,天宝中举博通坟典科,迁四门助教。天宝十载,举才可宰百里科,对策高第,授左拾遗。② 四门助教和左右拾遗皆为从八品上阶清官,但唐朝高级官吏选拔,公卿将相,选于丞、郎、给、舍;丞、郎、给、舍,选于御史、遗、补、郎官。③ 因此,由四门助教改授拾遗,在仕途的升迁上,仍是跨进了一大步。

4. 制举可连续参加,并且可以得到连续的升迁。如康希铣,显庆(656—661)中明经登第,授正九品下阶的右内率府胄曹参军事。后来连续参加了三次诏举,第一次应词藻宏丽科及第后,由正九品下阶拜从八品下阶的校书郎,升二阶;第二次应博通文史举高第,由正八品下阶的左金吾卫录事参军授从七品上阶的太府寺主簿,升三阶;第三次应明于政理举,由从六品上阶的太府寺丞拜正六品上阶的洛州河清令;不久加朝散大夫(从五品下散官)、泾州司马,步入了高级官吏的行列。④ 又如韩休,"初应制举,累授桃林丞(正九品上阶),又举贤良,玄宗时在春宫,亲问国政,休对策与校书郎赵冬曦并为乙第,擢授左补阙(从七品上)"。⑤ 一下升了六阶,至开元十一年,就做到了礼部侍郎(正四品下),升迁速度又大大超过了康希铣。

5. 等第划分情况不详。《大唐新语》卷八《文章》云,张说应制,

① 《旧唐书》卷四二《职官一》。

② 《旧唐书》卷一四九、《新唐书》卷一六四《归崇敬传》;《柳河东集》卷二六《四门助教厅壁记》。

③ 《白香山集》卷四六《策林二》"大官乏人"条。丞指尚书左右丞,郎指中书、门下和各部侍郎,给、舍指给事中、中书舍人,遗、补指拾遗、补阙,郎官指诸司郎中、员外郎。

④ 《全唐文》卷三四四颜真卿《康使君神道碑铭》。

⑤ 《旧唐书》卷九八《韩休传》。

"对策为天下第一,则天以近古以来未有甲科,乃屈为第二等"。《旧唐书·张说传》亦云,张说"弱冠应诏举,对策乙第"。可见在高宗、武则天之世,即以乙科为最高科等。在《旧唐书》和部分碑志有关制举及第的记载中,也都只有"乙第"或"第二等",而没有甲科。有的只写"上第""高第",而不确指等第;有的且只写"及第"而不言等第。① 只有部分碑志提到"甲科"。如杨炯《唐右将军魏哲神道碑》云:魏哲显庆三年"应诏举,对策甲科"。② 席豫《杨府君碑铭》云,杨仲宣(昌)景云三年"应藻思清华举,今上亲试,对策甲科"。③ 这些都是腴墓溢美之词,不是确指甲第或第一等。开元后,甲科有时亦泛指制科举,如苏颋所撰《授韩休起居郎制》:"甲科对策,尝副求贤。"④这里甲科就是运用西汉萧望之射策甲科的典故,对制举的一种美称。

唐朝后期制科及第后,等第划分的情况以制诏公布。《唐大诏令集》卷一〇六记载了贞元元年、元和元年、长庆二年、宝历元年和大和二年五次放制举人的诏、敕,其中后四次亦见于《册府元龟》卷六四四。现以长庆二年十二月辛未《放制举诏》为例:

> 朕自郊上玄,御端门,发大号,与天下更始,思得贤隽,标明四科,命群公卿士,暨守土之臣,详延下位,周于草泽,成列待问,副予虚求。昧爽临轩,俾究其论,正辞良术,精义宏谋,绎之旬时,深见忠益,言刘其楚,列而第之:贤良方正能直言极谏第三等人庞严,第三次等人吕术,第四等人韦曙、姚中立、李躔,第四次等人崔㻗、崔龟从、任畹,第五上等人韦正贯、崔知白、陈玄锡,博通坟典达于教

---

① 言及第者如《旧唐书》之《王勃传》《王无竞传》;言上第者如《旧唐书·员半千传》、《大唐新语》卷八《文章》"张文成"条;言高第者如《全唐文》卷三〇五孙翌《孝子郭府君墓志》、《旧唐书·崔沔传》。

② 《杨炯集》卷八。

③ 《全唐文》卷二三五。

④ 《全唐文》卷二五〇。

化第四等人李思玄,详明政术可以理人第四次等人崔邪,军谋宏达堪任将帅第三等人吴思、第五等人李商卿,咸以懿学茂识,扬于明庭。况当短晷之晨,颇尽论思之美,粲然高论,深沃朕心,永言藏晋之规,岂忘絷驹之义,宠之命秩,允答嘉猷。其第三等人,第三次等人,委中书门下优与处分;其第四等人、第四次等人、第五上等人,中书门下即与处分。①

等第明确划分为三、四、五等,每等又有上、中、次之分。每等处分的情况也不相同。除贞元元年第三等人即超资与处分,第四等人即优处分,第五等人即与处分外,其余四次均为第三等人、第三次等人优于处分,第四等人、第五等人即与处分。

超资处分的,如韦执宜,其父韦浼官卑,故不享有门荫待遇。韦执宜"进士擢第,应制策高等,拜右拾遗"。一般进士及第,授从九品下阶的县尉,而韦执宜释褐即授从八品上阶的右拾遗,超升了五阶。

优于处分的,如第三等人庞严,由试弘文馆校书郎改授左拾遗。校书郎为从九品上阶,品阶不至为试,故试校书郎散阶应为从九品下阶,左拾遗为从八品上阶,亦升五阶。又如第三次等张述,由试秘书省校书郎改授右拾遗。秘书省校书郎为正九品上阶,试校书郎至多为正九品下阶,至少也升了三阶。

即与处分的,情况比较复杂,分述如下:

第四等人,如韦曙,由正九品下阶的京兆府富平县尉改授左拾遗,升三阶;前乡贡进士姚中立、李躔,并秘书省校书郎,较进士释褐高三阶。

第四次等、第五上等,一般比进士释褐高二阶授官。如第四次等人前乡贡进士崔邪,授正九品下阶的太子校书郎,第五上等人崔知白,亦为前乡贡进士,授正九品下阶的秘书省正字。原有官职的,一般加一阶

---

① 《唐大诏令集》卷一〇六《放制举人诏》,《册府元龟》卷六四四《贡举部·考试二》略同。

授官。如第四次等人任毗,原为从九品上阶的太子正字,授正九品下阶的京兆府兴平尉。

第五等的,按原出身释褐授官,如前乡贡进士李商卿,授从九品下阶的崇文馆校书郎。

超资处分,优与处分与即与处分,并没有绝对的界限,每一次制举,由于科目的不同和情况的不同,尺度也不尽相同。但是,等第和处分毕竟不是没有意义的。由于唐朝后期入仕和迁转的困难,释褐授官不论是对于格限未至没有获得官职的前进士、前明经来说,还是对于已有职位的下层官员来说,都具有重要意义。释褐意味着可以少待选若干年,多升一级更是缩短了仕途的路程。而更重要的是,制科所授,一般均为县尉、正字、校书,乃至拾遗、补阙等可以不限资次,越级升迁的清官。因此,制科及第,也就等于走上了快速升迁的道路。

第五章　科目选

唐朝除了科举,还有科目选,如不仔细考辨,很容易将二者混为一谈。《通典》卷一五《选举三·历代制下》:

> (贞元)五年(789)五月敕:自今以后,诸色人中有习三礼者,前资及出身人依科目选例,吏部考试。白身依贡举例,礼部考试。

文宗大和元年(827)十月,中书门下奏:

> 应礼部诸色贡举人及吏部诸色科目选人等,凡未有出身未有官,如有文学,只合于礼部应举。有出身有官,合于吏部赴科目选。近年以来,格文差斥,多有白身及用散试官并称乡贡者,并赴科目选。①

这是唐代文献中关于科目选有明确纪年的两次记载。《册府元龟》卷六三九《贡举部·总序》亦云:

> 又有吏部科目,曰宏词、拔萃、平判官(应为平判入等),皆吏部主之。又有三礼、三传、三史、五经、九经、开元礼等科,有官阶出身者,吏部主之;白身者,礼部主之。其吏部科目,礼部贡举,皆各有考官。大抵铨选属吏部,贡举属礼部。

《通典》卷一五则云:

> (吏部试判)既而来者益众,而通经正籍又不足以为问,乃征

---

① 《册府元龟》卷六三一《铨选部·条制三》。《唐会要》卷七七《贡举下·科目杂录》略同。

僻书、曲学、隐伏之义问之,惟惧人之能知也。佳者登于科第,谓之入等;其甚拙者,谓之蓝缕,各有升降。选人有格限未至而能试文三篇,谓之宏词;试判三条,谓之拔萃,亦日超绝。词美者得不拘限而授职。

《通典》虽然记载了有关科目的敕文,但对试判入等和宏词、拔萃分别加以叙述,没有笼统地都归之为科目选。《册府元龟》则舍科目选之名而统称之谓吏部科目。这说明科目选和吏部科目虽然有着相通之处,但也有着严格的区别。举凡吏部主持的科目,诸如宏词、拔萃、平判入等以及后来设立的三礼、三传、三史等,皆可称之为吏部科目。而平判入等是从选人所试判中评出佳者登于科第。选人是通过正常的铨选程序参加试判的,因此不能称之为科目选。只有不到应选年限,提前申请试文、试判的宏词、拔萃,以及唐朝后期设立的有官有出身人按科目选例到吏部赴选的三礼、三传、三史、五经、九经、开元礼等科目,才可以称之为科目选。

科目选和科举的主要区别在于,科目选是由吏部主持的,是选官制度的一部分,而科举则是由礼部主持的,是出身资格的考试。三礼、三传等科则既是吏部的科目选,同时也是礼部的贡举科目。只有有出身、有官者才能赴科目选,白身人只能参加科举。

第一节 拔萃、宏词和平判入等

一、拔萃、宏词和平判入等的设立

吏部科目的发展大体可分两个阶段。第一阶段是拔萃、宏词两个科目选科目和平判入等设立的阶段。《唐语林》卷八记这几个科目的设立:

士人所趋,明经、进士二科而已。及大足元年置拔萃,始于崔翘。开元十九年置宏词,始于郑昕。开元二十四年置平判入等,始于颜真卿。

拔萃科始于大足元年(701)亦见于《唐会要》卷七六《制科举》:

> 大足元年,理选使孟诜试拔萃科,崔翘、郑少微及第。

这次拔萃科《唐会要》是作为制科举而加以记载的。孙逖《宋州司马先府君墓志铭》:"(孙嘉之)天册中以进士擢第……久视初,预拔萃,与邵灵、齐澣同升甲科,解褐蜀州新津县主簿。"①《新唐书》卷一二八《齐澣传》:"圣历初及进士第,以拔萃调蒲州司法参军。"《旧唐书》卷一九〇中《齐澣传》则云:"弱冠以制科登第,释褐蒲州司法参军。"可见在久视(700)、大足(701)时,拔萃科仍是制科的一种,或者说,作为科目选的拔萃科还处在发育的过程之中,尚未从制科举中分离出来。

《旧唐书》卷九九《张九龄传》云:"九龄以才鉴见推,当时吏部试拔萃选人及应举者,咸令九龄与右拾遗赵冬曦考其等第,前后数四,每称平允。开元十年,三迁司勋员外郎。"《旧唐书》在这里把拔萃选人和应举者明确加以区分,说明开元十年(722)前,拔萃科即已成为科目选。

博学宏词科置于开元十九年,亦见于《唐会要》,也是作为制科举而加以记载的。徐松在《登科记考》卷五开元五年博学宏词科按语云:"按,博学宏词科置于开元十九年,则此犹制科也。"卷七开元十九年"博学宏词"条按语亦云:"按,唐之博学宏词科,岁举之。"明确地把开元五年的博学宏词科归入制科举,而把开元十九年的视为每年举行的科目。《旧唐书》卷一四六《萧昕传》:"少补崇文进士,开元十九年,首举博学宏词,授阳武县主簿。天宝初,复举宏词,授寿安尉。"特标明"首举",说明宏词科确已从制科举中分离出来。此后一百四十年间,制科举中没有再出现过博学宏词科。②

---

① 《全唐文》卷三一三。
② 《唐会要》卷七六《制科举》;《文献通考》卷三三《选举考六·贤良方正》。

平判入等是从选人试判发展而来。《通典》卷一五《选举三·历代制下》：

> 初吏部选才，将亲其人，覆其吏事，始取州县案牍疑议，试其断割而观其能否，此所以为判也。后日月寖久，选人猥多，案牍浅近，不足为难，乃采经籍古义，假设甲乙，令其判断。既而来者益众，而通经正籍又不足以为问，乃征僻书曲学隐伏之义问之，唯惧人之能知也。佳者登于科第，谓之入等。其甚拙者谓之蓝缕，各有升降。

可知平判入等即选人试判之佳者。

《通典》只是说明了判入等的由来，而没有言明其起始时间。根据现在见到的一些材料，早在高宗、武则天时期，就曾经将选人所试之判入等：

> （郭元振，咸亨四年）年十八，擢进士第，其年判入高等。……授梓州通泉尉。①
>
> 武后以吏部选人多不实，乃令试日自糊其名，暗考以定等第。②
>
> 初则天时，敕吏部糊名考选人判，以求才彦，（刘）宪与王适、司马锽、梁载言相次判入第二等。③

按刘宪天授中已为冬官员外郎，故糊名考判当在武则天改唐为周之前。

其后，天册万岁元年（695），武则天以"糊名考判，立格注官，既乖委任之方，颇异铨衡之术"，敕"其常选人自今已后，宜委所司依常例铨注。其糊名入试，及令学士考判，宜停"。④ 但不久，长安（701—704）中，武则天又"首命有司考试调集之士，而第其词之高下"。裴耀卿"以

---

① 《全唐文》卷二三三张说《郭公行状》；《登科记考》卷二咸亨四年。

② 《隋唐嘉话》下。

③ 《旧唐书》卷一九〇中《刘宪传》。

④ 《唐会要》卷七五《选部下·杂处置》；《册府元龟》卷六二九《铨选部·条制一》。

甲科授秘书省正字"。① 材料没有说明是试判还是试文,但说明了考试对象是调集之士,考试是在正常的铨选过程中进行的。因此不是拔萃或宏词,而是与判入等相类。

玄宗开元十五年敕:"今年吏部选人,宜依例糊名试判,临时考等第奏闻。"②说明此前糊名试判还是不断进行的,因此有例可依。但同时也说明,直到开元十五年试判考等第还没有形成制度,因此需要临时下敕处分。

以上材料说明,在平判入等正式设立以前,已经有了一个相当长的发展过程。平判入等的正式设立是在开元十八年至二十四年之间。独孤及云:

> 初选部旧制,每岁孟冬以书判选多士。至开元十八年,乃择公廉无私工于文者,考校甲乙丙丁科,以辨论其品。是岁公(权彻)受诏与徐安贞、王敬从、吴巩、裴胐、李宙、张烜等十学士参焉。凡所升奖,皆当时才彦。考判之目,由此始也。③

《唐语林》卷八则云:"开元二十四年,置平判入等,始于颜真卿。"考判定等第高宗、武则天时即已出现,开元十五年也曾明令试判考等第,因此,独孤及所云"考判之目,由此始也",是不很确切的。而《唐语林》所云"置平判入等",则是正式设立的意思。颜真卿即开元二十四年"吏部擢判入高等,授朝散郎,秘书省著作局校书郎"。④ 此后,平判入等成为经常的制度。《旧唐书》卷一一三《苗晋卿传》:

> 时天下承平,每年赴选常万余人。李林甫为尚书,专任庙堂,铨事唯委晋卿及同列侍郎宋遥主之。选人既多,每年兼命他官有

---

① 《全唐文》卷三一二孙逖《唐齐州刺史裴公德政颂》。
② 《册府元龟》卷六三〇《铨选部·条制二》。
③ 《全唐文》卷三九〇独孤及《权公神道碑铭并序》。
④ 《全唐文》卷五一四段亮《颜鲁公行状》。

识者同考定书判，务求其实。天宝二年春，御史中丞张倚男奭参选，晋卿与遥以倚初承恩，欲悦附之，考选人判等凡六十四人，分甲乙丙科，奭在其首。众知奭不读书，论议纷然。……玄宗大集登科人，御花萼楼亲试，登第者十无一二。而奭手持试纸，竟日不下一字，时谓之"曳白"。上怒，晋卿贬为安康郡太守，遥为武当郡太守，张倚为淮阳太守。[1]

据《册府元龟》记载，同时贬官的还有考判官礼部郎中裴朏、起居舍人张烜、监察御史宋昱、左拾遗孟朝。[2]

　　这一次考判设有专门的考官，"判入等""升甲科"者被称为"登科人"，因而不是一般的试判，而是从试判者中挑出佳者，给以科第，也就是平判入等。按，李林甫为吏部尚书在开元二十七年，苗晋卿任吏部侍郎为开元二十九年。平判入等在开元末、天宝初已成为每年进行的经常性制度。

　　平判入等和拔萃科虽然在考试内容上都是试判，但是二者的区别还是很明显的。一是应试者的情况不同，拔萃科是选限未至者，平判入等则是在应选者之中选拔。前者主动权在自己，后者主动权在吏部。二是试判道数不同。拔萃科"试判三条"，[3]而平判入等所试即铨选时所试之判，故为二道。[4] 徐松在《登科记考》卷八把开元二十四年的平判入等混同于拔萃科，是不恰当的。

　　作为科目选的拔萃科、宏词科和平判入等虽然有着严格的区别，但也有着共同的特点，即它们都是由吏部主持的，属于铨选的范围，并且每年进行。

① 《册府元龟》卷六三八《铨选部·谬滥》所记与苗传略同，但多出贬试官一段。
② 同上。
③ 《新唐书》卷四五《选举志下》。
④ 《唐六典》卷二"吏部尚书侍郎"条。

二、科目选的设立与循资格

拔萃科于开元十年,博学宏词科于开元十九年先后成为吏部科目,平判入等于开元二十四年正式设立。这个时限和唐代选举制度中的一些其他变化的时间是吻合的,其中有着内在的必然的联系。

唐高宗时入仕者不断增加,总章(668—670)时"参选者岁有万人",①而官位有限,吏部侍郎裴行俭乃设立长名姓历榜。② 至开元十八年(730),裴行俭子裴光庭为侍中,"以选人既无常限,或有出身二十余年而不获禄者,复作循资格"。③ 官吏的应选和升迁都有资历和年限的规定,完全改变了过去"吏部求人不以资考为限,所奖拔惟其才"的做法,"无贤不肖,一据资考配拟"。这就大大影响了"士亦自奋"的积极性。④

裴行俭行长名姓历榜后,由于后来武则天大开制科,很多才能之士通过制科举而被选拔出来。但是,制科是由皇帝临时下令举行,并非每年进行。而且开元中年以后,玄宗也不再通过制科选拔政治人才。因此,实行循资格,才干之士的选拔和升擢会受到很大限制,当时就有不少人起来反对。裴光庭开元二十年死后,太常博士孙琬就"以其用循资格非奖劝之道,建议谥为'克'"。⑤ 中书令萧嵩也认为"以资格取士不广,故奏改之"。⑥ 开元二十一年六月二十八日诏曰:

> 顷者有司限数及拘守循资,遂令铨衡不得探拔天下贤俊,屈滞颇多。凡人三十始可出身,四十乃得从事。更造格限,分品为差,若如所制之文,六十尚不离一尉。有才能者始得如此,稍敦朴者,

---

① 《唐会要》卷七四《掌选善恶》。

② 《旧唐书》卷八四《裴行俭传》。

③ 《通典》卷一五《选举三》。

④ 《新唐书》卷一〇八《裴光庭传》。

⑤ 《旧唐书》卷八四《裴行俭传附子光庭传》。

⑥ 《册府元龟》卷六三〇《铨选部·条制二》。

遂以终身。由是取人，岂为明恕！自今以后，选人每年总令赴集，仍旧以三月三十日为限。其中有才优业异，操行可明者，一委吏部临时擢用。贵于取实，何限常科。[1]

由于每年选人数量大大超过空缺或待补的职位，循资格不得不继续实行。正如司马光所说："虽有此制，而有司以循资格便于己，犹踵行之。"[2]但是，由于选拔才能之士的实际需要，以及朝野的压力，唐朝政府在铨选制度上还是相应地作了一些调整，这就是拔萃科、宏词科和平判入等的设立。这在开元二十六年（738）编定的《唐六典》卷二"吏部尚书侍郎"条原注中已有反映：

> 每试判之日，皆平明集于试场，识官亲送，侍郎出问目，试判两道。或有糊名，学士考为等第，或有试杂文，以收其俊乂。

试判两道，为一般铨选时情况。学士考为等第，即平判入等。至于试杂文是否即为宏词，因未言明应试的条件，不敢妄断。这说明，拔萃、宏词和平判入等虽然在开元二十四年即已确立，但还不完善，因此直到开元二十六年，还没有给予法令上的规定。经过一段时间的发展，才发展成为成熟的系统的制度。杜佑在贞元七年（791）完成的《通典》卷一五中写道：

> 选人有格限未至而能试文三篇，谓之"宏词"，试判三条，谓之"拔萃"，亦曰"超绝"。词美者得不拘限而授职。

循资格规定官吏罢任后，以若干选而集，必合乎格者，乃得铨授。科目选则让那些格限未至者可以能通过试判或试文而得以不拘选限而授职。这样，朝廷用循资格以待平常之士，以科目选来吸引和选拔才能之士，从而满足国家对不同层次人才的需要。这与武则天时一面继续实行长名榜，一面又大开制科，有异曲同工之妙。

---

[1] 《册府元龟》卷六三〇《铨选部·条制二》。
[2] 《资治通鉴》卷二一三。

第二节　唐朝后期的科目选

一、唐朝后期科目选的情况

贞元以后是科目选发展的第二阶段。

原有的宏词、拔萃照常举行。同时,贞元二年以后陆续设立的开元礼、三礼、三传、三史等科目,除了作为贡举的科目,也作为科目选的科目。这些科目的设立,是为了鼓励士子和官吏学习三礼、三传等儒家经典和《史记》《汉书》等史籍,以免使这些学问成为绝学,而不是为了从中选拔有才干的政治人才。[①] 因此,除了少数官吏如程异通过"开元礼"而逐步高升外,[②]由这些科目而致高官者寥寥无几。从最高统治者到一般官吏,看重的仍然是宏词、拔萃和平判入等。

安史之乱结束后,宏词、拔萃即恢复正常进行,大历(766—779)时宏词、拔萃登科者,屡见于记载,但其大盛,是在贞元(785—805)以后。

"从贞元元年、太和九年秋冬前,皆是及第,便从诸侯府奏试官,充从事,兼史馆、集贤、宏文、诸司、诸使奏官充职。"[③]这虽然为贡举及第人打开了一条入仕之途,但是,如果没有一定的关系,或是适当的机遇,还是不能通过此途谋得一官半职的。因此,对于大多数及第者来说,只有通过铨选和制举。按照制度,吏部是每年都要集人进行铨选的,但在贞元八年前的一段时间里,由于战争频繁,政局动荡,三数年始一置选。每次选集,"选人并至,文书多,不可寻勘,真伪纷杂,吏因得大为奸巧。选人一蹉跌,或十年不得官"。[④] 因此,贞元八年经宰相陆贽建议,吏部恢复每年集选人后,贡举及第者便抓紧各种可能的机会挤入仕途。至

---

① 见第三章第一节。

② 《旧唐书》卷一三五《程异传》。

③ 《唐会要》卷七六《进士》"大中二年正月"条。

④ 《唐会要》卷七五《选限》;《册府元龟》卷六三〇《铨选部·条制二》。

于制举,贞元二年、四年举行后,五至九年连续五年没有举行。十年、十一年举行后,终贞元二十一年,也没有再举行过。故获得出身的进士、明经,竞趋于宏词和拔萃。① 有的当年进士及第,当年便应宏词选登科,如贞元八年的李观、九年的张复元、十年的陈讽、十二年的李程、张仲方。有的第一年进士及第,第二年宏词登科,如李绛八年及第,九年登科;吕温十四年及第,十五年登科。也有隔一年或两三年登科的,如庾承宣八年及第,十年登科;席夔十年及第,十二年登科;独孤申叔十三年及第,十五年登科;柳宗元九年及第,十二年登科。王起贞元十四年进士及第,十九年宏词登科;白居易十六年进士及第,十九年拔萃登科。至于王涯贞元八年进士及第,十八年宏词登科,②元稹贞元九年明经及第,十九年平判入等,③其间虽然相隔了十年,但比起韩愈"三选于吏部卒无成",④终未能由科目选和平判入等入仕,也算是很幸运的了。

韩愈虽未能由科目选进入仕途,但却给我们留下了贞元前后科目选进行情况的珍贵资料。他在《答崔立之书》中谈到:

> 及来京师,见有举进士者,人多贵之,仆诚乐之,就求其术,或出礼部所试赋、诗、策等以相示。仆以为可无学而能,因诣州县求举。有司者好恶出于其心,四举而后有成,亦未得即仕。闻吏部有以博学宏词选者,人尤谓之才,且得美仕。就求其术,或出所试文章,亦礼部之类。私怪其故,然犹乐其名,因又诣州府求举,凡二试于吏部,一既得之,而又黜于中书。虽不得仕,人或谓之能焉。……既已为之,则欲有所成就,《书》所谓"耻过作非"者也。

---

① 《登科记考》卷一二至一五。
② 同上。
③ 《元稹集》卷一六《酬哥舒大少府寄同年科第》。
④ 《韩昌黎集》卷一六《上宰相书》。

因复求举,亦无幸焉。①

根据韩愈所述,再参以其他史料,我们对唐朝后期科目选的情况可以有一个比较清晰的认识:

1. 应吏部科目选,不仅可以提前获得官职,而且可以获得较好的官职。特别是"博学宏词选者,人尤谓之才,且得美仕"。尤为人们所瞩目。

2. 博学宏词科"所试文章,亦礼部之类",②与进士科所试杂文类同。如大历十四年,独孤绶试《放驯象赋》《沈珠于泉诗》,贞元八年陆复礼、李观、裴度试《中和节诏赐公卿尺诗》《钧天乐赋》;③贞元十二年李程、席夔试《披沙拣金赋》《竹箭有筠诗》;④贞元十五年吕温、独孤申叔试《乐理心赋》《终南精舍月中闻磬声诗》。⑤

3. 应科目选,需"诣州府求举"。

4. 考试时间与铨选时间同。欧阳詹《送张尚书》云:"今冬将从博学宏词科,赴集期。"⑥应科目选,与应选人一样要参加冬集,然后进行考试。

5. 宏词科和拔萃科一般由吏部尚书或侍郎主试,并由吏部提名委派考官。如大中九年,吏部侍郎、兼判尚书铨事裴谂"主试宏、拔两科",考试官为刑部郎中唐枝、监察御史冯颛。⑦ 咸通五年三月,"以兵部郎中高湜、员外于怀试吏部平判选人"。咸通六年二月,"以吏部尚书崔慎由、吏部侍郎郑从谠、吏部侍郎王铎、兵部员外郎崔谨、张彦远等考宏词选人;金部员外郎张乂思、大理少卿董赓试拔萃选人"。⑧

---

① 《韩昌黎集》卷一六《上宰相书》。

② 《杜阳杂编》上。

③ 《登科记考》卷一三贞元八年。

④ 《文苑英华》卷一一八《赋》,《登科记考》卷一四贞元十二年。

⑤ 《吕和叔文集》卷一《吏部试乐理心赋》,《登科记考》卷一五贞元十五年。

⑥ 《全唐文》卷五九六。

⑦ 《旧唐书》卷一八下《宣宗纪》。唐枝,《册府元龟》卷六五一作"唐枝"。

⑧ 《旧唐书》卷一九上《懿宗纪》。

试宏词时,还实行了锁考官的制度。大中九年中书舍人杜审权曾言于执政曰:"某两为考官,未试宏词,先锁考官,然后考文书。"他还提到"糊名考文书"。① 考试前先把考官集中起来,断绝与外界的联系,并对试卷进行密封,这是为了防止舞弊所采取的措施。宋代的科举考试就继承了这种做法。

6. 吏部考定后,要经过中书门下的复查审核。韩愈"二试于吏部,一既得之,而又黜于中书"。"独孤授举博学宏词,吏部考为乙第,(于邵)在中书,覆升甲科,人称其当。"②

吏部所取宏词选人名单及其文章还要送交皇帝。"宏词独孤绶所司试《放驯象赋》,及进其本,上(德宗)自览考之,称叹者久。"③宣宗大中十二年"前进士陈玩等三人,应博学宏词选。所司考定名第,及诗赋论进讫,上于延英殿诏中书舍人李潘对。上曰:凡考试之中,重用字如何?"经过君臣一番议论,最后宣宗决定:"前进宏词诗重字者,登科更待明年考校。"④大中九年因试题泄漏,宣宗制:"考院所送博学宏词科赵柜等十人,并宜覆落,不在施行之限。"⑤取消了他们的录取资格。

7. 宏词一般每年录取三人。《东观奏记》卷下:"故事,宏词科只三人。"大中十四年"考试官库部员外郎崔刍言放宏词登科一人"。⑥ 如果水平不够,不一定非取足三人。

8. 登科名单,下敕公布。敕下后,科目人入谢主司,与进士及第后情况相类。赵璘记,⑦科目人与主司没有像进士那样,结为座主门生关系。

---

① 《东观奏记》卷下。

② 《旧唐书》卷一三七《于邵传》。

③ 《杜阳杂编》上。

④ 《云溪友议》中《贤君鉴》。

⑤ 《东观奏记》卷下。

⑥ 《册府元龟》卷六五一《贡举部·谬滥》。

⑦ 《因话录》卷三"开成三年"条。

二、科目选在唐后期官吏升迁中的地位

作为科目选的主要科目博学宏词科和拔萃科，以及作为吏部科目之一的平判入等，在唐朝后期起着越来越大的作用，特别是对于一般的明经、进士及第者的迅速升迁，更有着特殊的意义。

白居易曾精辟地概述了当时高级官吏逐级选拔的情况，也就是一般官吏的升迁之路：

> 伏见国家公卿将相之具，选于丞、郎、给、舍；丞、郎、给、舍之材，选于御史、遗、补、郎官；御史、遗、补、郎官之器，选于秘、著、校、正、畿赤簿尉，虽未尽是，十常六七。[①]

丞郎给舍是指尚书左右丞、六部侍郎、给事中和中书舍人；御史包括侍御史（从六品下阶）、殿中侍御史（从七品上阶）和监察御史（正八品上阶），遗、补指拾遗（从八品上阶）、补阙（从七品上阶），郎官则包括郎中（从五品上阶）和员外郎（从六品上阶），秘著校正指秘书郎（从六品上阶）、著作郎（从五品上阶）、校书郎（正九品上阶）和正字（正九品下阶），畿赤簿、尉是指畿县和赤县的主簿和县尉。[②] 以上官职中，丞、郎为清望官，八品以上京官为清官。清望官和清官不以资次迁授，可以越级授官。[③] 畿赤簿、尉也可以"隔品授官"。[④] 校书郎和正字，虽然不算

---

① 《白香山集》卷四六《策林二》"大官乏人"条。

② 据《通典》卷三三《职官十五》"县令"条；《唐六典》卷三"户部尚书"条，京兆、河南、太原三府之县在城内曰京县，亦曰赤县，城外曰畿县。赤县主簿从八品上阶，县尉从八品下阶；畿县主簿正九品上阶，县尉正九品下阶。

③ 《旧唐书》卷四二《职官一》：(清望官、清官)"自外各以资次迁授"。卷四三《职官二》"吏部尚书"条："其有历职清要，考第颇深者，得隔品授之，不然即否。"

④ 《唐六典》卷二"吏部尚书侍郎之职"条："若都畿清望，历职三任，经十考已上者，得隔品授之，不然则否。"又注云："谓监察御史，左右拾遗，大理评事，畿县丞、簿、尉，三任十考已上，有隔品授者。"

清官,但属于升迁"俊捷,直登宰相,不要历余官也"的"八俊"之一。①
高宗以来,"时辈皆以校书、正字为荣"。② 在九品官中,和畿县簿、尉一样,是最有前途的官职。③

　　明经、进士及第者宏词、拔萃和平判入等登科后,一般即授以畿县主簿、县尉、校书郎或正字。如李郦,"大历中举进士,又以书判高等,授秘书正字"。④ 元稹"十五两经擢第,二十四调判入第四等,授秘书省校书郎"。⑤ 白居易进士及第,拔萃登科,授秘书省校书郎。⑥ 郑絪、柳宗元、李绛皆以进士及第,宏词登科,授秘书省校书郎。⑦ 王涯则是"进士擢第,登宏辞科,释褐蓝田尉"。⑧ 这就为此后迅速升迁打下了基础。他们一般都经历了监察御史、员外郎、郎中而步入高官行列。

　　唐代"明经虽有甲乙丙丁四科,进士有甲乙二科。自武德以来,明经唯有丁第,进士唯乙科而已"。⑨ 一般人进士及第,均按乙第从九品下阶叙,只能授中县下县尉或崇文馆校书。明经叙阶虽比进士为高,但丁第从九品上阶叙,也只能授下州参军,中下县主簿或上县中县尉。因此,明经、进士及第后,虽有可能获得上述官职,但均未进入通往高官的通道。除了吏部科目,通过制科或地方官的辟署,也可以进入这条通道。但制举不是经常举行的,辟举则需要通过各种关系。因此,对于一般明经、进士及第者来说,科目选就具有特殊的意义。陆贽,父侃为溧

---

① 《封氏闻见记校注》卷三《制科》。

② 《全唐文》卷二三三《郭元振行状》。

③ 参孙国栋《从梦游录看唐代文人迁官的最优途径》,载孙国栋《唐宋史论丛》,香港,龙门书店,1980 年。孙文将宏词误为制科,则是不确的。

④ 《旧唐书》卷一五七《李郦传》。

⑤ 《旧唐书》卷一六六《元稹传》。

⑥ 《元稹集》卷一六《酬哥舒大少府寄同年科第》原注;《旧唐书》卷一六六《白居易传》云"吏部判入等",误。

⑦ 《旧唐书》卷一五九《郑絪传》;卷一六九《柳宗元传》;卷一六四《李绛传》。

⑧ 《旧唐书》卷一六九《王涯传》。

⑨ 《通典》卷一五《选举三·历代制下》。

阳令,为中级官吏,无荫子特权。陆贽少孤,没有特殊的背景,和一般举子无大区别。他大历八年(773)登进士第,以博学宏词登科,授华州郑县尉。又以书判拔萃,选授渭南县主簿,迁监察御史。德宗在东宫时素知贽名,乃招为翰林学士,转祠部员外郎。建中四年(783)从德宗至奉天,转考功郎中。① 陆贽在十年间由从九品上阶的县尉而致位五品通贵,固与当时形势特别是德宗为太子时素知其名有很大关系,但是没有两次科目选就不能顺利地、迅速地充任清官,后来的破格提拔也就不可能。

大和二年(828)三月文宗在宣政殿亲试制策举人后,虽然没有明令废止制科,但实际上就停止举行了。科目选就成为通过考试从贡举及第人和低级官吏中选拔政治人才的唯一途径。杨发,大和四年登进士第,又以书判拔萃,释褐校书郎、湖南节度推官,再辟西蜀从事。入朝为监察,转侍御史,累迁至礼部郎中。后为刺史、观察使、节度使。② 除了辟从藩府,入朝后基本上是按照白居易所述升官途径升迁的。刘瞻,大中初进士擢第,四年,又登博学宏词科,历佐使府,咸通初升朝,十年以户部侍郎同平章事。③ 毕诚,大和中进士擢第,又以书判拔萃,尚书杜悰镇许昌,辟为从事。入朝后,为监察,转侍御史,咸通初为相。④ 郑畋,会昌二年,年十八登进士第,释褐汴宋节度推官,得秘书省校书郎。二十二岁,吏部调选,又以书判拔萃,授渭南尉,直史馆事。僖宗时为相。⑤ 在他们升迁的过程中,科目选都起了重要的作用。

① 《旧唐书》卷一三九《陆贽传》。

② 《旧唐书》卷一七七《杨收传附杨发传》。

③ 《旧唐书》卷一七七《刘瞻传》。

④ 《旧唐书》卷一七七《毕诚传》。

⑤ 《旧唐书》卷一七八《郑畋传》。

第六章　学校与科举

第一节　梁陈齐周的学校

学校自汉以来，各朝都有设立。东晋和南朝各朝，均有国学。北魏初定中原后，亦设立太学。北齐有国子寺，隶太常；北周有太学，隶春官府。

南朝学校至梁开始兴盛。梁原有国学博士二人，太学博士八人，天监四年（505）又置五经博士各一人，各主一馆，学生称为五馆生。梁武帝"欲招来后进，五馆生皆引寒门俊才，不限人数"。梁还规定，年未满三十岁的不得入仕；而经学生策试得者，可以入仕。①

北周太学是从西魏时开始逐步形成起来的。西魏初，即宇文泰为大行台时期，曾于行台省置学，以教丞郎及府佐中德行明敏者。白天处理众务，晚上讲习，学习六经和子史。② 其后，又置学东馆，教诸将子弟。③ 按《礼记·王制》："天子命之教，然后为学，小学在公宫南之左，大学在郊。"置学东馆，是为小学。大统（535—551）末，亦即苏绰、卢辩按周礼六官之制改创官制的过程中，学校才逐步正规化。从建六官前拜卢诞为国子祭酒及元谐与杨忠子杨坚同受业国子，以及樊深先为国

---

① 《梁书》卷四八《儒林传序》；《隋书》卷二六《百官志》。

② 《周书》卷三五《薛慎传》。

③ 《周书》卷四五《樊深传》。

子博士,六官建,拜太学助教,迁博士,梁彦光魏大统末入太学等记载①看,可能先叫国子学,至大统末改称太学。入学者皆为亲贵子弟。

北周时学校有两点值得注意的变化,一是北周武帝宇文邕天和(566—572)中选良家子任太学生。② 尽管当时所选学生如辛公义,父辛季庆曾为青州刺史,仍为官僚子弟,但辛公义早孤,非当朝权贵子,因此,仍反映了太学生选拔范围的扩大。

二是太学生中有以明经擢第者。例如大统末,崔仲方与宇文泰诸子及杨坚同就学,后以明经为晋公宇文护参军事。③ 柳謇之,父为刺史,周齐王宪奏入国子,以明经擢第。④ 官贵子弟以明经起家的还有令狐熙、梁毗等。梁毗颇有学涉,周武帝时举明经。令狐熙博览群书,尤明三礼,起家以通经为吏部上士。⑤ 他们是否入过太学,史无明文,但均有一定学识。随着明经制度的发展和太学生范围的扩大,由太学生而举明经,成为获得做官资格即出身的一途。学校和举明经开始联系起来。

除太学,州县有总管学、县学。⑥《旧唐书》卷五九《许绍传》记载,许绍,梁末徙于周,因家于安陆。"元皇帝为安州总管,故绍儿童时得与高祖同学,特相友爱……高祖降敕书曰:昔在子矜,同游庠序,博士吴琰,其妻姓仇,追想此时,宛然心目,荏苒岁月,遂成累纪。"这里所谓庠序,当为总管学。

不论是东馆、国子、太学,还是总管学、县学,学生"多是贵游,好学者少"。⑦ 学习内容,一般如韦师那样,"初就学,始读《孝经》"。⑧ 先学

---

① 《周书》卷四五《卢诞传》《樊深传》;《隋书》卷四〇《元谐传》;《隋书》卷七一《梁彦光传》。
② 《隋书》卷七三《辛公义传》。
③ 《隋书》卷六〇《崔仲方传》。
④ 《隋书》卷四七《柳謇之传》。
⑤ 《隋书》卷六二《梁毗传》,卷五六《令狐熙传》。
⑥ 《北周六典》卷四《春官府第九》太学博士。
⑦ 《周书》卷三五《薛端弟裕传》。
⑧ 《隋书》卷四六《韦师传》。

习《孝经》，接着再学习《论语》《毛诗》《春秋左氏传》等儒家经典。乐逊教授宇文泰诸子时，讲《孝经》《论语》《毛诗》及服虔所注《春秋左氏传》，①学习顺序大体即"汉魏南北朝人读书之顺序"。②

北齐有"国子寺，掌训教胄子"。也只有贵族高官子弟，才能入学。国子寺设祭酒一人，国子学学生七十二人，太学生二百人，四门学学生三百人，均设有博士、助教。③ 各学入学的资格和待遇也各有不同。入学资格没有明确记载，学生礼遇则略见于《隋书》卷九《礼仪志》："后齐制，新立学，必释奠礼先圣先师，每岁春秋二仲，常行其礼。每月旦，祭酒领博士已下及国子诸学生已上，太学、四门博士升堂，助教已下、太学诸生阶下，拜孔揖颜。"

地方则有郡学，文宣即位后，天保元年，"八月诏郡国修立黉序，广延髦俊，敦述儒风。其国子学生亦仰依旧铨补，服膺师说，研习礼经"。④《礼仪志》亦云：郡学则于坊内立孔颜之庙，博士已下亦每月朝云。杜弼"家贫无书"，年十二，寄郡学受业。⑤

以上都只是制度上的东西，实际情况则如《北齐书·儒林传序》所说："国学博士徒有虚名，唯国子一学，生徒数十人耳。欲求官正国治，其可得乎？胄子以通经仕者唯博陵崔子发、广平宋游卿而已，自外莫见其人。""齐制：诸郡并立学，置博士助教授经，学生俱差逼充员，士流及豪富之家皆不从调。备员既非所好，坟籍固不关怀，又多被州郡官人驱使。纵有游惰，亦不检治，皆由上非所好之所致也。"

这里有两点值得注意。

1. 在国学等中央学校，贵族子弟多不好学。如果说北周还与其尚武的社会风气有一定关系，那么，北齐则完全是由学校的贵族性质所决

① 《周书》卷四五《乐逊传》。

② 周一良：《三国志札记·诵孝经》，见周一良《魏晋南北朝史札记》，中华书局，1985年。

③ 《隋书》卷二七《百官志》。

④ 《北齐书》卷四《文宣纪》。

⑤ 《北齐书》卷二四《杜弼传》。

定。唐初李百药等修《北齐书》时已充分注意到这一点，作出了"夫帝子王孙，禀性淫逸，况义方之情不笃，邪僻之路竞开，自非得自生知，体包上智，而内有声色之娱，外多犬马之好，安能入便笃行，出则友贤者也。徒有师傅之资，终无琢磨之实。下之从化，如风靡草，是以世胄之门，罕闻强学"这样一个普遍性结论；并且提出了"欲求官正国治，其可得乎"①这样一个尖锐的问题。这些问题，如前面所说，南朝的梁武帝和北周武帝都注意到了。梁五馆生皆引寒门俊才，周武帝选良家子任太学生。虽然这在当时官吏的培养和选拔上，还起不了多大的作用，但从学校的发展史来看，隋唐学校逐步削弱等级壁垒，扩大学生来源，即萌发于此。因此，这个变化具有不可低估的深远意义。而这一点在北齐国子寺三学中，似乎还没有表现出来。

2. 北齐郡学，士流及豪富之家皆不从调，学生俱差逼充员，士流有家学，豪富不从学校起家，这反为下层入学打开了门户。真正能入学的固然不会很多，但这却有利于迅速打破入学的门第限制。特别是"诸郡俱得察孝廉，其博士、助教及游学之徒通经者，推择充举。射策十条，通八以上，听九品出身，其尤异者亦蒙抽擢"。② 孝廉要考试儒家经典，非通经者不能考，只有在郡学的博士、助教和游学之徒通经者之中，选择推荐。这样，郡学和举孝廉也联系起来。这是唐代学校和科举紧密结合起来的先声。

尽管北齐国学的贵族气息较南梁、北周都更加浓厚些，但在北齐境内，教育不光在国学和郡学中进行。

北齐为山东士族聚居之地，其中有一些世传家学者，至魏齐时仍然相承而未衰。如赵郡李雄，"家世并以学业自通"。③ 又如太山钜平羊烈，属山东士族第二等高门，"烈家传素业"，天统中，与尚书毕义云争

---

① 《北齐书》卷四四《儒林传序》。
② 同上。
③ 《隋书》卷四六《李雄传》。

兖州大中正。毕义云盛称门阀,而羊烈则夸耀自己的家族"名德学行,百代传美"。① 只是山东士族本非均有家学相传,再经过时代的变迁,至北齐时,这样的家族已经是少得屈指可数了。

因此,无论是国学,还是士族的家学,所能培养的人才,数量都是很少的,但由于高级官僚很多出于其中,因此,在当时的政治生活中,仍有其重要性。

一般平民不能进入国学,又无家学可以传授,因此,北魏以来的私人讲学之风,在北齐继续盛行。"横经受业之侣,遍于乡邑;负笈从宦之徒,不远千里。伏膺无怠,善诱不倦。入间里之内,乞食为资;憩桑梓之阴,动逾千数。燕赵之俗,此众尤甚。"② 如张买奴,平原人也,"经义该博,门徒千余人"。马敬德,少随大儒徐遵明学诗、礼,"教授于燕赵间,生徒随之者众"。他们学习的是汉魏以来传统的章句之学。一些担任国学博士、太学博士的大儒,同时也在家中教授学生。一些贵游子弟真要学习一些经术的,也不是在学校中,而是到经师家中去受业。如权会,当时为儒宗所推,"贵游子弟慕其德义者,或就其宅,或寄宿邻家,昼夜承闲,受其学业。会欣然演说,未尝懈怠"。③ 如郎茂"十五师事国子博士河间权会,受《诗》《易》《三礼》及玄象、刑名之学,又就国子助教长乐张率礼受《三传》群言,至忘寝食"。④ 房彦谦,年幼时长兄彦询"亲教读书,年七岁,诵数万言,为宗党所异"。"其后受学于博士尹琳,手不释卷,遂通涉五经。"⑤

综上所述,周隋之际为学,从学校的形式来说,有以国子学为中心的官学,其中包括郡学;有以某些经学大师(大儒)为中心的私人讲学,

① 《北齐书》卷四三《羊烈传》。
② 《北齐书》卷四四《儒林传序》。
③ 以上张买奴、马敬德、权会事迹均见《北齐书》卷四四《儒林传》。
④ 《隋书》卷六六《郎茂传》。
⑤ 《隋书》卷六六《房彦谦传》。

还有某些士族世代相传的家学。

从学者的情况来看，国子学主要是贵游子弟，他们"不由此进"，故学习时往往如宇文庆那样，"周初受业东观，颇涉经史。既而谓人曰：书足记姓名而已，安能久事笔砚，为腐儒之业"。① 满足于粗通文字的小学。私人讲学中，除了一部分贵游子弟外，主要是一批平民出身的经学诸生。他们如《周书》卷四五《儒林传》史臣所云："前世通六艺之士，莫不兼达政术，故云拾青紫如地芥。近代守一经之儒多暗于时务，故有贫且贱之耻。虽通塞有命，而大抵皆然。"这两种人都没有跳出学经和章句的巢窠。倒是在一些士族贵族子弟中，出现了一些或才兼文武，或博涉而兼达政术的人物。例如来自江南后梁的萧岿旧臣柳庄，"博览坟籍"，"明习旧章，雅达政事"，苏威曾奏帝云："江南人有学业者，多不习世务，习世务者又无学业，能兼之者，不过于柳庄。"② 又如由北齐入周的赵郡李雄，"家世并以学业自通，雄独习骑射，其兄子旦让之曰：'弃文尚武，非士大夫之素业。'雄答曰：'窃览自古诚臣贵仕，文武不备而能济其功业者鲜矣。雄虽不敏，颇观前志，但不守章句耳。既文且武，兄何病焉'"。③ 此外，弘农杨素，"与安定牛弘同志好学，研精不倦，多所通涉，善属文"。也是一个"兼文武之资，包英奇之略"④的人物。他们既没有停留在小学阶段，把学习仅仅看做是一种识字的手段，也没有囿于传统经学的束缚去死守章句，而是把博涉经史与明达世务紧密结合起来。虽然这些人还是个别地出现，还没有成为一种普遍的现象，但却是一种新的学风的萌芽。

----

① 《隋书》卷五〇《宇文庆传》。
② 《隋书》卷六六《柳庄传》。
③ 《隋书》卷四六《李雄传》。
④ 《隋书》卷四八《杨素传》。

第二节　隋代的学校

南北朝以来,对于教育的各种看法以及各种类型的学习方式,形成了隋代对学校的特殊的价值观念,从而出现了隋初学校特殊的格局。

隋取代北周后,尽管隋文帝笃信佛教,"诏境内之民任听出家,仍令计口出钱营造经像。于是时俗随风而靡,民间佛书多于六经数十百倍"。① 但对教育还是给予了一定的重视。在"易周氏官仪,依汉魏之旧"时,不但继续设立国子寺,建立了学校系统,并且将国子寺从太常寺中独立出来,成为与太常寺并列的机构。"凡国学诸官,自汉以下,并属太常,至隋始革之。"②学校隶属关系的这种变化,在中国教育史上,是一件划时代的大事。学校地位有了很大的提高。

国子寺设祭酒一人,从三品,低于诸卿一阶。祭酒总管学事,下属国子、太学、四门、书、算五学,各置博士、助教。国子学学生 140 人,太学、四门学各 360 人,各有博士 5 人,助教 5 人;书学学生 40 人,算学 80 人,各有博士 2 人,助教 2 人。③ 另于大理寺置律博士 8 人,并置律博士弟子员。④

开皇初,梁齐入周的元善、辛彦之先后被任为国子祭酒,何妥、房晖远等分别任国子博士、太学博士。

州、郡、县亦皆设学。《隋书》卷九《礼仪志》:"州郡学则以春秋仲月释奠。州郡县亦每年于学一行乡饮酒礼。学生皆乙日试书,丙日给假焉。"

隋文帝取代北周后,废周六官,修订律令,制礼作乐,靠的是苏威、

① 《资治通鉴》卷一七五宣帝太建十三年。
② 《通典》卷二七《国子监》。
③ 《隋书》卷二八《百官志·国子寺》。
④ 《通典》卷二七《国子监》;《通鉴》卷一七五长城公至德元年。

李德林、辛彦之、牛弘等文士。"(辛彦之)后拜随州刺史。于时州牧多贡珍玩,唯彦之所贡,并供祭之物。高祖善之,顾谓朝臣曰:'人安得无学,彦之所贡,稽古之力也。'"①因此,对贵族子弟还是要求学习一些经史的。这主要表现在国子寺下属国子、太学、四门诸学的设立上。而对于整个学校的功能,隋初主要还是着眼于教化和移风易俗。开皇三年,潞州刺史柳昂见天下无事,上表建议劝学行礼,以"移既往之风,成惟新之俗"。文帝接受了他的建议,于四月丙戌下诏曰:"建国重道,莫先于学,尊主庇民,莫先于礼。……古人之学,且耕且养。今者民丁非役之日,农亩时候之余,若敦以学业,劝以经礼,自可家慕大道,人希至德。岂止知礼节,识廉耻,父慈子孝,兄恭弟顺者乎? 始自京师,爰及州郡,宜祗朕意,劝学行礼。"自是天下州县皆置博士习礼焉。② 纳言苏威也曾对文帝说:"臣先人每诫臣云,唯读《孝经》一卷,足立身治国,何用多为!"文帝亦以为然。③ 他曾亲临国子寺释奠,命元善讲《孝经》。④ 开皇五年(585)四月,隋文帝又诏征熊安生弟子山东马光(荣伯)、孔笼、窦士荣、张黑奴以及张仲让、刘祖仁等六儒,并授太学博士。正如《隋书·儒林传序》所云:

> ……于是四海九州强学待问之士靡不毕集焉。天子乃整万乘,率百僚,遵问道之仪,观释奠之礼。博士罄悬河之辩,侍中竭重席之奥,考正亡逸,研核异同,积滞群疑,涣然冰释。于是超擢奇俊,厚赏诸儒,京邑达乎四方,皆启黉校。齐、鲁、赵、魏,学者尤多,负笈追师,不远千里,讲诵之声,道路不绝。中州儒雅之盛,自汉、魏以来,一时而已。

但是,随着政治经济的发展和南北统一的完成,学校仍停留在劝学

---

① 《隋书》卷七五《辛彦之传》。
② 《隋书》卷四七《柳机传附柳昂传》;《隋书》卷一《高祖纪上》。
③ 《资治通鉴》卷一七五太建十三年。
④ 《隋书》卷七五《元善传》。

行礼、移风易俗上，已不能满足时代的需要。开皇九年正月平陈，四月隋文帝诏：

> 代路既夷，群方无事，武力之子，俱可学文，人间甲仗，悉皆除毁。有功之臣，降情文艺，家门子侄，各守一经，令海内翕然，高山仰止。京邑庠序，爰及州县，生徒受业，升进于朝，未有灼然明经高第。此则教训不笃，考课未精，明勒所由，隆兹儒训。①

这个诏令有两点值得注意：

一是改变了西魏、北周以来重武轻文的用人标准，明确要求有功之臣和武力之子都要学文守经。这一点对于官吏的培养、选拔和学校的发展，都具有深远的意义。

二是指出前一段时间学校教育未能培养出灼然明经高第的人才。这里所指的明经高第，主要不是指精于章句的儒生，而是升进于朝的官吏。这是和用人标准的改变相一致的。此后，隋文帝曾"令国子生通一经者并悉荐举，将擢用之"。应试者虽有四、五百人之多，但是由于是只就所学经典的义疏进行策问，②因此也没有选拔出什么人才。

由于通过学校培养不出适合统治需要的人才，开皇十三年（593），国子寺罢隶太常，又改寺为学，③恢复到南北朝时的地位。开皇十八年七月，又"诏京官五品以上，总管、刺史以志行修谨、清平干济二科举人"。企图通过举荐来发现人才。

仁寿元年（601）六月，隋文帝进一步在诏中指出："儒学之道，训教生人，识父子君臣之义，知尊卑长幼之序，升之于朝，任之以职，故能赞理时务，弘益风范。朕抚临天下，思弘德教，延集学徒，崇建庠序，开进仕之路，伫贤隽之人。而国学胄子，垂将千数，州县诸生，咸亦不少，徒有名录，空度岁时，未有德为代范，才任国用。良由设学之理，多而未精。今宜简省，明加奖励。"于是决定国子学唯留学生七十人，太学、四

---

① 《隋书》卷二《高祖纪下》。

② 《隋书》卷七五《房晖远传》。

③ 《通典》卷二七《国子监》。

门及州县之学并废。① 七月，又改国子学为太学，国子祭酒、国子博士亦皆省去，置太学博士总知省事。②

仁寿元年的诏令把学校未能培养出合格人才的原因归之于"多而未精"，是没有说到点子上，但是它明确提出了"德为代范，才任国用"这样两条培养和选拔人才的标准。仁寿三年七月丁卯诏，"令州县搜扬贤哲，皆取明知今古，通识治乱，究政教之本，达礼乐之源。不限多少，不得不举"。③ 更进一步把"才任国用"具体化，把学识和政事的紧密结合，作为才的主要内容提了出来。

这个标准的提出不是偶然的，因为当时的客观形势提出了这样的要求。在隋朝建立之初，一方面有南北朝时期培养出来的一批文臣武将可供驱使，另一方面稳定封建统治的要求突出地摆在隋朝统治者面前。因此，隋朝统治者着眼于"儒学之道，训导生人，识父子君臣之义，知尊卑长幼之序"，通过学校来进行教化。到南北统一后，仅仅是这样就满足不了需要了，虽然提出了"灼然明经高第"的问题，但也没有跳出传统经学的圈子。只是到开皇、仁寿之际，社会矛盾进一步发展，许多政治经济问题需要解决，隋朝统治者对于需要选拔什么样的人才，才开始有新的认识，才明确提出德、才两条标准，并对才的内容加以阐述。这无论是对于学校教育，还是对于人才的选拔，都是很重要的。

在对人才提出新的要求的情况下，隋炀帝即位后，一面不断下令按学识才能的标准举荐人才；同时，恢复了国子监，重新设置祭酒，并加置司业一人（从四品）。国子学置博士（正五品）、助教（从七品）各一人，学生无常员；太学置博士（从六品）、助教各二人，学生五百人。④ 隋炀帝在大业元年（605）七月诏中特别强调，"其国子等学，亦宜申明旧制，

① 《隋书》卷二《高祖纪下》。

② 《通典》卷二七《国子监》。

③ 《隋书》卷二《高祖纪下》。

④ 《隋书》卷二八《百官志下》。

教习生徒,具为课试之法,以尽砥砺之道"。① 郡县之学,也得到恢复。②

　　隋炀帝恢复国子监,表面上是申明旧制,实际上并不是一切照旧。特别是由于"旧儒多已凋亡",③新推荐上来担任国子博士或其他学官的,无论是在侧重钻研的经典上,还是在学风上,和他们的师辈相比,都已经发生很大的变化。如刘焯、刘炫"学通南北、博极今古,后生钻仰,莫之能测。所制诸经义疏,搢绅咸师宗之"。④ 徐文远尤精《春秋左氏传》,"所讲释,多立新义。先儒异论,皆定其是非,然后诘驳诸家,又出己意",窦威、杨玄感、李密皆从其受学。⑤ 萧该,尤精《汉书》,"撰《汉书》及《文选音义》,咸为当时所贵"。包恺"从王仲通受《史记》《汉书》,尤称精究。大业中为国子助教。于时《汉书》学者,以萧(该)、包二人为宗匠。聚徒教授,著录者数千人"。⑥ 这和开皇初马荣伯"尤明三礼,为儒者所宗",元善虽尤明《左氏传》,善讲《春秋》,但释奠时还是要他讲《孝经》,有很大不同;和死守章句,所说"悉是纸上语耳,至于奥赜之境,翻似未见"的沈重,⑦也有很大的不同。他们或融合南北儒学,或探求新意,都开始摆脱章句之学的束缚。他们着重《左传》《汉书》的研究,由伦理学转而为政治学,和现实政治的关系也更加密切了,实际上就是隋唐之际以《左传》《汉书》为主要研究内容的纵横之学的先驱。徐文远、包恺的学生李密就对《汉书》和兵书有特殊的兴趣。⑧ 魏徵也是"好读书,多所通涉,见天下渐乱,尤属意纵横之说"。⑨ 但是,这些多

---

① 《隋书》卷三《炀帝纪上》。

② 《隋书》卷七五《儒林传序》。

③ 同上。

④ 同上。

⑤ 《旧唐书》卷一八九上《徐文远传》。

⑥ 《隋书》卷七五《萧该传》《包恺传》。

⑦ 《旧唐书》卷一八九上《徐文远传》。

⑧ 《隋书》卷七〇《李密传》;《旧唐书》卷五三《李密传》。

⑨ 《旧唐书》卷七一《魏徵传》。

属时代潮流和学风变化给教与学的内容所带来的变化,学校的具体制度和教育内容并没有什么改变。

第三节 唐前期的学校及其与科举的关系

唐朝建立后,李渊即令国子学置学生 72 员,取三品以上子孙;太学学生 140 员,取五品以上子孙;四门学生 130 员,取七品以上子孙。上郡学置生 60 员,中郡 50 员,下郡 40 员;上县学 40 员,中县 30 员,下县 20 员。① 并相应地设立了各级学官。马周武德中即曾为博州助教。② 由于废大业律令,因此,循开皇十三年旧制,国子学仍隶太常寺。③ 武德七年(624),乡、里亦令置学。④

武德元年,唐高祖李渊"诏皇族子孙及功臣子弟于秘书外省别立小学"。⑤ 以盖文懿为博士。⑥ 这是承续了西魏、北周时分别立东馆(小学)和太学的做法,进一步确立了国子诸学大学的性质。

武德初规定的国子学等学的入学资格,有严格的等级限制。至武德七年又诏:"其有吏民子弟,识性开敏,志希学艺,亦具名申送入京,量其差品,并即配学,明设考课,各使厉精。"⑦这是继承北周"选良家子任太学生"和梁"五馆生皆引寒门俊才"的做法,并开后来庶人子弟简试合格,"听入四门学充俊士"的先河。⑧

---

① 《旧唐书》卷一八九上《儒学传序》。

② 《旧唐书》卷七四《马周传》。

③ 《唐会要》卷六六《国子监》。

④ 《唐大诏令集》卷一〇五《置学官备释奠诏》。

⑤ 《旧唐书》卷一八九上《儒学传序》。

⑥ 《旧唐书》卷一八九上《盖文达传附盖文懿传》。

⑦ 《唐大诏令集》卷一〇五《置学官备释奠诏》。

⑧ 《唐摭言》卷一《两监》。

唐太宗李世民即位后,贞观元年五月,改国子学为国子监,^①恢复了隋炀帝时的建置,提高了学校的地位,并采取了一些具体措施发展学校教育。

为了充实师资力量,大征天下儒士为学官,赐绢帛,给驿传,令至京师。曾为王世充兄子王太作书复李世民,惧罪自窜于白鹿山的邓世隆,被征为国子主簿;原在乡间教授弟子的王恭,也是"贞观初征拜太学博士"的。^②

为了容纳更多的学生,朝廷扩大了国学的规模,增筑学舍 1200 间;太学、四门学增置生员,合书学、算学学生及弘文生、崇文生,增至 2260员,^③其中国子学生 300 人,太学生 500 人,四门学生 1300 人。^④ 国子学、太学学生仍各取三品、五品以上子孙充,而四门学生 1300 人中,"其五百人以勋官三品以上无封,四品有封,及文武七品以上子为之;八百人以庶人之俊异者为之"。^⑤ 庶人子弟在国子三学学生总数中达到了38%。唐高祖时命地方政府申送吏民子弟入京配学为俊士的做法,有了很大的发展,并且从制度上肯定下来。学校对平民子弟门开得更大了。

太宗还规定,"学生能通一大经已上,咸得署吏",^⑥都可以授予官职。国子诸学学生学习期满考试合格,由国子监举送到尚书省参加贡举考试。甚至玄武门屯营飞骑经博士授业有能通经者,也可以参加贡举。虽然这些并没有制度化,但对鼓励勤学,对于庶民子弟踏入仕途,都具有重要意义。

---

① 《唐会要》卷六六《国子监》。

② 《旧唐书》卷七三《令狐德棻传附邓世隆传》《孔颖达传附王恭传》。

③ 此据《通鉴》卷一九五"贞观十四年二月丁丑"条及《新唐书·选举志》。《旧唐书·儒学传序》及《唐摭言》卷一《两监》作 3260 员,误。

④ 其余为律学生 50 人,书学生 30 人,算学生 30 人,弘文生 30 人,崇文生 20 人。

⑤ 《新唐书》卷四四《选举志》。

⑥ 《旧唐书》卷一八九上《儒学传序》。

唐太宗又"以经籍去圣久远,文字讹谬",命前中书侍郎颜师古于秘书省考定五经,"颁其所定书于天下,令学者习焉"。又以"儒学多门,章句繁杂",诏国子祭酒孔颖达等撰定五经疏义,凡一八〇卷,"名曰《五经正义》,付国学施行"。① 高宗永徽初,又命修改《五经正义》,功毕后,诏颁于天下,每年明经依此考试。② 这样,隋时策问后由于"江南、河北,义例不同,博士不能偏涉。学生皆持其所短,称己所长,博士各各自疑,所以久而不决也"③的情况,就不会重演了。

唐太宗还几次前往国子监,听祭酒、博士讲论。

由于组织上的健全,物质上的保证,以及通过学校可以参加贡举和入仕的吸引力,贞观时期学校发展得很快,"四方儒生负书而至者盖以千数。俄而吐蕃及高昌、高丽、新罗等诸夷酋长,亦遣子弟请入于学。于是国学之内,鼓箧升讲筵者,几至万人"。④《唐会要·学校》记为八千余人,屯营飞骑也都包括在内,并非国子六学的学生数字。《贞观政要·崇儒学》所说"儒学之盛,古昔未有也",倒是恰当地反映了贞观时期学校的盛状。

高宗继位后,"薄于儒术,尤重文吏"。⑤ 尚书二十四司及门下、中书省都事、主书等负责实际事务的中下级官吏,"皆取旧任流外有刀笔之人"。而对于学校和儒学经典的学习,则缺乏奖励和提倡。据刘祥道说,在永徽(650—655)以后的八年中,"在官者以善政粗闻,论事者以一言可采,莫不光被纶音,超升不次,而儒生未闻恩及"。⑥ 最高统治者虽说是对学校不够重视,但在高宗统治时期,学校还是继续开办着,龙朔二年(662)并于东都置国子监,称为东监。学官、学生,分于两监

① 《贞观政要》卷七《崇儒学》。

② 《唐会要》卷七七《论经义》。

③ 《隋书》卷七五《房晖远传》。

④ 《贞观政要》卷七《崇儒学》。

⑤ 《旧唐书》卷一八九上《儒学传序》。

⑥ 《旧唐书》卷八一《刘祥道传》。

教授。郭元振"十六入太学,与薛稷、赵彦昭同业"。咸亨四年(673)十八岁擢进士第。① 薛稷、赵彦昭也都先后进士及第。② 王勃在《送劼赴太学序》中也说,"今之游太学者多矣,咸一切欲速,百端进取。故夫肤受末学者因利乘便,经明行修者华存实爽。至于振骨鲠之风标,服贤圣之言,怀远大之举,盖有之矣,未之见也,可以深慕哉"。③ 说明当时士子对学校还有着浓厚的兴趣,同时也反映了学校教育中存在着的深刻矛盾。

高宗末年,特别是武则天临朝称制后,学校情况出现逆转。嗣圣元年(684)陈子昂在《谏政理书》中说:"陛下方欲兴崇大化,而不知国家太学之废积岁月矣,堂宇芜秽,殆无人踪,诗书礼乐,罕闻习者。"④武则天晚年,凤阁舍人韦嗣立在一次上疏中总结这一段时间的情况说:"国家自永淳(682)以来,二十余载,国学废散,胄子衰缺,时轻儒学之官,莫存章句之选。贵门后进,竞以侥倖升班;寒族常流,复因凌替弛业。考试之际,秀茂罕登,驱之临人,何以从政?"⑤《旧唐书·儒学传序》也说,武则天称制后,"其国子祭酒,多授诸王及驸马都尉","至于博士、助教,唯有学官之名,多非儒雅之实";"生徒不复以经学为意"。

所以出现上述情况,与武则天的政策自然有直接关系,但学校教育本身所存在的问题,也是重要的原因。学校学生业成通两经以上可以参加贡举,有荫者并可请求出仕,学校与出身入仕直接相联系。学校学习儒家经典,明经考试经义,进士策问中也有关于儒家经典的问目,学习内容也是与科举考试相衔接的。而到调露二年(680),明经、进士二科加试帖经后,帖经逐步成为明经科录取的主要标准,经义降到了次要地位。明经以帖诵为功,主要是识字、背诵,这实际上是小学的功夫,蒙

① 《文苑英华》卷九七二张说《兵部尚书代国公赠少保郭公行状》。
② 《旧唐书》卷七三《薛收传附稷传》;卷九二《韦安石传附赵彦超传》。
③ 《文苑英华》卷七一八。
④ 《陈子昂集》卷九。
⑤ 《旧唐书》卷八八《韦嗣立传》。

童先生教授即可,学校中明经义一套反用不上。进士科沿着文学之科发展,也与经义相去越来越远。学校教授的内容不仅与社会需要严重脱节,与科举考试也开始脱钩。而影响更大的是,武则天为了取悦当时,争取广大地主官僚的支持,在亲祠明堂、南郊、拜洛、封嵩岳等庆典时,又"取弘文、国子生充斋郎行事,皆令出身放选,前后不可胜数"。①学生只要充当一次斋郎便可以马上获得出身即做官的资格,甚至马上授与官职。这对于庶人子弟无疑是一步登天,即使对于有荫的官贵子弟也可以免去读经和考试之劳。授官而不必通经,生徒不复以经学为意,也就不足为怪了。

中宗复位后,"诏宗室三等以下、五等以上未出身,愿宿卫及任国子生,听之。其家居业成而堪贡者,宗正寺试,送监举如常法。三卫番下日,愿入学者,听附国子学、太学及律馆习业"。②宗室四等、五等,并准六品,准许他们宿卫和任国子生,是提高了他们的政治待遇。③而诏中特别提到家居业成而贡者,以及三卫番下日愿入学者,则是反映了一种动向,即一部分贵族高官子弟已不满足于通过三卫步入仕途。他们有的家居习业,即在自己的家中学习,有的轮流宿卫后到国子学、太学中学习,业成后再争取通过科举入仕。这样,无论是家学,还是国学,与科举的关系都更加密切了。

玄宗时,学校完全纳入了科举的轨道。

开元五年(717)九月诏,乡贡明经、进士在进见皇帝以后,要到国子监"谒先师,学官为之开讲,质问疑义。仍令所司优厚设食,两馆及监内得解举人,亦准此。其日,清官五品已上及朝集使,并往观礼,即为常式"。④把谒先师变成由法令规定的例行的隆重典礼,除了表明朝廷

---

① 《旧唐书》卷一八九上《儒学传序》。

② 《新唐书》卷四四《选举志上》。

③ 此处所指"宿卫",当指充任三卫。三卫和国子生都只有五品以上子孙才能充任。

④ 《唐会要》卷七六《缘举杂录》。

重学尊儒,兴贤造士之意,也是为了要把学校和科举更紧密地连结起来。

开元二十一年五月敕:"诸州县学生,年二十五已下,八品九品子,若庶人生年二十一已下,通一经已上,及未通经,精神通悟,有文词史学者,每年铨量举选,所司简试,听入四门学充俊士。即诸州人省试不第,情愿入学者听。国子监所管学生,尚书省补,州县学生,长官补。诸州县学生,专习正业之外,仍令兼习吉凶礼。公私礼有事处,令示仪式,余皆不得辄使。许百姓任立私学,欲其寄州县受业者亦听。"①

在这个诏令中,唐朝政府进一步明确了各级学校的性质及其相互关系。州县学实际上是被看做小学,②同时又是进入四门学的预备阶段。国子监各学则是参加科举的准备阶段。因此,参加科举考试省试不第者亦准许入学。

《唐六典·国子监》有国子、太学、四门三学,"每岁其生有能通两经已上,求出仕者则上于监,秀才、进士亦如之"的规定。只要能通两经以上,就可以要求做官或参加科举考试。但是,一般庶人子弟没有出身资格,因此是不能求出仕的。求出仕的规定,只能适用于贵族高官子弟。庶人子弟入四门学的条件之一是通一经以上。通一经成为入学的条件,通两经以上可求出仕或参加贡举,这些规定就从法令上否定了贞观时通一经以上咸得置吏的做法,一般庶人子弟不再能通过学校直接进入仕途。庶人子弟入四门学的条件之二是精神通悟,有文词史学者。而这恰恰又是以文词作为录取主要标准的进士科所必须的素质。这也从一个侧面反映了唐朝政府把学校纳入科举轨道的努力。

参加贡举,虽然并不一定要经由学校,但在开元以前,"监司每年应举者,常有千数;简试取其尤精,上者不过二三百人。省司重试,但经

---

① 《唐会要》卷三五《学校》。"每年铨量举选",《唐摭言》卷一《两监》作"每年铨量举送"。

② 《旧唐书》卷八八《韦嗣立传》;卷一九〇中《贾曾传附贾至传》:"今西京有太学,州县有小学。"

明行修,即与擢第,不限其数"。① 通过国子监,录取希望较大。许多文士亦多经由两监而科举及第,李华、赵骅、萧颖士、邵轸皆"未冠游太学",而后登第。故"开元已前,进士不由两监者,深以为耻"。②

开元十七年,"省司定限天下明经、进士及第,每年不过百人。两监惟得一二十人"。③ 由两监而及第的比重开始下降。而由京兆、同州、华州乡贡而登第的比重上升。到开元、天宝之际,京兆府解送人数可达百人之多,其中前十名,谓之等第,一般都可以被录取,至少也十得其七八。④ 因此,士子皆"以京兆为荣美,同华为利市",⑤竞于京兆、同、华取解而不入学。学校陷入了空前的危机。

为了吸引士子入学,防止生徒离散,天宝九载七月,诏于国子监别置广文馆,以领生徒修进士业者。⑥

为了强制士子入学,天宝十二载七月十三日诏,"天下举人,不得充乡试(贡),皆须补国子学生及郡县学生,然后听举。四门俊士停"。⑦取消乡贡,这样学校就成为通向科举的唯一渠道。一般庶人子弟要通过科举入仕,除了充当州县学生,补为国子监生,⑧或者直接由州县举送经过考试,便别无他途。

各级学校,由于教学内容和科举考试日益脱节,特别是和社会现实及社会需要严重脱节,其衰落是必然的。开元时徐安贞《田公德政之

---

① 《册府元龟》卷六〇四《学校部奏议第三》杨玚为国子祭酒开元十七年三月上言。
② 《唐摭言》卷一《两监》。
③ 《册府元龟》卷六〇四《学校部奏议第三》杨玚为国子祭酒开元十七年三月上言。
④ 《唐摭言》卷二《京兆府解送》《元和元年登科记京兆等第榜叙》。
⑤ 《唐摭言》卷一《两监》;《新唐书》卷四四《选举志上》。
⑥ 《唐摭言》卷一《广文》;《唐会要》卷六六《广文馆》。
⑦ 《册府元龟》卷六〇四《贡举部条制二》;《旧唐书》卷九《玄宗纪下》;《唐会要》卷七六《缘举杂录》。
⑧ 《唐摭言》卷一《乡贡》:"贞元已前,两监以外,亦颇重郡府学生,然其时亦由乡里所升,直补监生而已。"

碑并序》记载，田琬"弱冠游太学，寻师授《韩诗》《曲礼》，以为《小雅》伤于怨刺，《大戴》失于奢移，功业宜先于济理，章句非急于适时。因读《孙吴兵法》《卫霍别传》，遂仗剑从军，以功授合黎府别将"。[①] 后来做到安北都护，开元二十四年任易州刺史兼高阳军使。田琬的经历多少透露了学校教学中的一些问题。因此，要振兴学校，必须全面革新各级学校的教学内容和教学制度。唐朝政府对这一点并非全无所察，广文馆的设立就是力图使教学内容和进士考试相适应的一种努力。可是唐朝政府没有循此前进，和它在其他需要变革的领域所采取的政策一样，唐朝政府也是通过一些小的修补，来维持旧有的学校制度。特别是由于学校已完全纳入科举的轨道，因此，排除其他一切参加科举的途径，便成为维持学校生存的主要措施。而这又恰恰说明，学校对于科举来说，已经开始成为多余的了。

五代时人王定保在《唐摭言·两监》中说："天宝十二载敕天下举人不得言乡贡，皆须补国子及郡学生。广德二年（764）制京兆府进士，并令补国子生。斯乃救压覆者耳，奈何人心既去，虽拘之以法，犹不能胜。矧或执大政者不常其人，所立既非自我，则所守亦不坚矣。繇是贞元十年已来，殆绝于两监矣。"作为一种趋势来说，王定保的论断是很深刻的。

第四节　私学的兴起

一、私人讲学的衰落

国子学和州县学教学内容与明经、进士考试脱节，因此，要报考明经、进士科的士子只好另谋出路。各种形式的私学随之兴起。

隋继南北朝，私人讲学仍然颇盛。苏州人顾彪讲《春秋左氏传》，

----

① 《全唐文》卷三〇五。

大业中直秘书学士的朱子奢曾从其学。[①] 孔颖达由刘焯处辞归后,"还家,以教授为务"。[②] 大业末王通"弃官归,以著书讲学为业"。门人有后来成为李世民重要谋臣的薛收等。[③] 李密在参加杨玄感起兵失败后,"诣淮阳,舍于村中,变姓名称刘智远,聚徒教授。"[④]

唐代也有私人讲学。王恭"博涉六经,每于乡闾教授,弟子自远方至数百人。贞观初征拜太学博士"。[⑤] 高宗时,王义方因弹奏李义府,左迁秩满后,"家于昌乐,聚徒教授"。何彦光、员半千皆为其徒。[⑥] 曹宪在隋代即"聚徒教授",唐初继续讲学。"所撰《文选音义》,甚为当时所重。初,江淮间为《文选》学者,本之于宪,又有许淹、李善、公孙罗复相继以《文选》教授,由是其学大兴于代。"[⑦]李邕父李善,受《文选》于曹宪,咸亨二年(671)配流,"会赦还,因寓居汴、郑之间,以讲《文选》为业","诸生多自远方而至"。[⑧] 马怀素少时寓居江都,即曾师事李善。[⑨]卢照邻,"年十余岁,就曹宪、王义方授《苍》《雅》及经史,博学善属文"。[⑩] 玄宗时,卢鸿在嵩山"广学庐,聚徒至五百人"。[⑪] 天宝、大历间,啖助深于《春秋》,赵匡、卢庇皆师啖助;陆质又师赵匡,窦群也学于卢庇。[⑫] 窦群兄窦常,大历十四年进士登第后,居于广陵,"不求苟进,

---

① 《旧唐书》卷一八九上《朱子奢传》。

② 《旧唐书》卷七三《孔颖达传》。

③ 《旧唐书》卷一九〇上《王勃传》。

④ 《隋书》卷七〇《李密传》。

⑤ 《旧唐书》卷七三《孔颖达传附王恭传》。

⑥ 《旧唐书》卷一八七上《王义方传》。

⑦ 《旧唐书》卷一八九上《曹宪传》。

⑧ 《旧唐书》卷一九〇中《李邕传》;卷一八九上《曹宪传附李善传》。

⑨ 《旧唐书》卷一〇二《马怀素传》。

⑩ 《旧唐书》卷一九〇上《卢照邻传》。

⑪ 《新唐书》卷一九六《卢鸿传》。

⑫ 《新唐书》卷二〇〇《啖助传》;《旧唐书》卷一五五《窦群传》,卷一八九下《陆质传》。

以讲学著书为事"。① 德宗以后,这种以经学为内容的讲学,就不再见于记载了。

私人讲学前后也有变化。开耀(681)以前,不论是"博通五经"的王义方,还是精于《文选》的李善,他们讲授的基本上还是南北朝以来的传统学问。其时科举考试的科目和录取的标准,尚未改变,故学者得因其所学去参加科举考试。李善的学生马怀素明经及第,又应制举,登文学优赡科。王义方的学生员半千也先后应八科举、岳牧举登科。② 而到明经以帖诵为功,进士以文辞为先以后,这种学术性的讲学与科举就日益脱节了。啖助对《春秋》"不本所承,自用名学,凭私臆决",③打破旧儒成说而另立新意。他的学说虽然对贞元、元和之际的思想有相当的影响,但与当时科举仍是脱节的,故跟随他和他的学生卢庇、赵匡学习的窦群、陆质均不由科举出身。④ 正因为如此,以经学为主要内容的私人讲学在德宗以后衰落了。

开元至大历(713—779)期间,代替经学而以文学为主要传授内容的师生关系曾一度兴起,如萧颖士、独孤及。刘太真追溯他"天宝中,尝遇故扬州功曹兰陵萧君,语及文学,许相师授。而家贫世乱,不克终之"。⑤ 大历十二年,独孤及去世,梁肃以"门生"的身份,撰写了《祭独孤常州文》,文中写道:"顾惟小子,慕学文史,公初来思,拜遇梅里,如旧相识,绸缪慰止,更居恤贫。四稔于此,尝谓肃曰:'为学在勤,为文在经。勤则能深,经则可行。吾斯愿言,勉子有成。'又曰:'文章可以假道,道德可以长保,华而不实,君子所丑。'敬服斯言,敢忘永久。"⑥这就是独孤及对梁肃师授的主要内容,大体止限于韩愈在《师说》中所说

---

① 《旧唐书》卷一五五《窦群传附窦常传》。

② 《登科记考》卷二,咸亨四年、上元三年、调露二年。

③ 《新唐书》卷二〇〇《啖助传赞》。

④ 《旧唐书》卷一五五《窦群传》;卷一八九下《陆质传》。

⑤ 《全唐文》卷三九五刘太真《上杨相公启》。

⑥ 《全唐文》卷五二二。

的传道,只是在理论上和学习方法上对门生进行一些指导,并不进行系统的讲授。

这种做法在贞元、元和(785—820)时由韩愈、柳宗元继承下来。张籍、孟郊以及许多士子都师从韩愈,"多有投书请益者,时人谓之韩门弟子"。① 柳宗元在京师时,后学之士到门,日或数十人,他不虚其来意,"有长必出之,有不至必甚之",②指出他们的长处,对不足的地方进行教诲。贬放到南方后仍有许多士子问学于柳宗元。韦中立并从京师来到永州,欲师从柳宗元。不论是韩愈"抗颜而为师",还是柳宗元"不敢为人师",③他们和后学者结成的是一种介乎师友之间的关系。这种热心传道授业和好学请益的风气与进士科录取标准的变化和古文运动是互相呼应的,对整个学风起了很大的影响。但是由于当时考明经的把注意力都集中在背诵上,为进士业者也主要是抄录前人的策文和文章,并没有深入探讨的要求,因而从师就没有在广大文士中蔚然成风,更没有发展为私人讲学。

从总体上说,私人讲学暂时是衰落了。

二、私学的兴起

在国子三学、州县学和私人讲学衰落的过程中,私学和村学逐步兴起。开元、天宝年间,社会上出现了"太平君子,唯门调户选,征文射策,以取禄位","五尺童子耻不言文墨"的风气,"父教其子,兄教其弟,无所易业"也就成为一种通常的现象。④ 有的就在家中由母亲教授。薛播伯父元暧妻林氏,丹阳太守林洋之妹,"博涉《五经》,善属文,所为篇章,时人多讽咏之。元暧卒后,其子彦辅、彦国、彦伟、彦云及播兄据、

---

① 《唐国史补》卷下。

② 《柳河东集》卷三四《报袁君陈秀才避师名书》。

③ 《柳河东集》卷三四《答韦中立论师道书》。

④ 《通典》卷一五《选举三·历代制下》。

摭并早孤幼,悉为林氏所训导,以至成立,咸致文学之名。开元、天宝中二十年间,彦辅、据等七人并举进士,连中科名,衣冠荣之"。① 杨收七岁丧父,母"长孙夫人知书,亲自教授。十三,略通诸经义,善于文咏,吴人呼为'神童'",二十六岁进士擢第。② 元稹八岁丧父,"其母郑夫人,贤明妇人也,家贫,为稹自授书,教之书学。稹九岁能属文,十五两经擢第"。③

　　由父兄母嫂教授,需要一定的条件。首先是他们必须博通经义,善于文章,具有较高的文化素养。其次是要有教授的闲暇时间。这不是一般人家所能具备的。因此,多数还是进入家学或村学,亦即各类私学学习。从开元十一年敕,"许百姓任立私学,其欲寄州县学授业者,亦听"④来看,私学在开元年间已大量兴起。安史之乱以后,私学发展更快。《封氏闻见记》卷一《儒教》:

　　　今上登极,思弘教本,吏部尚书颜真卿奏请改诸州博士为文学,品秩在参军之上。其中下州学一事已上,并同上州。每令与司功参军同试贡举,并四季同巡县点检学生,课其事业。博士之为文学,自此始也。

《通鉴》卷二二五有代宗去世后,大历十四年五月以吏部尚书刘晏判度支,七月,礼仪使、吏部尚书颜真卿上言的记载,可知颜真卿担任吏部尚书是在德宗即位之后。今上应指德宗。《新唐书》卷四九下《百官志四下》西都、东都、北都文学条,也有"德宗即位,改博士曰文学"的记载。

　　据《唐六典》卷三十,上、中、下州均有经学博士一人,上州从八品下,中州正九品上,下州正九品下,其职掌为"以《五经》教授诸生"。尽管《通典》卷三三《总论郡佐》"经学博士"条在说明其职掌后,特别指

---

① 《旧唐书》卷一四六《薛播传》。

② 《旧唐书》卷一七七《杨收传》。

③ 《旧唐书》卷一六六《元稹传》。

④ 《唐会要》卷三五《学校》。

出"多寒门鄙儒为之",意思是说他们很难完成以《五经》教授学生的任务,但这并不能改变他们教学职务的性质。

博士改为文学,虽然《新唐书·百官志四下》西都、东都、北都文学条记载其职掌仍为"以《五经》授诸生",但如《封氏闻见记》所述,他们还要和司功参军同试贡举,到县点检学生,其性质已发生变化,即由单纯的教学职务变成了兼管教育行政的职务。到"元和六年,废中州、下州文学"。① 文学变成了一种可有可无的职务,州县学事实上也就不复存在。私学已经完全代替了州县学。有关唐朝后期的文献中,记载了许多知名人士年轻时在家学、村学或山林寺院中刻苦学习的情况。

大历(766—779)初,穆宁为和州刺史,于州东四十里,僧居之外,为四子赞、质、赓、赏营学馆,学诗学礼。② 贞元中,李础父李仁均以侍御史管汴之盐铁,日为酒杀羊享宾客,"李生则尚与其弟学读书,习文辞,以举进士为业"。③ 裴休"童龀时兄弟同学于济源别墅。休经年不出墅门,昼讲经籍,夜课诗赋"。④ 这是在家学中学习的。

窦易直幼时家贫,"受业村学"。⑤《集异记》所记,"蒋琛,精熟二经,常教授于乡里"。这样的人物在农村中是相当普遍的。王质"寓居寿春,躬耕以养母,专以讲学为事,门人授业者大集其门"。⑥

此外,还有一些隐居山林进行苦读的。仲子陵"好古学,与同门生肄业于峨眉山下,采撷前载可以为文章枢要者,绅绎区别,凡数十万言。大历十三年举进士甲科"。⑦ 崔从,"少孤贫,寓居太原,与仲兄能同隐山林,苦心力学。属岁兵荒,至于绝食。弟兄采稆拾橡实,饮水栖衡,而

---

① 《新唐书·百官志四下》。

② 《全唐文》卷四〇九崔祐甫《穆氏四子讲艺记》。

③ 《韩昌黎集》卷二一《送湖南李正字序》。

④ 《旧唐书》卷一七七《裴休传》。

⑤ 《因话录》卷六《羽部》。

⑥ 《旧唐书》卷一六三《王质传》。

⑦ 《全唐文》卷五〇二权德舆《仲君墓志铭并序》。

讲诵不辍,怡然终日,不出山岩,如是者十年。贞元初进士登第"。① 还有一些山林,成为文人集聚之地,如庐山,"贞元初有符载、杨衡辈隐焉,亦出为文人。今其读书属文,结草庐于岩谷间者,犹一二十人。即其中秀出者有彭城人刘轲"。② 这是元和十年(815)白居易贬为江州司马时的情况。

综观以上诸生,他们学习的内容不外乎讲诵经籍、做文章、课诗赋三项,是和进士科的考试项目帖经、对策、杂文相对应的,都是为了应进士举。这从他们日后多从进士出身也可以得到证明。即或有少数人如元稹从明经出身,但后来也多应制举而步入清官行列,得到不次提拔。私学完全纳入了科举的轨道,并在实际上取代了国子监的教学而成为当时教育的主流。

第五节 唐朝后期的学校和学生

安史之乱平息后,还有少数地方官修复学校,提倡儒学。大历初,李栖筠为常州刺史,"愍学道圮阙,开此庠序。自后孝秀并兴,与计偕者岁数十人"。后独孤及为常州刺史,"以为使民悦以从教,莫先乎讲习;括五经英华,使夫子微言不绝,莫备乎《论语》。于是俾儒者陈生,以鲁论二十篇,于郡学之中,率先讲授"。③ 这是在州一级。县一级有昆山县。"先是县有文宣王庙,庙堂之后有学室,中年兵馑荐臻,堂宇大坏……故讲习之事,设而不备。"大历九年王纲为县令,"大启宇于庙垣之右,聚五经于其间,以邑人沈嗣宗躬履经学,俾为博士,于是遐迩学徒,或童或冠,不召而至,如归市焉"。④ 昆山属苏州。苏常一带,代宗

---

① 《旧唐书》卷一七七《崔从传》。

② 《白香山集》卷二六《代书》。

③ 《全唐文》卷五一八梁肃《陪独孤常州观讲论语序》。

④ 《全唐文》卷五一九梁肃《昆山县学记》。

初年曾经历了一场小规模的动乱。事态平息后，社会安定，形势远较北方为好，李栖筠、独孤及、王纲才可能在这里兴学。与此同时，大历八年李椅在福州建立了福州都督府新学。"岁终，博士以逊业之勤惰，覃思之精粗告于公，敛其才者，进其等而贡之于宗伯，将进，必以乡饮酒之礼礼之。……繇是海滨荣之，以不学为耻。州县之教，达于乡党；乡党之教，达于众庶矣。"①唐朝前期，福建无科举及第者。新学的建立对于福建士子参加科举起了一定的促进作用。

建中元年归崇敬在疏中虽然还提到州学，②但由于博士已改为文学，州学实际上名存实亡，文献中很难再找到州县长官兴学的记载了。

至于国子监各学，贞元时李观在《请修太学疏》中就谈到，国子六学，"今存者三，亡者三，亡者职由厥司，存者恐不逮修。……至有博士、助教，锄犁其中，播五稼于三时，视辟雍如农郊，堂宇颓废，磊砢属联"。③元和十二年刘禹锡在《奏记丞相府论学事》中也指出："今之胶庠，不闻弦歌，而室庐圮废，生徒衰少，非学官不欲振举也，病无赀财以给其用。"④虽然元和十四年郑余庆兼判国子祭酒事时，"以太学荒毁日久，生徒不振，奏率文官俸给修两京国子监"。⑤但情况并没有得到根本的改变。大和时舒元舆所撰《问国学记》记载了他参观国学的情况：

> 元舆既求售艺于阙下，谓今之太学，犹古之太学，将欲观焉。以自为下士小儒，未尝睹天子庠序，欲往时，先三日斋沐而后行。行及门下，脱盖下车，循墙而趋，请于谒者曰："吾欲观礼于太学，将每事问之于子，可乎？"谒者许诺，遂前导之。初过于朱门，门闳

---

① 《全唐文》卷三九〇独孤及《福州都督府新学碑铭》。

② 《旧唐书》卷一四九《归崇敬传》；《刘梦得文集》卷二九《许州文宣王新庙记》有杜悰在许州作文宣王庙暨学舍的记载，但不久杜悰就调离许州，且重点在建庙而非兴学。

③ 《李元宾文集》卷五。

④ 《刘梦得文集》卷二五。

⑤ 《旧唐书》卷一五八《郑余庆传》。

沉沉。问,曰:"此鲁圣人之宫也。"遂拜之。次至于西,有高门,门中有厦屋,问之,曰:"此论堂也。"予愧非鸿学、方论,不敢入。导者曰:"此无人,乃虚堂尔。"予惑之,遂入,见庭广数亩,尽垦为圃矣,心益惑,复问导者曰:"此老圃所宅,子安得欺我耶!"导者曰:"此积年无儒论,故庭化为废地。久为官于此者圃之,非圃所宅也。"循廊升堂,堂中无机榻,有苔草没地。予立其上,凄惨满眼,大不称向之意。复为导者引,又至一门,问之,曰:"此国子馆也。"入其门,其庭其堂,如入论堂。俄又历至三馆门,问之,曰:"广文也,大学也,四门也。"入其门,其庭其堂如国子。其生徒去圣人之奥,如堂馆之芜。[①]

文章形象地反映了国子监各学衰颓的情况。论堂、学馆等进行教学活动的场所破损废弃,讲经论学等日常教学活动不再进行,国子各学作为一个教学实体不复存在。

但是,学官继续设立,生徒也不断选补。元和元年四月,国子祭酒冯伉奏:

> 应解补学生等,国家崇儒,本于劝学,既居庠序,宜在交修。有其艺业不勤,游处非类,樗蒲六博,酗酒喧争,凌慢有司,不修法度,有一于此,并请解退。又有文章帖义,不及格限,频经五年,不堪申送者,亦请解退。其礼部所补学生,到日亦请准格帖试,然后给厨。后每月一度试,经年等第不进者停厨,庶以止奸,示其激劝。又准格九年不及第者,即出监。访闻比来多改名却入。起今已后,如有此类,请送法司准式科处。敕旨从之。[②]

奏文中所申明的学校纪律和帖试制度是否严格执行,史无明文,姑且不论。奏文中提到的给厨,对于长期停留京师,生计艰难的一般举子来

---

① 《全唐文》卷七二七。
② 《册府元龟》卷六〇四《学校部·奏议三》。

说,却有着特殊的意义。因此,有些九年还没有及第的生徒出监后,又改变姓名,想方设法,重新补为学生。

长庆二年(822),国子祭酒韦乾度又奏:

> 当监四馆学生,每年有及第阙员,其四方有请补学生人,并不曾先于监司陈状,便自投名礼部,计会补署。监司因循日久,官吏多不简举,但准礼部关牒收管,有乖太学引进之路。臣忝守官,请起今以后,应四馆有阙,其每年请补学生者,须先经监司陈状,请替某人阙。监司则先考试通毕,然后具姓名申礼部,仍称堪充学生。如无监司解申,请不在收管之限。旧例,每给付厨、房,动多喧竞。请起今以后,当监进士、明经等,待补署毕,关牒到监司,则重考试。其进士等若重试及格,当日便给厨、房。其明经等考试及格后,待经监司牒送,则给厨、房,庶息喧争。当监四馆学生,有及第出监者,便将本住房转与亲故。其合得房学生,则无房可给。请起今以后,学生有及第出监者,仰馆子先通状纳房。待有新补学生公试毕后,便给令居住。当监承前并无专知馆博士,请起今以后,每馆众定一人知馆事。如生徒无故喧竞者,仰馆子与业长通状领过,知馆博士则准监司条流处分。其中事有过误,众可容恕,监司自议科决。如有悖慢师长,强暴斗打,请牒府县锢身,递送乡贯。①

敕旨:"宜依。"穆宗批准了这个奏议。奏议中所说的四馆指国子、广文、太学、四门四馆。通过这个奏议,对于唐朝后期国子监各学可以有如下的了解:

第一,国子监各学学生的补署,在长庆以前,一直是由礼部掌管的,请补学生人直接投名礼部,监司但准礼部关牒收管。学校已经完全成为科举的准备阶段,因而学生也由掌管贡举的礼部补署,国子监的主要职责便成为收管礼部补署的学生。

---

① 《唐会要》卷六六《东都国子监》;《册府元龟》卷六〇四《学校部·奏议三》。

第二,国子监各学学生都有一定的名额。据《唐六典》卷二一《国子监》,开元时国子学学生 300 人,太学学生 500 人,四门学学生 500 人,律学学生 50 人,书学学生 30 人,算学学生 30 人。六学共有学生 1410 人。永泰(765—766)后,西监置 550 人,后东监又置 100 人,总 650 人,但未定每馆员额。直到元和二年(807)国子监奏定每馆定额:西监国子馆 80 人,太学馆 70 人,四门馆 300 人,广文馆 60 人。东都国子监国子馆 150 人,太学馆 15 人,四门馆 50 人;加上律、书、算三馆,共 650 人。[1] 礼部就是根据这个定额进行补署的。由于及第很难,许多人长期留在馆学。因此,只有当有人及第时,才会有阙员,礼部才能根据阙员多少进行补署。

第三,礼部所补学生监司收管后,给厨、房。给厨是供给伙食,给房则是分给住房。这实际上是唐后期国子监各学最具有实质性意义的内容。学生长期在监,许多举子请求补署,都是因为国子监为他们提供了食宿条件。吃与住,这就是唐后期国子监吸引力之所在。由于关系到学生的切身利益,"每给付厨、房,动多喧竞",学生为了能先给房,给好房,争得很厉害,互相之间是一点也不礼让的。

第四,元和元年关于学生五年不堪申送参加科举者解退,九年不及第者出监的规定,韦乾度不再提起,而只提到违反纪律者由监司科决或"牒府县锢身,递送乡贯",和"及第出监"。只要不违反纪律,学生在监的年限是没有严格规定的。这说明国子监已只是举子在京师的落脚处所,完全成为科举的附属物。

---

[1] 《唐会要》卷六六《东都国子监》。

第七章 进士科考试科目和录取标准的变化

　　唐代进士考试的科目和录取标准，不是一成不变的。考试科目，唐初只有试策一门，高宗末年始加帖小经，并试杂文，直到中宗复位，三场试的格局才最后确定下来。此后，各个科目的地位、各科考试的内容以及录取的标准，仍不断发生变化。对于这种变化，晚唐时已不甚了然。文宗大和八年（834），礼部奏："进士举人，自国初以来，试诗赋、帖经、时务策五道。中间或暂改更，旋即仍旧。"①错误地认为唐初即试诗赋和帖经。北宋欧阳修在所撰《新唐书·选举志》中也说："凡进士，试时务策五道，帖一大经。"永隆二年诏"进士试杂文二篇"。把帖经开始的时间提早到了唐初。大和八年奏疏在《唐会要》中是与其他有关材料一起记载的，只要认真阅读，尚不至引起误解。而欧阳修的《选举志》，由于是系统叙述选举制度的史志，后人往往视为经典，因而就不能不造成混乱。

　　北宋以后，不少学者对唐代进士考试科目的变化作过正确的论述。但在目前流传的一些影响较大的论著中，仍然保留着"进士主要试诗赋"一类的说法。② 这不仅给人以唐初进士即试诗赋的印象，而且使人

---

① 　《唐会要》卷七六《进士》。

② 　如北宋王钦若等所撰《册府元龟》卷六三九《条制》"调露三年四月"条；南宋王应麟《玉海》卷一一五《唐进士举》；明胡震亨《唐音癸签》卷一八《进士科故实》。

感到只有诗赋好坏才是录取的主要标准。因此,系统考辨唐代进士考试科目和录取标准的变化很有必要。

第一节　唐前期进士考试科目和录取标准的变化

一、唐初进士考试科目和录取标准

唐初科举考试的科目,据《封氏闻见记》卷三《贡举》载:"国初,明经取通两经,先帖文,乃按章疏试墨策十道;秀才试方略策三道;进士试时务策五道。"《通典》卷十五《选举三·历代制下》:"自是士族所趋向,唯明经、进士二科而已。其初止试策。贞观八年诏加进士试读经史一部。至调露二年,考功员外郎刘思立始奏二科并加帖经。"《唐会要》卷七六《进士》也说:"先时,进士但策而已,思立以其庸浅,奏请帖经及试杂文。"这些比较早的材料说明,唐初进士科的考试科目,只有试时务策一项。帖经为调露二年刘思立所奏加,故贞观八年诏进士试读经史一部,也不是加试帖经,而只是在策问中增加了经史方面的内容。在这个阶段,策文的好坏,是录取进士的唯一依据。

唐初衡量进士策文好坏的标准,主要不是看文章的内容,而是看文章的词华。

唐初公文奏议不尚文华。《旧唐书》所载贞观时期许多大臣的奏疏,文采虽有高低之分,但在内容上多是言之有物,有的放矢。但是,唐初公文仍沿用骈体文,特别是以皇帝名义发布的诏、制、敕、赦文和册书,由各种典故和华丽词藻构成的空话,占去了相当大的篇幅。这种南北朝以来的浮艳文风,也影响到进士的对策。

《文苑英华》载有贞观元年和贞观二十年的策进士问,以及上官仪、张昌龄等的对策。[①] 策问均系骈文写成,声律严格,文词华美,通篇用典;所问则不外乎刑礼关系、用刑宽猛、贤才选拔等老套,颇有雷同。

---

① 《文苑英华》卷四九七《策·刑法上》、卷五〇二《策·求贤》。

对策内容,贞观元年的仅流传下上官仪的策文。上官仪曾"游情释典,尤精三论,兼涉猎经史"。①故其策文虽然也使用了大量的典故,堆砌了很多词藻,但是说理清楚,言之有物,用典恰当,遣词也恰到好处,读起来尚无轻薄、生涩和矫揉、浮华的感觉。他进士及第后,很快受到唐太宗的赏识。《旧唐书·上官仪传》说:"太宗闻其名,召授弘文馆直学士,累迁秘书郎。时太宗雅好属文,每遣仪视草,又多令继和。凡有宴集,仪尝预焉。"可见他之所以受到太宗的赏识,主要是由于文名。这是唐初及第的进士中以文学而受到皇帝奖擢的第一人,对后来者不能不发生深远的影响。

贞观二十年的策文,现存有张昌龄、田备、郝连梵等人的三篇。史载,王师旦为考功员外郎,"冀州进士张昌龄、王公瑾并文词俊楚,声振京邑。师旦考其文策为下等,举朝不知所以。及奏等第,太宗怪无昌龄等名,问师旦。师旦曰:'此辈诚有词华,然其体轻薄,文章浮艳,必不成令器。臣擢之,恐后生仿效,有变陛下风俗。'"②观张昌龄策文,说他"体性轻薄,文章浮艳",是不为过的。而这又正是他的"声振京邑"的原因。值得注意的是,王师旦考其文策为下等,不仅"举朝不知所以",而且太宗也"怪无昌龄等名",说明在当时从皇帝到大臣,都是把词华视为进士及第的当然标准。

二、进士三场试的确立

高宗上元元年(674),刘峣在所上疏中说:"况古之作文,必谐风雅;今之末学,不近典谟。劳心于卉本之间,极笔于烟云之际。以此成俗,斯大谬也。"③高宗时期南北朝以来的浮艳文风仍然弥漫文坛。进士策文的好坏,也仍是看词华。仪凤三年(678)魏元忠所说的"谈文者

---

① 《旧唐书》卷八○《上官仪传》。

② 《封氏闻见记校注》卷三《贡举》。

③ 《通典》卷一七《选举五·杂论议中》。刘峣,《通鉴》卷二○二据《统记》作刘晓。

以篇章为首而不问之以经纶"①,在当时是有普遍意义的。正是由于对策文形式方面的要求大大超过对内容的要求,因而,在科举考试中就出现了永隆二年(681)八月《条流明经进士诏》②中列举的严重情况:"进士不寻史传,唯读旧策,共相模拟,本无实才。所司考试之日,曾不拣练,因循旧制,以分数为限,至于不辨章句,未涉文词者,以人数未充,皆听及第。"既然是考做文章,题目又多雷同,因此应举者不是熟读经史,学习文律,而是把模拟旧策作为学习内容,结果造成应举者和被录取者文化水平的下降。高宗咸亨元年后,进士每年平均录取数不过二十余人,合格者竟连此数都不能凑满,可见文化水准之低。

调露二年(680)四月,刘思立任考功员外郎,主持科举考试。他"以进士惟试时务策,恐伤肤浅,请加试杂文两道,并帖小经"。③根据刘思立的建议,永隆二年八月诏:"自今已后,考功试人……进士试杂文两首,识文律者,然后并令试策。仍严加捉搦,必材艺灼然,合升高第者,并即依令。"④进士除试策外,加试杂文,由此诏以法令形式确定下来。由于其时当年贡举期已过,故次年即开耀二年贡举时始正式实行。至于进士是否帖经,诏中没有提到。而《通典》在叙述永隆二年诏之前,有如下记载:"至调露二年,考功员外郎刘思立始奏二科并加帖经。其后又加《老子》《孝经》,使兼通之。"⑤《南部新书》戊亦云:"进士试帖经,自调露二年始也。"说明明经、进士二科加试帖经,在调露二年即已准奏施行了。

武则天临朝称制后,进士科继续实行帖经、试杂文、对策三场考试。颜杲卿父元孙,"垂拱初登进士第,考功员外郎刘奇榜其词策,文瑰俊

---

① 《旧唐书》卷九二《魏元忠传》。

② 《唐大诏令集》卷一〇六。

③ 《封氏闻见记校注》卷三《贡举》。

④ 《唐大诏令集》卷一〇六。

⑤ 《通典》卷一五《选举三·历代制下》。

拔,多士耸观"。① 据《颜元孙神道碑》,元孙举进士,"省试《九河铭》《高松赋》",②故所榜之词策即包括杂文和对策。但这种情况没有持续多久。"寻以则天革命,事复因循。"③这就是说,在天授元年(690)武则天称帝前后的一段时间里,进士帖经、试杂文曾经暂时停止了一个时期。这件事虽然缺乏其他直接旁证材料,但这个时期武则天放手招官,破格用人,取士极广,而进士录取数却一直稳定在每年二十人上下,④对进士科并没有给予特别的重视。另外,武则天重用的是李昭德、狄仁杰等吏干之士,对文学之士并没有特别重用。从以上情况看,"事复因循"是合乎情理的。

中宗复位后,立即恢复了进士考试帖经和杂文。《唐摭言》卷一《试杂文》说:"至神龙元年方行三场试,故常列诗赋题目于榜中矣。"三场试的格局至此最后确定下来。三场中"先帖经,然后试杂文及策"。⑤ 其具体要求,见于《唐六典》卷二《尚书吏部》"考功员外郎"条:"其进士帖一小经及《老子》⑥(原注:皆经注兼帖),试杂文两首,策时务五条。文须洞识文律,策须义理惬当者为通(原注:若事义有滞,词句不伦者为下,其经策全通为甲,策通四,帖通六已上为乙,已下为不第)。"

---

① 《旧唐书》卷一八七《颜杲卿传》。

② 《全唐文》卷三四一颜真卿《颜君(元孙)神道碑铭》。

③ 《唐摭言》卷一《试杂文》。

④ 《登科记考》卷三。

⑤ 《唐六典》卷四《尚书礼部》。

⑥ 唐制,正经有九,《礼记》《左传》为大经,《毛诗》《周礼》《仪礼》为中经,《周易》《尚书》《公羊》《穀梁》为小经。《孝经》《论语》并须兼习。进士帖《老子》,始于上元二年,当时是"试帖三条",似未形成制度。其后仪凤三年和调露二年又一再申明,《老子》《孝经》并须兼通。长寿二年停《老子》,代之以《臣轨》。神龙二年停习《臣轨》,依前习《老子》。见《唐会要·明经》及前引《通典》。

第二节　从文学取士到诗赋取士

一、以文学取士的反复

高宗永隆二年(681)诏进士试杂文,由于加试杂文的目的是为了提高应进士举者的文字水平,故所试杂文即为士子所熟习的箴、表、铭、赋之类。[①] 开耀二年进士及第的刘知几,虽"以文词知名",但他在《史通·自叙》里只提到"年登弱冠,射策登朝",并没有特别提到试铭赋杂文。同一时期进士及第的大诗人陈子昂,卢藏用在《陈子昂别传》中也只说他"对策高第"。[②] 垂拱元年(685),吴师道等二十七人及第,敕批云:"略观其策,并未尽善。若依令式,及第者唯只一人;意欲广收其材,通三者并许及第。"[③]亦未提及所试铭赋。杂文在士子中并没有引起特别的重视,而在录取时,对策也仍然占主要地位。

中宗神龙元年恢复三场试后,杂文仍多为箴表铭赋之类。开元十一年进士试《黄龙颂》,开元十四年试《考功箴》,开元十五年试《积翠宫甘露颂》。开元二十二年试《梓材赋》《武库诗》,而开元二十六年试《拟孔融荐祢衡表》《明堂火珠诗》。[④] 可见直到开元末年,杂文仍未专用诗赋。正如清人徐松在《登科记考》卷二引录永隆二年八月诏时所说:"按杂文两首,谓箴铭论表之类,开元间始以赋居其一,或以诗居一,亦有全用诗赋者,非定制也。杂文之专用诗赋,当在天宝之季。"

在杂文渐用诗赋的同时,进士录取标准在开元、天宝年间也逐渐发生变化。

开元初年,面对一系列需要解决的社会政治问题,玄宗励精图治。

---

① 《登科记考》卷二永隆二年徐松按语。

② 《全唐文》卷二三八。

③ 《唐摭言》卷一《试杂文》。

④ 《玉海》卷二〇四《词学指南》"箴""颂";留元刚《颜鲁公年谱》。

在选拔人才时，也比较注意真才实学，①对侧重词华的做法，有所抑制。高宗咸亨年间（670—674），王勃在《上吏部裴侍郎启》中曾指出："伏见铨擢之次，每以诗赋为先，诚恐君侯器人于翰墨之间，求材于简牍之际。果未足以采取英秀，斟酌高贤者也。"②开元三年（715）张九龄上疏论选事，疏中提到，"以一诗一判，定其是非，适使贤人君子，从此遗逸"。③"以诗赋为先"的风气并未少衰。铨选时试诗，不见于其他记载，有待进一步研究，但张九龄以一个文学之士，指出以诗判取士的弊病，足以说明开元初年务实的风尚。开元六年二月玄宗复诏："比来选人试判，举人对策，剖析案牍，敷陈奏议，多不切事宜，广张华饰，何大雅之不足，而小能之是衒！自今以后，不得更然。"④要求试判、对策、案牍、奏议都要有充实的内容，并提出切合实际的解决办法。

随着政局的稳定和经济的发展，开元之治的局面逐步形成，最高统治者开始注意文治，提倡文学。一代文宗张说被擢为中书令，文学之士进士及第的也逐渐增多。自开元十一年至二十一年，崔颢、祖咏、储光羲、崔国辅、綦母潜、王昌龄、常建、贺兰进明、王维、薛据、刘长卿、元德秀等先后及第。⑤文学之士在及第的进士总数中虽然不占很大比例，但在一个时期内有这样多的诗人及第，却是前所未有的。这种情况到开元二十二、三年孙逖掌贡举时达到顶点。孙逖文思敏速，词理典赡，张说尤重其才，故得"以文章之冠为考功员外郎"。⑥他在掌贡举期间选拔了颜真卿、阎防、贾至、李颀、萧颖士、李华、赵骅等一批文士。

对杂文的要求也发生了微妙的变化。神龙、开元间对杂文的要求

---

①　《唐大诏令集》卷一〇六《令贡举人勉学诏》。

②　《全唐文》卷一八〇。

③　《唐会要》卷七四《论选事》。

④　《册府元龟》卷六三九《贡举部·条制一》。

⑤　《登科记考》卷七、卷八。

⑥　《全唐文》卷三一五李华《杨骑曹集序》。

是"文须洞识文律"。① 开元二十四年贡举改归礼部侍郎掌管后,变为"文取华实兼举"。② "识文律",这是最初刘思立奏请加试杂文时提出的要求,③是为了保证及第者有起码的文化水准。而"华实并举"则除了识文律,还对词华和内容两方面提出了要求。

与此同时,杂文在录取时的地位也发生了变化。开元二十四年,李昂为礼部员外郎,集贡士与之约曰:"文之美恶,悉知之矣。考校取舍,存乎至公。如有请托于人,当悉落之。"后又集众贡士曰:"观众君子之文,信美矣。然古人有言,瑜不掩瑕,忠也。其有词或不安,将与众详之。若何?"④据《唐六典》卷二《尚书吏部》,进士所试之文,专指杂文。作为主考官的李昂在和举子谈及录取时也专门突出了杂文。

开元二十四年(736)前后,朝廷中经历了一场是由文学之士还是由吏干人才掌权的激烈斗争,张九龄为李林甫所取代。这也影响到科举,以文取士的潮流一时受到阻碍。开元二十四年十月,礼部侍郎姚奕奏请进士改帖大经《左氏传》《周礼》《仪礼》。次年二月,因姚奕奏,诏曰:"今之明经、进士,则古之孝廉、秀才,近日以来,殊乖本意。进士以声韵为学,多昧古今;明经以帖诵为功,罕穷旨趣。安得为敦本复古,经明修行?以此登科,非选士取贤之道也。"诏中并规定:"其进士宜停小经,准明经例,帖大经十帖,取通四已上。然后准例试杂文及策,考通与及第。"⑤此诏与永隆二年《条流明经进士诏》不同。永隆二年诏是针对当时应举者不读经史,唯读旧策,文化水平普遍低下而发。诏中指出主司的主要问题是,为了凑满定额而降低了录取标准。为此并规定进士加试杂文,以提高应举者的文字水平。这些与贞观以来把词华作为衡

① 《唐六典》卷二《尚书吏部》"(考功)员外郎掌天下贡举之职"条。
② 《唐六典》卷四《尚书礼部》"礼部尚书侍郎"条、"凡举试之制"条。
③ 《唐会要》卷七五《帖经条例》。
④ 《大唐新语》卷一〇《厘革》。
⑤ 《册府元龟》卷六三九《贡举部·条制一》。

量策文好坏的主要标准是完全一致的。而开元二十五年诏除了指出"进士以声韵为学,多昧古今",还特别提到"以此登科,非选士取贤之道"。诏令所指,不仅是针对应举者,而且也包括主司。这是对前一阶段以文取士的否定。诏中同时规定进士由帖一小经改为帖一大经,分量和难度都大为增加。这对"多于经不精"的文学之士更是一个重大的打击。[①] 此后四五年间,文学之士登科者大为减少,登科者之中,以诗文知名而可考者几乎没有一人。

二、诗赋取士

李林甫当政期间,文学之士在政治上受到排斥,开元年间进士及第的文学之士,天宝时达者无几。但是,以文学取士的潮流在天宝年间反而继续向前发展。

天宝元年,韦陟为礼部侍郎知贡举,他"好接后辈,尤鉴于文,虽辞人后生,靡不谙练。曩者主司取与,皆以一场之善登其科目,不尽其才。陟先责旧文,仍令举人自通所工诗笔,先试一日,知其所长。然后依常式考核,片善无遗,美声盈路"。[②] 进士加试杂文后,虽然在相当一个时期内很少用诗,但由于以诗歌应制、奉和、酬答,已在宫廷和上层社会形成一种风气,故诗歌在投刺干谒,制造声誉方面,起着越来越重要的作用。韦陟以掌贡举的主司身份命举子自呈诗文,说明诗歌已成为主司评价考生水平的一个重要依据。

天宝二年至八载(743—749),"达奚珣、李岩,相次知贡举,进士文名高而帖落者,时或试诗放过,谓之'赎帖'"。[③] 帖经不合格的,可以试诗以取代帖经的成绩。虽然只有文名高者才能享受这种待遇,但也说明诗歌在进士考试中的地位已大为提高。特别是由于三场试中帖经是

---

① 《封氏闻见记校注》卷三《贡举》。

② 《旧唐书》卷九二《韦陟传》。

③ 《封氏闻见记校注》卷三《贡举》。

第一场，通过后才能试其他两场，词策之长才能发挥出来，因此，赎帖的做法无疑是对开元二十五年以帖大经来改变以文取士标准的又一次否定。这对于进一步打开文学之士的仕进之路，是很有意义的。

其后，天宝十二载至十五载，杨浚知贡举，他不仅要萧颖士向他推荐文才，而且继续令举人自通文笔。天宝十三载进士及第的元结追记说："天宝十二年，漫叟以进士获荐，名在礼部。会有司考校旧文，作《文编》纳于有司。"①主司在考试前要求举子交纳省卷，先看举子的文才诗笔成为一种惯例，可见诗赋已成为衡量士子文学才华的主要依据。"主司褒贬，实在诗赋"，以诗赋作为进士录取的主要标准，就这样在天宝年间逐步确定下来。②

在官吏的选用上重用吏干人才，而日益成为官僚重要来源的进士科，却反而沿着诗赋取士的道路继续前进。为什么在选举上会出现这样一种矛盾的现象呢？李华在《杨骑曹集序》中说："开元、天宝之间，海内和平，君子得从容于学，以是词人材硕者众。然将相屡非其人，化流于苟进成俗，故体道者寡矣。夫子门人，德行、言语、政事、文学，四者无人兼之。"开元以来固然是海内和平，但同时也出现了一系列亟需解决的政治、经济和军事问题。而科举出身的，主要是进士科出身的文学之士，普遍缺乏政治才干，因而不可能解决这些问题。这是开元、天宝之际吏干之士取代文学之士掌握最高执政权的重要原因之一。这也是进士录取标准没有能随着进士科在官员选拔中地位的不断提高和社会政治事务日益繁杂而及时加以改变的一个严重后果。科举上的这种失误，不仅影响及于官僚集团之间的斗争，而且及于一代政治家的素质。开元末年到天宝年间掌权的李林甫等吏干之士，虽然有杰出的政治才干，但由于缺少统治理论和经史知识，缺乏政治远见，因而在某些制度的变更上，造成了严重失误。

---

① 《元次山集》卷一〇《文编序》。
② 《登科记考》卷二永隆二年八月诏徐松按语。

至于天宝年间继续以文学取士，这是由当时形势的发展所决定的。一是这时民间看重文学，已经成了风气。开元、天宝之间"搢绅闻达之路惟文章先"，①"故太平君子，唯门调户选，征文射策，以取禄位"，已经形成了"五尺童子耻不言文墨"②的社会风气。

　　二是文学人才仍然为统治者所需要。开元时一度流行的"文学足以经务"，③大任必须有词学④的观点在天宝年间不吃香了，但是修史、编书、起草诏令等文字工作仍需由文士担任，故史官、中书舍人、给事中等仍多为进士出身。⑤

　　三是当权者在选举中有意识地把文学和政事加以分离。针对当时政事、文学无人兼之的实际情况，李林甫以才识吏干选拔官吏，而对文士只看做是一种文学人才。即如高适那样有名的文士，当宋州刺史张九皋推荐他举有道科时，李林甫也"唯以举子待之"。⑥　早在开元二十三年诏中就有"文学政事，必在考言"，⑦把文学和政事并列提出来的情况。到天宝九载（750）三月十三日敕中，更明确提出："文学政事，本自异科，求备一人，百中无一。况古来良宰，岂必文人。"⑧此敕说的虽然是吏部取人即铨选的标准问题，但牵涉到整个选举问题。正是由于李林甫把进士科仅仅看做是一种选拔文学专门人才的科目，而没有把它放在出身正途的地位上，⑨因此，便让进士科沿着文学之科向前发展了。

---

① 《毗陵集》卷一一《顿丘李公墓志》。

② 《通典》卷一五《选举三·历代制下》。

③ 《旧唐书》卷九八《卢怀慎传》。

④ 《旧唐书》卷一〇六《李林甫传》。

⑤ 《旧唐书》卷一〇二《韦述传》；卷一九〇下《王维传》。

⑥ 《旧唐书》卷一一一《高适传》。

⑦ 《册府元龟》卷六三九《贡举部·条制一》。

⑧ 《唐会要》卷七五《选部下·杂处置》。

⑨ 汪篯：《唐玄宗时期吏治与文学之争》，载《汪篯隋唐史论稿》，中国社会科学出版社，1981 年。

第三节 唐后期进士录取标准的变化

一、安史乱后有关进士科的争论

如前所述，从高宗末年到玄宗时期，不断有人对进士科的考试科目和内容提出批评和建议，唐朝政府也相应地采取了一些措施，最后形成了帖一大经、杂文试诗赋、对策这样一个基本的格局。这些议论和措施，主要是针对当时应举者缺乏经史知识和文字水平不高，而对于整个考试制度，特别是对于及第者在思想和素质方面应该有什么样的要求，都没有深入探求。直到安史之乱以后，才对科举考试，特别是进士科考试中存在的问题作了进一步的探讨。

代宗宝应元年（762）六月，礼部侍郎杨绾上疏条奏贡举之弊，他认为："至高宗朝，刘思立为考功员外郎，又奏进士加杂文，明经填帖，从此积弊，浸转成俗，幼能就学，皆诵当代之诗；长而博文，不越诸家之集。递相党羽，用致虚声，六经则未尝开卷，三史则皆同挂壁，况复征以孔门之道，责其君子之儒者哉！"并提出，当时公卿大臣以此待士，家庭长老以此垂训子弟，已经形成了一种社会风气。如果听任此风继续滋长，"欲其返淳朴，怀礼让，守忠信，识廉隅"，是不可能的。因此，他建议改变考试制度，不令举人投牒自举，停止明经科和进士科；令县令、刺史察举考廉，送尚书省考试经义和对策。希望通过改变考试制度，达到"数年之间，人伦一变，既归实学，当识大猷，居家者必修德业，从政者皆知廉耻，浮竞自止，敦庞自劝"①的社会效果。

唐代宗命尚书左、右丞，诸司侍郎，御史大夫，御史中丞，给事中，中书舍人等通议。给事中李栖筠、尚书左丞贾至等纷纷发表意见，在所奏议状中表示赞同。贾至还特别指出：

---

① 《旧唐书》卷一一九《杨绾传》。

今试学者以帖字为精通，而不穷旨义，岂能知"迁怒""贰过"之道乎！考文者以声病为非，而务择浮艳，岂能知移风易俗化天下之事乎？是以上失其源，而下袭其流，乘流波荡，不知所止，先王之道，莫能行也。夫先王之道消，则小人之道长；小人之道长，则乱臣贼子由是生焉。臣贼其君，子弑其父，非一朝一夕之故，其所由来者渐矣。渐者何谓？忠信之陵颓，耻尚之失所，末学之驰骋，儒道之不举，四者皆由取士之失也。夫一国之事系一人之本谓之风，赞扬其风，系卿大夫也。卿大夫何常不出于士乎。今取士试于小道，而不以远者、大者，使干禄之徒趋驰末术，是诱导之差也。就科目者皆小艺，四人之业，士最关风化，近代趋仕，靡然向风，致使禄山一呼，而四海震荡，思明再乱，而十年不复。向使礼让之道弘，仁义之道著，则忠臣孝子比屋可封，逆节不得而萌也，人心不得而摇也。①

　　杨绾、贾至认为，取士制度应奖劝士子习先王之道，使他们怀礼让、守忠信、行仁义，成为忠臣孝子，君子之儒。从这一点出发，他们指出进士帖经和试杂文乃是"试之小道"，结果造成了"儒道不举"。他们并且把这种情况与安史之乱联系起来。这样，就把"取士之失"所造成的严重后果更加鲜明地摆在人们面前。

　　杨绾的建议打着"孔门之道"的大旗，使别人不能作正面的反驳，但宰臣还是提出"举人旧业已成，难于速改"来加以反对；翰林学士也以"进士行来已久，遽废之，恐人失业"，②表示不赞成。停废明经、进士，改变考试制度的建议，因此被搁置下来。

　　这次在最高统治机构中人数众多的争论，有唐以来还是第一次。这是对科举考试内容、录取标准的一次集中的探讨。

---

① 《文苑英华》卷七六五贾至《贡举议并序》。《旧唐书》卷一九〇中《贾曾传附至传》、《旧唐书》卷一一九《杨绾传》所引略同而皆有脱漏。
② 《旧唐书》卷一一九《杨绾传》。

杨绾是进士出身,又应过制举。贾至也是明经出身。他们经历了天宝末年和安史之乱的政治动乱,作为一个过来人,对于科举在社会风气方面所造成的严重后果有深切体会。而当时又正是安史之乱刚刚结束,人们正处于痛定思痛的时候,因此,他们在揭露科举的弊病时,主要是指出帖经和试杂文使得"儒道不举",并和前一时期的动乱联系起来。至于以诗赋取士所造成的进士不认真学习经史,不懂得古今治道,不熟悉当代时事这样一些严重情况,从杨绾建议"其策皆问古今理体及当时要务,取堪行用者"①来看,他也是深有体会的。但是,由于他把注意力放在转变"人伦",改变人们的思想面貌上,因而对于能否选拔出合乎时代需要,具有真才实学,能够解决现实政治、经济问题的人才的问题,没有作为一个突出的中心问题提出来。

进士科和三场试,已经深深植根于当时社会土壤之中,不仅取消进士科行不通,就是要取消试杂文也是不可能的。建中二年(781)十月,知贡举赵赞曾"奏以箴论表赞代诗赋"②,但最迟到贞元四年(788),又恢复了试诗赋。大和七年(833),文宗"患近世文士不通经术,李德裕请依杨绾议,进士试论议,不试诗赋"。八月命进士停试诗赋。次年十月,李德裕罢相,"贡院奏进士复试诗赋"。③ 两次都是不久即罢,试诗赋始终是进士考试的一个重要项目。

二、进士录取标准的变化

进士试诗赋虽然终唐没有变化,但诗赋在录取时的地位却在逐步发生变化。

代宗时,宰相元载长期执掌大权,他虽然非进士出身,但"自作相,

---

① 《旧唐书》卷一一九《杨绾传》。
② 《登科记考》卷一一。
③ 《资治通鉴》卷二四四、卷二四五。

常选擢朝士有文学才望者一人厚遇之,将以代己"。① 他选中的是文藻雄丽,曾与常衮并掌纶诰,受到时人称誉的杨炎。元载得罪被杀后,继掌大权的常衮更是排斥非进士出身者,"非以辞赋登科者莫得进用"。② 因此,诗赋取士的局面一直延续下来。德宗贞元十六年(800)白居易应进士举,投卷于陈给事,献杂文二十首,诗一百首。贞元十八年柳冕在《与权侍郎书》中也说:"唐承隋法,不改其理,此天所以待圣主正之。何者? 进士以诗赋取士,不先理道。"③虽然在建中、贞元之际曾有几年停试诗赋,但直到贞元末年,一般人仍习惯地认为诗赋是进士录取的主要标准。

但实际上,以策文即文章好坏作为录取标准的潮流却势不可挡。正是在贞元(785—805)年间,诗赋取士重新为文章取士所代替。而衡量文章的好坏的标准,则和唐朝前期相反,主要是看内容,而不是看词华。

大历(766—779)时,活跃在文坛上的是元结、独孤及、梁肃、柳冕等古文运动的先驱者。他们"多尚古学,效杨雄、董仲舒之述作,而独孤及、梁肃最称渊奥,儒林推重"。④ 稍后,还有一批像韩愈那样"从其徒游,锐意钻仰,欲自振于一代"⑤的追随者。魏晋以来"为文者多拘偶对,而经诰之指归,迁、雄之气格不复振起"⑥的文风正在发生变化。士子在准备应举时,固然仍需像白居易那样"苦节读书,二十已来,昼课赋,夜课书,间又课诗,不遑寝息",⑦但他们已经不仅注意诗歌的写作,

---

① 《旧唐书》卷一一八《杨炎传》。

② 《旧唐书》卷一一九《崔祐甫传》。

③ 《文苑英华》卷六八九。

④ 《旧唐书》卷一六〇《韩愈传》。

⑤ 同上。

⑥ 同上。

⑦ 《白香山集》卷二八《与元九书》。

而且特别注意文章的写作。柳宗元所说的"文者以明道"，①白居易所说的"文章合为时而著"，②虽然都是以后所写，但实际上在这个时期已成为他们写作的原则。由于他们比较普遍地注意经世致用，企图通过自己的政治活动来改变现状，中兴唐的政治，因而在学习过程中对儒家经典、诸子百家、历史典籍和现实情况就都比较注意。一大批既有学识和文才，又有政治见识和才能的人涌现出来。独孤及在《顿丘李公墓志》中一面大谈开元中闻达之路惟文章，同时又说，"论者谓公以文学政事，取公器如拾芥"。③重新把文学政事并提。权德舆在《送邱颖应制举序》中也写道："而子之世，父冠貂蝉，叔父冠惠文，皆以清词重当世，则文学政事，子之家法。"④文学、政事的统一，被作为理想政治家的标准，更加鲜明地提了出来。文坛上的这种变化，深刻地影响到进士录取标准的进一步改变。

德宗初年，藩镇连兵，连续五年的动乱，在政治、思想等各个方面引起了极大的震动，更有力地推动了进士录取标准的变化。贞元元年（785），政局初步稳定，陆贽在所起草的《冬至大礼大赦制》中提出："致理之本，在乎审官，审官之由，资乎选士，将务选士之道，必精养士之方。魏晋以还，浇风未革，国庠乡校，唯尚浮华，选部礼闱，不稽实行。学非为己，官必徇人，法且非精，弊将安救？宜令百僚详思所宜，各修议状，送中书门下参较得失，择善而行。"⑤此制一扫文学、政事分离的观念，把科举、铨选和养士、选士、审官联系起来，并将之归结为致治之本。这反映了科举在选举中地位的巨大变化，科举已开始成为各级官吏，特别是高级官吏的重要来源。

———————————

① 《柳河东集》卷三四《答韦中立论师道书》。

② 《白香山集》卷二八《与元九书》。

③ 《毗陵集》卷一一。

④ 《权载之文集》卷三九。

⑤ 《陆宣公制诰续集》卷二。

约略与此同时,洋州刺史赵匡、礼部员外郎沈既济也就选举问题上了议状。赵匡在议状中极力反对以诗赋作为进士录取的标准。他指出:"进士者,时共贵之,主司褒贬,实在诗赋,务求巧丽,以此为贤,不唯无益于用,实亦妨其正习;不唯挠其淳和,实又长其佻思。……故士林鲜体国之论。"沈既济也认为,"今礼部、吏部,一以文词贯之,则人斯远矣"。① 李栖筠"病有司诗赋取士,非化成之道,著《贡举论》"。② 杜佑在《通典·选举典》中总结历代选举制度后也评论说:"文词取士,是审才之末者。"这些议论都强烈要求改变进士录取的标准。

　　陆贽起草的制诏和赵匡等人的议论,为进士录取标准的变化做了理论上、政策上和舆论上的准备。此后一个时期内,掌贡举者基本上也是顺着这一个方向行事的。

　　贞元四五年,刘太真掌贡举,虽然因为他把"宰执姻族、方镇子弟,先收擢之"③而大招物议并被贬,但他也确实选拔了一批政治人才,其中有十余人做到郎官、刺史以上的高官,④裴度并成为一代名相。在要求变革之风日益强烈的情况下,大历中年以后,就有一批兼有政事和文学的文士进士及第。贞元初数量上大幅度的增加,虽然还说不上是有意识的改革,但也是录取标准有所变化的反映。

　　贞元八年,陆贽知贡举。梁肃、崔元翰向他"推荐艺实之士。升第之日,虽众望不惬,然一岁选士才十四五,数年之内,居台省清近者十余人"。⑤ 其中有韩愈、李观、冯宿、许季同等知名人士,以及后来做到宰相的李绛、崔群、王涯,故时称"龙虎榜"。⑥ 一榜而录取了这么多具有真才实学的艺实之士,而竟然"众望不惬",说明梁肃推荐和陆贽录取

①　《通典》卷八《选举六·杂议论下》。

②　《权载之文集》卷三三《赞皇文献公李公文集序》。

③　《旧唐书》卷一三七《刘太真传》。

④　《全唐文》卷五三八裴度《刘府君神道碑并序》。

⑤　《旧唐书》卷一三九《陆贽传》。

⑥　《新唐书》卷二〇三《欧阳詹传》。

时的标准,与当时一般人的观念已有了很大的差距。陆贽是把他在《冬至大礼大赦制》中的主张付诸实践,为"致治"而选拔人才。但这种有意识地改变录取标准的情况,在此后几年中似乎没有继续下去。贞元十二年,李程应进士举,试《日五色赋》,杨於陵看到赋稿后,谓程曰:"公今需作状元。"第二天杂文榜落,杨大为不平,把赋稿拿给知贡举的吕渭看。吕看后也认为,当今场中,若有此赋,"即非状元不可"。① 还是把诗赋好坏,作为主要标准。

直到贞元十五年至十七年,中书舍人高郢知贡举,情况才又发生重大变化。《旧唐书》卷一四七《高郢传》说他"志在经艺,专考程试,凡掌贡部三岁,进幽独,抑浮华,朋滥之风,翕然一变"。元稹在《白氏长庆集序》中也说:"贞元末,进士尚驰竞,不尚文,就中六籍尤摈落。礼部侍郎高郢始用经艺为进退,乐天一举擢上第。"②《白香山集》记载了贞元十六年礼部试进士的策问题五道,③所问虽为时务或方略,但多加进了儒家经典中与之相关的内容,确是以经艺作为中心。而更重要的是,高郢不仅以经艺作为策问的中心,而且"始用经艺为进退",即以经艺水平作为录取的主要标准。这里包含着两个重要的变化。一是明确以对策而不是以诗赋作为取士的主要标准,这是回到了开元中年以前的情况。二是明确以策文的内容而不是以词华来作为衡量策文好坏的标准,这又与开元中年以前的情况有很大的不同。从贞观到开元的百余年间,大部分时间都是以词华作为策文好坏标准的。因此,从形式来看,以经艺为进退,是回到了开元中年以前;而从内容来看,则发生了巨大的变化,尽管这个变化在当时尚未为人们所充分认识。

贞元十八年至二十一年,权德舆掌贡举,继续沿着陆贽、高郢所开辟的道路前进。他在答柳冕书中谈到当时"礼部求才,犹以为仁由己,

---

① 《唐摭言》卷八《已落重收》。
② 《元稹集》卷五一。
③ 《白香山集》卷三〇《礼部试策五道》。

然亦沿于时风，岂能自振"。指出前一阶段的掌贡举者"为仁由己"，已经有不少人进行过各种改革的尝试，但"沿于时风"，或受习惯思想的束缚，或受社会风气的影响，很少有大的作为。他谈到自己"尝读刘秩祭酒上疏云：'太学设官，职在造士。士不知方，时无贤才，臣之罪也。'每读至此，心尝慕之"。"况以蒙劣，辱当仪曹，为时求人，岂敢容易。"①这表明权德舆是在认真总结科举得失的基础上，自觉地要扭转时风，进一步改变取士标准；"为时求人"，选拔出适合时代需要的人才。根据这样的要求，他所出策问，"是以半年以来，参考对策，不访名物，不征隐奥，求通理而已，求辨惑而已"。② 从现存贞元十八年、十九年、二十一年三年的进士策问来看，既考儒家经典，也考历史知识；既考对圣贤学说的理解，也考对现实政治、经济问题的见解，而重点则放在考试应举者的"通理"程度和"辨惑"水平。这对于那些"祖习绮靡，过于雕虫"，只擅于甲赋、律诗、俪偶对属者来说，不啻是一道难关；而对于那些博览经史，关心时事，不囿于传统的学者来说，则是一种福音。结果如权德舆自己所说，"习常而力不足者，则不能回复于此，故或得其人"。③

经过高郢、权德舆连续七年的努力，进士以对策好坏作为录取的主要标准，最后确定下来了。封演所云，"策问五道，旧例，三道为时务策，一道为方略，一道为征事。近者，方略之中或有异同，大抵非精博通赡之才，难以应乎兹选矣"，④大体上就是反映了这种变化。

这种情况，在宪宗元和年间继续下来。元和三年（808）卫次公"知礼部贡举，斥浮华，进贞实，不为时力所摇"。⑤ 七年，许孟荣"权知礼部

① 《权载之文集》卷四一《答柳福州书》。
② 同上。
③ 同上。
④ 《封氏闻见记校注》卷三《贡举》。
⑤ 《旧唐书》卷一五九《卫次公传》。

贡举,颇抑浮华,选择才艺"。① 八年、九年,韦贯之掌贡举,"所选士大抵抑浮华,先行实,由是趋竞者稍息"。② 这里所说的行实、才艺,指的是真才实学,浮华则主要是指文章浮艳。抑浮华而先行实,说明元和时期仍主要是以策文的内容来决定士子是否录取;但同时也说明,尚浮华作为一种"时力",仍然具有强大的影响。

穆宗长庆(821—824)以后,尚浮华还是务行实仍然是一个长期争论的问题。但这种争论,主要是围绕士子的学风进行的,没有人公开提出要恢复诗赋取士。事实上,长庆以后由于行卷和请托之风更盛,士子的声誉、达官的赏识和亲朋的关系,在录取时往往具有决定性影响,录取名单和发榜时的名次有时在考试前就已经拟定。③ 因此,尽管还维持着三场试的格局,但考试成绩在录取时并不一定起主要作用。

---

① 《旧唐书》卷一五四《许孟容传》。
② 《旧唐书》卷一五八《韦贯之传》。
③ 《唐摭言》卷八《通榜》、卷六《公荐》,《旧唐书》卷一四九《于休烈传附于琮传》。

第八章　科举在选举中地位的变化

第一节　进士科与高级官吏的选拔

一、进士在高级官员中比重的逐步提高

科举在唐初，只是士大夫获得出身资格即做官资格的几种途径之一。据徐松《登科记考》统计，从武德五年至显庆六年（622—661）的四十年间，进士及第的共 290 人。其间贞观时期每年平均录取 9 人；永徽、显庆年间（650—661）每年平均也只录取 14 人，只及显庆时每年入流总数一千四百人的百分之一。明经人数无考，从有关开元时明经和进士录取名额的记载看，[①]不会超出进士三四倍。当时能从科举入仕者，是微乎其微的。《唐摭言》卷一《散序进士》所云进士科"盛于贞观、永徽之际；缙绅虽位极人臣，不由进士者终不为美"，是不符合唐初的实际情况的。

在高宗以前，一般百姓特别是普通地主由于没有政治权势，经济上和文化上也缺乏基础，在科举中处于非常不利的地位，及第的很少，做到高官的更是寥寥无几。唐初科举及第，在高宗时做到宰相的 11 人中，明经擢第者 2 人，裴炎父大同，曾任洛交府折冲；[②]张文瓘叔父在隋为内史舍人，父虔雄为阳城令，二人均为中高级官吏子弟。进士及第的

---

① 《资治通鉴》卷二一三开元十七年三月丙辰记事；《通典》卷一五《选举三·历代制下》。
② 《新唐书》卷七一上《宰相世系表》裴氏洗马裴。

9人,其中许圉师父许绍唐初为硖州刺史封安陆郡公,来济父来护儿是隋的左翊卫大将军荣国公,上官仪父上官弘是隋的江都宫副监,郝处俊父郝相贵唐初为滁州刺史封甑山县公,四人均为隋末唐初的贵族高官子弟;李义琰、魏玄同二人为县令之子;①李义府其祖为县丞;真正寒士出身、父祖没有官位的,只有郭正一、高智周二人。②

在科举及第可能性很小的情况下,唐初一般百姓和地主子弟除了从流外入流,只有通过应募从军,以战功来获取官职和勋赏。像薛仁贵那样怀着"图功名以自显,富贵还乡"③的愿望应募从军的大有人在。贞观、显庆间一些地区甚至出现了"人人投募,争欲征行,乃有不用官物,请自办衣粮,投名义征"④的热烈景象。

经过唐初几十年的发展,地主经济发展起来了,一般富户和地主对于战争冒险事业已不感兴趣。杜佑在《通典·选举三》中说:"自高宗麟德(664—665)以后,承平既久,人康俗阜,求进者众,选人渐多。"这些通过各种途径已经入流的人,他们迫切要求获得官职并迅速升迁。那些没有获得出身资格的,除继续从流外入流,也纷纷参加科举考试。为适应这种情况,高宗总章(668—670)以后,进士录取名额有所扩大,每年平均录取 24 人,比高宗初年增加百分之七十。⑤

武则天统治时期,常举没有什么发展,进士录取人数平均每年 20人,还少于高宗时期。但她为了收揽人心,"鬻私惠于士,使感己而忘君父",⑥经常以自己的名义下令举行制科考试。从垂拱四年到大足二

---

① 《旧唐书》卷八五《张文瓘传》,卷五九《许绍传》,卷八〇《来济传》《上官仪传》,卷八四《郝处俊传》,卷八一《李义琰传》;《新唐书》卷七二中《宰相世系表》魏氏;《旧唐书》卷八二《李义府传》。

② 郭、高父祖在两唐书本传中均未提及,《新唐书·宰相世系表》亦未载他们父祖的官职。

③ 《新唐书》卷一一一《薛仁贵传》。

④ 《旧唐书》卷八四《刘仁轨传》。

⑤ 据徐松《登科记考》统计。

⑥ 王夫之《读通鉴论》卷二一中。

年(688—702)的15年间,有11年举行了制科考试。① 载初元年(690)武则天并亲自临试。制科考试对策,"高者特授以美官","起家或拜中书舍人、员外郎,次拾遗、补阙","其次与出身"。② 对于没有出身资格的一般士子,这是立获美官,至少是取得出身资格的一条便捷途径。开元名相姚崇、张说都是在这个时期以制科登第的。在职的官员通过制科也可以迅速升迁。这就大大刺激了一般士人参加制科举的积极性。永昌元年(689)举行贤良方正科考试,进士及第后时任青城县丞的张柬之,亦前往应举,同时对策者有一千余人。③

武则天大开制科,增加了科举入仕的人数。但比起杂色入流和门荫入仕来,科举入仕者在入流总数中仍然只占很小比重。但是,在高宗、武则天时期,高级官员中特别是宰相中明经、进士和制科等科举出身者的比重,却在不断上升。唐太宗时宰相中只有许敬宗1人为隋秀才,房玄龄、侯君集等2人为隋进士,其余26人皆不从科举出身。④ 高宗时宰相41人中,有隋秀才2人,唐初进士及第者9人,明经擢第者2人,科举出身者共13人,已达四分之一。⑤ 武则天临朝称制期间,宰相中科举出身的只有韦思谦以及在高宗末年即已为相的裴炎、郭正一、魏玄同等4人;但到武则天称帝期间(690—705),仅明经、进士出身者就激增到20人,占这个时期宰相总数的一半左右。⑥ 玄宗开元元年至二十二年期间(713—734)宰相共27人,其中进士及第的有魏知古、崔湜、郭元振、卢怀慎、源乾曜、宋璟、苏颋、张九龄等8人;制举登科的有刘幽求、陆象先、张说、姚崇、韩休等5人;明经及第的有韦安石、王晙、

---

① 《唐会要》卷七六《贡举中·制科举》;《登科记考》。

② 《通典·选举三·历代制下》;《封氏闻见记校注》卷三《制科》。

③ 《旧唐书》卷九一《张柬之传》;《大唐新语》卷六《举贤》。

④ 《唐会要》卷一《帝号上》"太宗"条;《旧唐书》卷八二《许敬宗传》,卷六六《房玄龄传》;《唐摭言》卷一《述进士上篇》。

⑤ 隋秀才为许敬宗、杜正伦(《旧唐书》卷七〇)。

⑥ 据两《唐书》有关各人列传。

杜暹、张嘉贞等 4 人;童子举裴耀卿 1 人。科举出身的宰相共 18 人,占这个时期宰相总数 27 人的三分之二,比重又有所增加。[①]

在武则天、玄宗时期科举出身的高级官员中,一般家庭出身的比重也上升了。武则天称帝期间,明经擢第的 10 个宰相中,狄仁杰、李昭德、姚璹、韦安石等 4 人为贵族高官子孙,陆元方、唐休璟、崔玄暐等 3 人为中下级官吏子,杨再思、格辅元、杜景俭等 3 人父祖无官。中下级官吏子孙和一般地主子弟的比重有所上升。而进士及第的 10 个宰相中,除宗楚客和李迥秀是高官贵族子弟外,李峤为县令子,娄师德、苏味道、周允元、吉顼、张柬之等 5 人都是平民出身,还有韦嗣立、韦承庆兄弟是父祖皆为县令的故相韦思谦之子,一般家庭和中下级官吏家庭出身的占了绝大多数。[②] 明经、进士出身的宰相 20 人中一般家庭子弟和中下级官吏子孙一共占了 14 人,这表明科举不仅正在日益成为高级官吏的主要来源,而且已经成为一般家庭和地主子弟通向高官的主要途径。

二、开元、天宝之际形势的逆转

开元、天宝时期(713—756),随着社会经济的发展,参加科举的人更多。杜佑说:"开元、天宝之中,一岁贡举,凡有数千。"[③]赵匡也说:"大率二十人中方收一人,故没齿而不登科者甚众。"[④]这些都是指经过州县和国子监选拔后送到尚书省参加课试的而言,在各地和国子监参加预选考试的人更多。开元十七年(729)国子祭酒杨玚上言说,仅国子监所属学生,每年应明经、进士举的即达千数,经过简试后送到吏部

---

① 《新唐书》卷六二《宰相表中》,两《唐书》各有关列传。

② 据两《唐书》有关各人列传。

③ 《通典》卷一八《选举六·杂议论下》评曰。

④ 《通典》卷一七《选举五·杂议论中》。

参加科举考试的,只有二三百人。① 天宝时进士及第的封演在所撰《封氏闻见记》卷三《贡举》中记载,"玄宗时,士子殷盛,每岁进士到省者常不减千人"。杜佑也说:"其进士,大抵千人,得第者百一二;明经倍之,得第者十一二。"②这是合国子监举送的生徒和乡贡而言。

在科举的各科中,神龙(705—707)、开元间进士科以文章作为录取主要标准。③ 由于最高统治集团对文学的重视,以及宰相和高级官吏中进士、制科出身者为多,因此受到人们特别的重视。一般士子都竞趋于进士科和制科。代宗、德宗时期还有许多回顾这方面情况的记载:

独孤及说:"开元中蛮夷来格,天下无事,搢绅闻达之路唯文章先。"④

梁肃说:开元中,"时海内和平,士有不由文学而进,谈者所耻"。⑤

权德舆说:"自开元、天宝间,万方砥平,仕进者以文讲业,无他蹊径。"⑥

杜佑说:"开元以后,四海晏清,士无贤不肖,耻不以文章达。"⑦

会昌时李德裕也回顾说:"臣祖(李栖筠)天宝末以仕进无他伎,勉强随计,一举登第。"⑧

这些议论,有的强调开元、天宝时期闻达之路唯文章,士人除了应

---

① 《全唐文》卷二九八杨玚《谏限约明经进士疏》:"伏闻承前之例,监司每年应举者,尝有千数;简试取其尤精,上者不过二、三百人。省司重试,但经明行修,即与擢第,不限其数。自数年以来,省司定限天下明经、进士及第每年不过百人,两监惟得一二十人。"《唐会要》卷七五《帖经条例》、《旧唐书·杨玚传》《通典·选举五·杂议论中》、《册府元龟》卷六三九《贡举部·条制一》"承前之例"后均略去"监司"二字,"尝有千数"后略去"简试取其尤精,上者不过二三百人",使文义全变。

② 《通典》卷一五《选举三·历代制下》。

③ 《唐摭言》卷一《试杂文》;《唐大诏令集》卷一〇六《条流明经进士诏》(永隆二年八月)。

④ 《毗陵集》卷一一《顿丘李公墓志》。

⑤ 《全唐文》卷五二〇梁肃《李公(史鱼)墓志铭》。

⑥ 《权载之文集》卷一七《王公(端)神道碑铭并序》。

⑦ 《通典》卷一五《选举三·历代制下》。

⑧ 《旧唐书》卷一八《武宗纪》。

进士举和制科举,没有其他的出路;有的则强调说明当时士人耻不由文学而进。前者是仕进的途径问题,后者则是社会风气问题,两者都是唐朝前期社会经济、思想文化和当时政治形势发展的产物。沈既济相当形象地描述了当时的情况:

> 开元、天宝之中……家给户足,人无若癙,四夷来同,海内晏然。虽有宏猷上略无所措,奇谋雄武无所奋。百余年间,生育长养,不知金鼓之声、烽燧之光,以至于老。故太平君子,唯门调户选,征文射策,以取禄位。此行己立身之美者也。父教其子,兄教其弟,无所易业,大者登台阁,小者仕郡县,资身奉家,各得其足,五尺童子耻不言文墨焉。是以进士为士林华选,四方观听,希其风采。每岁得第之人,不浃辰而周闻天下。①

进士科开始深深地根植于一般地主的土壤之中,并被一般地主士人视为入仕和闻达的主要途径。

但是,事实上进士科作为"出仕之唯一正途",直到玄宗时期,其势尚未凝定。② 不仅开元时期及第的进士登台阁、做高官的比重有所下降,而且在开元二十四年(736),张九龄反对起用河湟使典出身的牛仙客遭到玄宗拒绝以后,以门荫入仕的李林甫和从流外入流的牛仙客为首的一些人,很快就取代了以张九龄为首的一批科举出身的文学之士在最高统治机构中的地位。张九龄、严挺之遭到贬逐。李史鱼那样由制举释褐的监察御史,也受到排斥。③ 从开元二十四年到天宝十一载

---

① 《通典》卷一五《选举三·历代制下》。

② 陈寅恪先生在《唐代政治史述论稿》上篇《统治阶级之氏族及其升降》中说:"进士之科虽设于隋代,而其特见尊重,以为全国人民出仕之唯一正途,实始于唐高宗之代,即武曌专政之时。及至玄宗,其局势遂成凝定,迄于后代,因而不改。"陈先生的论断深刻地指出了进士科发展的趋势,为我们指明了研究这个问题的方向。但进士科成为出仕之唯一正途及其凝定的时间,则比陈先生论断的时间要稍后一些。

③ 《资治通鉴》卷二一四"玄宗开元二十四年冬十月朔方节度使牛仙客"条;《旧唐书》卷一〇六《李林甫传》;梁肃《李公(史鱼)墓志铭》。

（736—752）李林甫专权的十五年间，宰相李林甫、牛仙客、李适之和陈希烈四人中，无一人由科举出身。在杨国忠专权的四年里，宰相中也只有韦见素一人为科举出身。①

这种情况，从客观来说，一是尽管宰相中门荫入仕的比例逐步减少，但直到玄宗时期，门资入仕仍是高官的主要来源之一。开元宰相中就有窦怀贞、岑羲、萧至忠、李元纮、萧嵩、宇文融、裴光庭、李林甫等八人是以门荫入仕的。② 玄宗虽然对科举、流外入流和门资出身的人都加以重用，但在张九龄反对重用牛仙客时，玄宗反问张九龄："卿以仙客无门籍耶！卿有何门阀？"③也仍然认为只有门荫才是出身的正途。门荫在社会上仍然有相当大的影响；门荫入仕者在政治上也仍然有相当大的力量。为争夺权位，门资入仕的高级官吏和科举出身的高级官吏展开了激烈的斗争。

二是尽管在宰相和高级官员中科举出身者大大增加，但在中下级官员中科举出身的仍然只占很小比重，流外入流仍然是各级官吏的主要来源。开元二十一年，官自三师以下共一万七千六百八十六员。④ 这些官员如果全部由科举及第者来补充，按照高宗时刘祥道所说的在职官员"三十年而略尽"⑤计算，每年约需六百人。而从神龙元年到开元二十九年（705—741）的 37 年间，进士及第者总共不超过 900 人，平均每年只有 24 人。明经及第人数，如按开元十七年"省司奏，限天下明经、进士及第，每年不过百人"⑥推算，每年不过百人左右。明经、进士两者相加，最多也只能满足所需人数的四分之一。因此，各级官吏主要仍需由流外入流

---

① 《新唐书》卷六二《宰相表中》；旧、新《唐书》各有关人列传。
② 据《新唐书·宰相表中》及《旧唐书》以上各人列传。
③ 《旧唐书·李林甫传》。
④ 《资治通鉴》卷二一三"玄宗开元二十一年夏六月癸亥制"条。
⑤ 《唐会要》卷七四《论选事》；《旧唐书》卷八一《刘祥道传》。
⑥ 《资治通鉴》卷二一三"玄宗开元十七年三月丙辰"条。

者补充。开元中流外入仕和诸色出身每年达二千余人。① 尽管他们中的少数人可以通过担任赤县录事进入清流,②一些人如郭知运、王君㚟、张守珪还以战功得到了破格的提拔。但总的来说,在科举制不断发展的情况下,他们升迁是更加困难了。当时有出身二十余年而不获禄者;③仕者也是"非累资序,积劳考,二十许年不离一尉"。④ 开元二十一年六月二十八日诏云:"顷者有司限数,及拘守循资,遂令铨衡不得拣拔天下贤俊。屈滞颇多。凡人三十始可出身,四十乃得从事,更造格限,分品为差,若如所制之文,六十尚不离一尉。有材能者,始得如此,稍敦朴者,遂以终身。"这虽然是针对实行循资格取士而言,但由于循资格后来继续实行,因此诏中所云"六十尚不离一尉"还是相当普遍的情况。⑤ 在这样的情势下,流外出身者们对于科举出身者步步进逼,扩大阵地,夺却他们赖以迅速升迁的清紧职位;⑥对于进士、制科出身的高级官员反对提拔流外入流的军政官吏都极感不满。《封氏闻见记》卷三《铨曹》记载:"开元中,河东薛据自恃才名,于吏部参选,请授万年县录事。吏曹不敢注,以咨执政。将许之矣,诸流外共见宰相,诉云:'醖署丞等三官皆流外之职,已被士人夺却,惟有赤县录事是某等清要。今又被进士人欲夺,则某等一色之人,无措手足矣。'于是遂罢。"从诸流外共见宰相,于是遂罢来看,在中枢机关中他们已经成为一支不可忽视的力量。在当时文学进士出身的高级官吏和门荫入仕的贵族官僚之间的斗争中,流外入流的官吏站到门荫入仕的贵族官僚一边是很自然的。⑦

---

① 《全唐文》卷二九八杨玚《谏限约明经进士疏》。

② 《封氏闻见记校注》卷三《铨曹》。

③ 《通典》卷一五《选举三·历代制下》。

④ 《元次山集》卷七《问进士(永泰二通州问)·第二》

⑤ 《唐会要》卷七四《吏曹条例》。

⑥ 《封氏闻见记校注》卷三《铨曹》。

⑦ 《资治通鉴》卷二一四有关条;《旧唐书》各有关人列传。

从进士科本身来说,也有它内在的弱点。在以文章取士的影响下,开元时期应进士举者"以声律为学,多昧古今";"六经则未尝开卷,三史则皆同挂壁"。[1] 他们对儒家经典和诸子百家不进行学习,历史知识也很贫乏;对时事没有真切的了解,对政事更是缺少经验。因此,开元时期进士及第的文士,和他们在武则天时期以文章达的先辈相比,虽然都会赋诗作文,但在才能和素质上是大不相同的。这就不能不严重地影响到他们的仕途。从武则天长安三年(703)即张九龄进士及第后的第二年,到玄宗开元二十一年(733)李林甫开始作相的 30 年间,及第进士共 874 人,平均每年及第 29 人,超过高宗、武则天时期平均每年 20 人的水平。[2] 但在这近九百名进士中,徐松在《登科记考》中考出者仅六十余人,其中知名人士大抵皆为文士,如王维、王翰、崔颢、祖咏、储光羲、王昌龄等。他们之中虽然也有一些人做到高官,但是没有出现一个卓有才能的政治家,做到宰相的也只有苗晋卿一人。进士科从以文章取士发展到以诗赋取士,更进一步造成了士人文学和政事的分离。[3] 进士出身的官员不仅比较普遍地缺乏经史知识,只会写诗或起草诏敕,而且缺乏实际政治才能,不能根据实际情况去解决唐王朝所面临的各种政治经济问题。这也是他们在斗争中不能压倒门荫入仕和流外入流的官僚,而在政治舞台上暂时屈居下风的重要原因。

至于明经,所试既为当时统治者所不重视的儒家经典,考试时又必取年头月尾,孤经绝句,这就造成了"明经以帖诵为功,罕穷旨趣"。[4] 他们只会死记硬背,更加缺乏学识和政治才能。因此,在开元时期明经在最高统治机构中的地位就开始下降了。开元时宰相中明经出身的只有韦安石、王晙、杜暹等 3 人,加上五经举及第的张嘉贞,也只有 4

① 《唐会要》卷七五《帖经条例》开元二十五年十月敕;《旧唐书》卷一一九《杨绾传》。
② 据《登科记考》统计。
③ 《唐会要》卷七五《选部下·杂处置》天宝九载三月十三日敕。
④ 《唐会要》卷七五《帖经条例》《明经》。

人，①大大低于武则天时期11人的水平。安史乱后，情况更糟。肃宗、代宗时宰相中无明经出身者；德、顺、宪、穆、敬、文几朝，宰相中明经擢第的分别为3、1、2、0、0、1人，合10人次，而实际人数为7人；②武宗、宣宗时更是一个没有。明经从玄宗时起在政治舞台上一蹶不振，终唐没有变化。

三、进士科成为高级官吏的主要来源

进士出身的官员在最高统治机构中比重和地位的下降虽也经历了相当长的时间，但终究是暂时性的。

安史之乱以后，肃宗时宰相16人中，进士4人，制科2人，还只占三分之一强。而到代宗时宰相12人中进士4人，制科3人，超过了半数。③ 代宗末年，常衮甚至还排斥其他出身者，"非以辞赋登科者莫得进用"。④ 这种情况和武则天时期科举出身的大臣中明经占有很大比重不同，而与玄宗开元时进士、制科出身者占居多数相似，说明经过二十多年的曲折以后，进士、制科出身者在朝廷中的地位，又迅速回升了。

德宗时，宰相35人中，进士出身者12人，制科无一人，进士又屈居

---

① 《新唐书·宰相表》；《旧唐书》有关各人列传。

② 明经出身的宰相德宗时为董晋、贾耽、卢迈；顺宗时为贾耽；宪宗时为贾耽、程异；穆宗时为元稹；文宗时为路随。据《旧唐书》《新唐书》各有关列传。《旧唐书·窦易直传》云易直"举明经"。唯《全唐文》卷七六一褚藏言《窦牟传》及《因话录》卷六《羽部》皆言窦易直举进士及第，按《因话录》作者赵璘自云"开成三年，余忝列第"，故与窦易直为同一时代之人，所记当为可信。故统计时未列入。

③ 肃宗时宰相16人，其中进士出身者4人：韦见素、苗晋卿、吕諲、李揆；制科擢第2人：崔圆、元载。代宗时宰相12人，其中进士出身者4人：常衮、杨绾、杜鸿渐、苗晋卿；制科擢第2人：王缙、元载；神童举1人：刘晏。据《旧唐书》各人本传，并参《唐会要》卷一《帝号上》及《新唐书》各人本传。

④ 《旧唐书》卷一一九《崔祐甫传》《常衮传》。

少数。① 但正是在德宗时期，发生了几个使进士科一跃而成为宰相和高级官吏主要来源的重要变化：

首先是以才学作为选任高级官吏主要标准的原则确定下来了。唐朝从开国以来，才学始终是选用大臣的一项重要标准。唐太宗在贞观二年曾对侍臣说："今所任用，必须以德行学识为本。"②贞观名臣魏徵、杜如晦以及其他大臣即多为隋代成长起来的有学识之士。他们虽然没有科举出身的资格，但大多"好谈文史"，③"好读书，多所通涉"，④具有相当高的经史知识和学识水平。高宗时宰相和大臣中真正起作用的，也多为既有学识又有政治军事才能的大臣。⑤

但是，勋亲要官子弟依靠门荫入仕，窃居高官的情况，在太宗、高宗、武则天到中宗时期，还是经常出现的。高宗时吏部侍郎魏玄同指出："今贵戚子弟，例早求官，髫龀之年，已腰银艾，或童丱之岁，已袭朱紫。弘文、崇贤之生，千牛、辇脚之类，课试既浅，艺能亦薄，而门阀有素，资望自高。"⑥中宗时，萧至忠进一步指出："臣窃见宰相及近侍要官

---

① 德宗时宰相 35 人，其中进士出身者 13 人：崔祐甫、常衮、关播、乔琳、刘从一、姜公辅、柳浑、陆贽、崔损、赵宗儒、郑余庆、高郢、齐映；明经或两经及第的 3 人：董晋、贾耽、卢迈。据《旧唐书》各人本传，并参《唐会要》卷一《帝号上》及《新唐书》各人本传。

② 《贞观政要》卷七《崇儒学》。

③ 《旧唐书》卷六六《杜如晦传》。

④ 《旧唐书》卷七一《魏徵传》。

⑤ 高宗各个时期的宰相，早期的如褚遂良"博涉文史"，韩瑗"博学有吏才"，来济"笃志好学，有文词，善谈论，尤晓时务，举进士"（以上见《旧唐书》卷八〇）；武则天被立为皇后以后的如许敬宗、李义府皆"善属文"（《旧唐书》卷八二）；中后期的上官仪"兼涉猎经史；善属文"（《旧唐书》卷八〇），卢承庆"博学有才干"，李敬玄"博览群书……及敬玄掌选，天下称其能"，李义琰"少举进士"（以上见《旧唐书》卷八一），郝处俊"好读汉书，略能暗诵"，刘仁轨"博涉文史"，出将入相（《旧唐书》卷八四）。此外裴行俭虽未至宰相，但也因其"文武兼资"而受到高宗的重视。

⑥ 《旧唐书》卷八七《魏玄同传》。

子弟,多居美爵,此并势要亲戚,罕有才艺,递相嘱托,虚践官荣。"①门第在高级官吏的选用上,仍然起着重要的作用。

到玄宗时期,由于士族地主和唐初的功臣贵戚集团均已衰落,刚爬上来的新贵政治地位尚不稳定,门第失去了政治上和经济上的依托。因此,正如姚崇所云,"诸达官身亡以后,子孙既失覆荫,多至贫寒"。②父祖的官爵和家庭出身已经不能成为高官子弟世袭高位的可靠保证。在这种情况下,新官旧贵虽仍通过门荫使子弟迅速占居高位,但同时也有一些大臣看到形势的这种变化,注意按才学的标准来培养自己的子弟。德宗时以门荫入仕的 10 个宰相中,李勉"幼勤经史",韩滉"少贞介好学",还是一个颇有名气的画家,萧复"习学不倦,非词人儒士不与之游",张延赏"博涉经史,达于政事",刘滋"有经学,善持论",窦参"习法令,通政术",张镒是个经学家,著有《五经微旨》《孟子音义》,杨炎文藻雄丽,善为德音,是个文学家,还是一个颇具革新精神的政治家,在中国封建赋税制度史上具有划时代意义的两税法就是他主持制定的,杜佑"性嗜学,该涉古今,以富国安人之术为己任",撰有《通典》二百卷,是一位很有成就的史学家。③ 从出身途径看,他们都不由进士科,但从素养来看,他们或"博通经史",或富有文才,都具有较高的学识水平和一定的政治才干,则与进士科的要求相一致。这也说明在安史乱后,门荫虽然仍是入仕的一个途径,但是那些只靠父祖官爵而本身毫无才能的子弟,经过安史之乱,被淘汰了;而那些有才学的则继占官荣。门第的高低和官位的高低已经不发生必然联系。有门第还必须有才学才能担任高级官吏,仅有门第而无才学虽可以父祖荫而入仕,但在贞元前后一般是担任不了高官要职的。才学既已成为选拔高级官吏的主要标准,那么,把科举考试作为选拔候补高级官吏的主要方式

① 《旧唐书》卷九二《萧至忠传》。

② 《旧唐书》卷九六《姚崇传》。

③ 据《旧唐书》有关各人本传。

的条件也就成熟了。

其次是安史乱后随着一般地主的继续发展,中小地主和中下层官僚子弟念书的增多了。其间出现了许多苦读的人物。窦易直幼时家贫,受业村学;[①]王播寄食僧寺,留下了饭后钟的佳话。[②] 在贞元前后涌现出了更多的士子。时代的驱使和本人的苦读努力,使他们的思想境界和文化素养都进一步提高了。诗歌创作经过初唐和盛唐时期许多诗人的努力,已经蔚为风气,有许多佳作可资借鉴,还有《诗格》一类著作可供参考。[③] 因此,在杂文方面,他们已可不必像他们的前辈那样花费大部分精力。古文运动的逐步展开和骈体文的逐步衰落,也把士子从形式主义中解放出来。他们中的不少人在勤苦学文的同时,也都像韩愈那样,"前古之兴亡,未尝不经于心也;当世之得失,未尝不留于意也"。[④] 他们的知识不像开元时大多数应举者那样空疏,他们的才能也不仅限于诗赋文章;他们能适应形势的要求,有能力去解决唐王朝面临的各项政治经济和军事方面的问题。这样,在应举者中就有一批比较熟悉经史,注意揣摩当代时事,潜心研究经世治国方略的人才。

最后是进士科考试的内容和录取标准也在逐步发生变化。代宗、德宗时期(762—805),社会经济逐步恢复,唐王朝的政治经济力量不断加强,地主士大夫,特别是地主阶级的中下层迫切要求革新政治,恢复开元、天宝时统一和强盛的局面,中兴唐的统治。这些都深刻地影响了进士考试的内容和录取的标准。考试项目虽然并没有变化,但是策问的重要性提高了;策问的内容也一变开元时"所问既不切于时宜,所

---

① 《因话录》卷六《羽部》。

② 《唐摭言》卷七《起自寒苦》。

③ 《新唐书》卷六〇《艺文志》文史类:"李嗣真《诗品》一卷,元兢、宋约《诗格》一卷,王昌龄《诗格》二卷,昼公《诗式》五卷,《诗评》三卷(僧皎然),王起《大中新行诗格》一卷,姚合《诗例》一卷,贾岛《诗格》一卷。"参阅郭绍虞《中国文学批评史》三二《司空图诗品》;傅璇琮《唐代诗人丛考·王昌龄事迹考略》九。

④ 《韩昌黎集》卷一八《与凤翔邢尚书书》。

对亦何关于政事"①的情况,而是像广德元年(763)杨绾所建议的那样,"其策皆问古今理体及当时要务,取堪行用者"。② 从现在流传下来的少数策问,如元结永泰二年(766)在道州所出《问进士》五道,③以及《文苑英华》所载韩愈、白居易、权德舆和礼部所出的进士策问,④其内容都是既涉及历来的统治理论和历史知识,又涉及藩镇割据、生产恢复、钱重货轻、选举不当等当时重大的政治经济问题,要求举子分析问题产生的原因,提出解决的方略。在录取时,许多掌贡举的官吏也多注意"进幽独,抑浮华",选拔"艺实之士"。⑤ 元和中,卫次公、许孟容、韦贯之等先后知贡举,也都是务取真才实学的主考官。进士科本身的这些变化,也保证了从进士科中有可能选拔出比较合乎当时需要的人才。

正是在上述变化的基础上,在贞元、元和之际强大的改革浪潮的推动下,一大批经世治国之才通过进士科被选拔出来,并且很快进入最高统治机构,担任各项重要官职。下面是贞元时期的部分记录:

贞元二年(786),进士及第的27人中,官至五品以上的,据初步考察即有7人。其中窦易直、李夷简二人做到宰相,张正甫做到尚书,张贾曾为侍郎,窦牟、张署曾为刺史,刘辟亦官至支度副使。⑥

贞元四、五年刘太真掌贡举时放进士67人,到元和八、九年(813、814)裴度作中书舍人时,其门生任朝廷清要者7人,在藩牧者7人,其中9人已官至五品以上。裴度后来位至宰相。⑦

贞元七年杜黄裳掌贡举,令狐楚、萧俛、皇甫镈等同年登进士第,元

---

① 《唐大诏令集》卷一〇六《处分举人敕》(开元九年)。

② 《旧唐书》卷一一九《杨绾传》。

③ 《元次山集》卷九。

④ 《文苑英华》卷四七四、卷四七五。

⑤ 《旧唐书》卷一四七《高郢传》,卷一三九《陆贽传》。

⑥ 《登科记考》卷一二,《全唐文》卷七六一褚藏言《窦牟传》;《旧唐书》卷一六二《张正甫传》,卷一四〇《韦皋传附刘辟传》;《韩昌黎集》卷三〇《唐故河南令张君墓志铭》。

⑦ 《全唐文》卷五三八裴度《刘府君神道碑铭并序》;《旧唐书》卷一七〇《裴度传》。

和九年俱入翰林充学士,在元和末先后都位至宰相。①

贞元八年陆贽知贡举,录取进士 23 人。"数年之内,居台省清近者十余人"。② 到元和十年,王涯、韩愈、崔群、许季同等均位至五品以上,王涯和崔群并于元和末做到宰相。③

贞元九年及第的进士中,有柳宗元、刘禹锡等著名人物。元稹也于此年明经擢第。④

贞元十年的进士中,王播、李逢吉二人做到宰相。⑤

贞元十八年至二十一年,权德舆掌贡举,擢进士第者七十有余,其中"登辅相之位者,前后凡十人,其他征镇岳牧文昌掖垣之选,不可悉数"。⑥ 活跃于宪宗到文宗时期(806—840)政治舞台上的李宗闵、牛僧孺、杨嗣复、杜元颖都是他的贡举门生。⑦

随着及第进士大量进入中高级官吏行列,中高级官吏中进士出身者的比重迅速增加。李奕在贞元七年(791)春三月所作《登科记序》中写道:

> 后至玄宗开元二十五年,重难其事,更命春官小宗伯主之,而业文志学之士劝矣。于是献艺输能,擅场中的者,榜第揭出,万人观之,未浃旬而名达四方矣。近者佐使外藩,司言中禁,弹冠宪府,起草粉闱,由此与能,十恒七八。至于能登台阶参密命者,亦繁有徒,所谓选才授爵之高科,求仕滥觞之捷径也,不其然欤!⑧

---

① 《旧唐书》卷一七二《令狐楚传》《萧俛传》;《登科记考》卷一二。

② 《旧唐书》卷一三九《陆贽传》;《登科记考》卷一三。

③ 《韩昌黎集》卷二二《祭虞部张员外文》注引晁本;《旧唐书》卷一六九《王涯传》、卷一五八《崔群传》。

④ 《登科记考》卷一三。

⑤ 《旧唐书》卷一六四《王播传》,卷一六七《李逢吉传》。

⑥ 《全唐文》卷六一一杨嗣复《权德舆文集序》。

⑦ 《旧唐书》卷一七六《杨嗣复传》,卷一六三《杜元颖传》。

⑧ 《全唐文》卷五三六。

李奕说的是开元、天宝之际到贞元初的情况。到贞元（785—805）、元和（806—820）之际，封演在《封氏闻见记》卷三《贡举》中写道："故当代以进士登科为登龙门，解褐多拜清紧，十数年间，拟迹庙堂。"同时期的李肇在《唐国史补》卷下也写道："进士为时所尚久矣。是故俊乂实集其中，由此出者，终身为闻人。……故位极人臣，常十有二三，登显列十有六七。"情况有了进一步的变化。元和八年进士及第的舒元舆，在他及第后不久所写的《上论贡士书》中指出：

> 臣伏见国朝开进士一门，苟有登升者，皆资之为宰相、公侯、卿大夫，则此门固不轻矣！①

正是在贞元、元和之际这个时期，大部分高级官员开始由进士出身者担任，进士科成为高级官吏的主要来源。

最高层的宰相。顺宗（805 年在位）时宰相 7 人，科举出身者 5 人，进士有其三，②进士在宰相中仍居于少数地位。直到宪宗（806—820 年在位）时，宰相 29 人中，进士出身者达 17 人，进士才第一次在宰相中占据多数。这种情况在宪宗后继续发展：③

表 8-1　宪宗及以后各朝宰相出身情况表

朝代	宪宗	穆宗	敬宗	文宗	武宗	宣宗	懿宗
宰相总数	29	14	7	24	15	23	21
进士出身者	17	9	7	19	12	20	20

进士在宰相中占据了绝对优势，终唐没有再发生变化。

左右仆射和六部尚书，在德宗以前，除玄宗前期六部尚书中进士出身者占比曾高达 42% 以外，其他时期从未超过 21%。顺宗以后才

---

① 《全唐文》卷七二七。

② 顺宗时进士出身的宰相有高郢、韦执谊、杜黄裳，制科出身的有郑珣瑜，明经出身的有贾耽，参《旧唐书》各人本传，参《唐会要》卷一《帝号》。

③ 名单见本节附录。

不断上升。顺宗至武宗期间(805—846),左右仆射共30人,其中进士21人,占70%;六部尚书共135人,其中进士73人,占54%,都超过了半数。此后比重更大。仆射为从二品,尚书为正三品,唐后期多用做加官。但能获得这种加官荣誉的都是原来中央或地方的重要大员。他们中的进士出身者和宰相一样,同时在宪宗时占据多数,说明高级官吏的进士化,首先是在三品以上亲贵和政府的最高层官员中实现的。

至于其他高级官吏和少部分中级官吏,从两《唐书》有传者的情况来看,德宗以前,进士出身者所占比重最多时已超过20%。顺宗至武宗时650人中进士出身者301人,占46%,宣宗至哀帝时(847—907)414人中进士出身者221人,占53%,[①]也占据了多数,只是比最上层晚了一段时间。

经过从宪宗到文宗时(806—840)几十年的发展,从进士出身的官员中选拔宰相和高级官吏,已经成为朝廷选官的一项基本原则。开成元年(836)"十月,中书门下奏:朝廷设文学之科,以求髦俊,台阁清选,莫不由兹"。[②] 乾符二年(875)正月敕:"进士策名,向来所重,由此从官,第一出身。"[③]进士科稳定地成为高级官吏的主要来源,地主士大夫入仕的唯一正途。

宰相和朝廷大臣主要由进士出身的担任,进士科成为高级官僚的主要来源,这不论在唐代职官制度和选举制度上,还是在中国古代的职官制度史和选举制度史上,都具有划时代的意义。

就唐代而言,这是一个科举出身的官吏不断取代门荫入仕的功臣贵戚子弟的过程,也是官僚队伍学识文化水平不断提高的过程。而伴

---

① 顺宗以后左右仆射、六部尚书和其他官员各时期总数和其中进士数,据卓遵宏《唐代进士与政治》表三一。台北,编译馆,1987年。

② 《唐会要》卷七六《进士》。

③ 《唐大诏令集》卷一〇六《釐革新及第进士宴会敕》。

随着这个过程的则是唐初功臣贵戚集团的衰落和建立在租佃制基础上的一般地主经济的发展。

就整个封建社会的职官制度和选举制度来说,由于各级官吏特别是高级官吏通过科举来进行选拔,地主阶级各阶层人士都可以怀牒自列于州县,报名参加考试,这就使他们有可能通过科举进入最高统治机构,从而打破了两汉以来由地主阶级中某一集团、某些家族世代垄断政权,独占高位的局面。尽管唐代后期高官新贵曾利用进士科作为他们世任高官的工具,但这也只是一种暂时性的现象,是封建社会后期土地所有制尚未最后成熟的反映,也是封建社会前期的某些残余特别是门第观念和门阀制度起作用的结果。随着封建社会后期一般地主土地所有制的成熟,封建土地所有权的转移不断加速,任何地主都不可能世代保有其土地。地主官僚既不能长期保有其经济地位,因而也不可能世代传袭其政治地位。唐和以后的朝代始终保有门荫制度,但只能使高官子孙进入仕途或暂居高位而不能使子孙世袭高位。一般高官均由进士出身。

隋承北魏末年及北齐之遗习,悉废汉以来州郡辟署僚佐之制,改归吏部铨授。因此,各级官吏通过考试选任,唐初已然。但是高官子弟"课试既浅,艺能亦薄";[1]流外入流的考试也不同于科举,对文化水平的要求不是很高的。而唐后期把进士科作为选拔高级官员的主要来源,说明对高级官员的学识文化水平的要求提高了。宋以后中下级官吏一般也由科举出身,则说明对整个官僚队伍的学识文化水平比唐以前大大提高了一步。这是社会政治经济发展的需要,也是整个社会和地主阶级文化水平提高的结果。

通过科举考试选拔官吏,还便于从下层吸收优秀人才参加各级统治机构。这不仅可以使官僚队伍保持一定的活力,提高统治效能,而且有利于缓和地主阶级上下层之间乃至与普通民众的矛盾。这对于笼络下层士大夫,牢笼天下英才,具有极为重要的作用。唐末士大夫参加农

---

[1] 《旧唐书》卷八七《魏玄同传》。

民起义军者远不如隋末之多,有各种原因,而科举制的实行,不能不是一个重要的因素。唐末光化三年(900)进士及第的王定保在其所撰《唐摭言·散序进士》中议论进士科时说:"其负倜傥之才,变通之术,苏、张之辨说,荆、聂之胆气,仲、由之武勇,子房之筹画,弘羊之书计,方朔之诙谐,咸以是而晦之。修身慎行,虽处子之不若;其有老死于文场者,亦无所恨。故有诗云:'太宗皇帝真长策,赚得英雄尽白头!'"他的议论是很深刻的。这一点唐太宗及后来的唐朝统治者虽然并没有充分意识到,但是五代和以后各朝的统治者却都十分注意利用科举制来控制地主士大夫,调节地主阶级内部各阶层之间的关系。

附录:宪宗至懿宗时期进士出身宰相名单

宪宗时进士出身的宰相有韦执谊、杜黄裳、郑余庆、郑絪、武元衡、裴垍、李绛、韦贯之、裴度、李逢吉、王涯、崔群、李鄘、皇甫镈、令狐楚、萧俛、李夷简。据两《唐书》各人本传。

穆宗时进士出身的宰相有:裴度、李夷简、皇甫镈、令狐楚、萧俛、杜元颖、王播、李逢吉、牛僧孺;

敬宗时进士出身的宰相有:杜元颖、王播、李逢吉、牛僧孺、裴度、李程、窦易直;

文宗时进士出身的宰相有:杜元颖、王播、李逢吉、牛僧孺、窦易直、裴度、韦处厚、杨嗣复、李珏、李宗闵、宋申锡、李固言、王涯、李训、贾𫗧、舒元舆、李石、陈夷行、崔郸;

武宗时进士出身的宰相有:李固言、李石、杨嗣复、李珏、崔郸、牛僧孺、陈夷行、李让夷、李绅、郑肃、李回;

宣宗时进士出身的宰相有:李让夷、崔铉、李回、白敏中、韦琮、崔元式、卢商、马植、周墀、崔龟从、魏扶(《旧唐书》卷一五八《郑余庆传附郑从谠传》:"故相令狐绹、魏扶皆父贡举门生。")、令狐绹、裴休、魏暮、崔慎由、萧寘、刘瑑、夏侯孜、蒋伸;

懿宗时进士出身的宰相有:令狐绹、白敏中、萧邺、夏侯孜、蒋伸、杜审权、毕诚、杨收、曹确、高璩、萧寘、徐商、路岩、于琮、韦保衡、王铎、刘邺、赵隐、萧倣、崔彦昭。

第二节　明经地位的变化

一、唐前期明经的地位

唐初进士科考时务策，由于录取时以文词为主，注意了策文的形式而忽略了内容，因此，应进士举者所习多非经世之学，而是文学之科。许多士子"劳心于卉木之间，极笔于烟云之际"，①评论文章也是"以篇章为首而不问之以经纶"。②"善属文"成为评价文士的主要标准。朝廷对于进士科也只是把它看成一种选拔文学之士的科目。开元中赵匡在《对乡贡进士判》中所云"文艺小善，进士之能；访对不休，秀才之目"，③就反映了当时朝野上下的一般看法。

而明经科，从传统来说，明经的名称早在汉朝就已经出现，南北朝察举，也都曾以明经立科，比起进士科来，明经科的历史要悠久得多。而且明经以儒家经典作为考试内容，因此具有正统的地位。从制度看，明经科等要高于进士科，叙阶时明经及第者也要比进士及第者高一阶。

唐高宗、武则天时期，从明经科出现了一批具有卓越才能的政治家。如张文瓘，贞观初举明经，历任并州参军、水部员外郎、云阳令，乾封二年（667），由东台舍人（即给事中，正五品上阶）擢任宰相。上元二年（675）拜侍中后，"高宗甚委之"，是当时政治上起主导作用的人物。④ 裴行俭，幼以门荫补弘文生，贞观中举明经，拜左屯卫仓曹参军。麟德二年（665），累拜安西大都护。曾数次领兵西征。平阿史那匐延

---

① 《通典》卷一七《选举五·杂论议中》上元元年刘峣疏。刘峣，《通鉴》从《统纪》作"刘晓"。
② 《旧唐书》卷九二《魏元忠传》。
③ 《全唐文》卷三九八。
④ 《旧唐书》卷八五《张文瓘传》。

都支后,高宗谓行俭曰:"卿文武兼资,今故授卿二职。"即日拜礼部尚书,兼检校右卫大将军。此前任吏部侍郎时,对铨选制度亦多有变革。① 裴炎,少补弘文生,在馆十余年,尤晓《左氏春秋传》及《汉书》,擢明经第,为濮州司仓参军。调露二年(680)入相后,逐步受到高宗的信重。高宗临终时,裴炎是唯一被召入受遗诏辅政的顾命大臣。在协助武则天临朝称制,接管政权的过程中,裴炎也起了重要作用。② 武则天称帝后备受信任,影响最大的两个宰相李昭德和狄仁杰也都是明经出身。武则天时明经出身的宰相还有唐休璟、杜景俭、杨再思等人。杀张易之兄弟,逼武则天退位,中宗时封为五王中的敬晖、崔玄玮2人也是明经出身。③《旧唐书》卷一〇〇所载睿宗、玄宗时11位名德兼著的大臣中,尹思贞、李杰、苏珦、卢从愿、王丘(童子举)、裴漼(大礼举)等6人皆从明经或明经系其他科目出身。

官贵子弟除充当千牛、三卫,许多人也是从明经出身,上述裴行俭、裴炎、李昭德、狄仁杰等,均为高官子弟。

上述情况说明,明经无论从地位到仕途出路,都不逊于进士科。虽然在宰相和高官中所占比重要低于进士科,但是由于明经出身者之中有相当数量的高官子弟,特别是曾经左右过一个时期政治的名相张文瓘、裴炎、李昭德、狄仁杰等皆为明经出身,明经的资望比进士甚至还要稍高一等。

之所以造成这种情况,除了与他们官贵子弟的身份有一定的关系,主要是由这些明经出身者本身的素质决定。而这种素质,又和明经科具有内在的必然联系。因为明经在调露二年前只考经义,考经义固然也可以"不读正经,抄撮义条",④但那些确有经世治国之心的有志之

---

① 《旧唐书》卷八四《裴行俭传》。

② 《旧唐书》卷八七《裴炎传》。

③ 《旧唐书》各人本传。

④ 《唐会要》卷七五《帖经条例》。

士,在学习儒家经典的过程中,是可以摆脱章句束缚,学习到不少统治理论和治国经验的。

> 裴炎,绛州闻喜人也。少补弘文生,每遇休假,诸生多出游,炎独不废业。岁余,有司将荐举,辞以学未笃而止。在馆垂十载,尤晓《春秋左氏传》及《汉书》。①

> (狄)仁杰儿童时,门人有被害者,县吏就诘之,众皆接对,唯仁杰坚坐读书。吏责之,仁杰曰:"黄卷之中,圣贤备在,犹不能接对,何暇偶俗吏,而见责耶!"②

正是由于他们学业上的这种修养,当他们执掌政权时,便都比别人高出一筹。咸阳县丞郭某(郭崇礼子)"好言王霸大略,经术大义",明经擢第后,历任县尉、参军。他虽然不幸早逝,但在担任县尉等职时也能做到"清廉仁爱,克施于政,政有经矣"。③

进士科沿着文学之科发展,如欧阳修所说:"大抵众科之目,进士尤为贵,其得人亦最为盛焉。方其取以辞章,类若浮文而少实;及其临事设施,奋其事业,隐然为国名臣者,不可胜数,遂使时君笃意,以谓莫此之尚。"④他是把这种情况作为整个唐朝的情况加以论述的。事实上,"时君笃意,以谓莫此之尚",是玄宗以后,特别是宪宗以后的事,唐朝前期,情况还不是如此。虽然唐朝前期也确实出现了一些"临事设施,奋其事业,为国名臣者",但仔细分析一下,这些人所以成为名臣,均与其进士业的教养无关,而有其个人的特殊因素。如郝处俊,"好读《汉书》,略能暗诵"。"自参综朝政,每与上言议,必引经籍以应对,多有匡益。"⑤魏玄同虽然"富于词学",但他获得进用,还是因为他"有时

---

① 《旧唐书》卷八七《裴炎传》。
② 《旧唐书》卷八九《狄仁杰传》。
③ 《全唐文》卷四二〇常衮《咸阳县丞郭君墓志铭》。
④ 《新唐书》卷四四《选举志》。
⑤ 《旧唐书》卷八四《郝处俊传》。

务之才"。① 娄师德,"颇有学涉","兼怀武略",进士及第后授江都尉,扬州长史卢承业奇其才,曾谓之曰:"吾子台辅之器,当以子孙相托,岂可以官属常礼待也!"②可知绝非一般文士。他"以红抹额,应猛士诏",③"专综边任,前后三十余年",④更非一般士人所可比拟。张柬之"少补太学生,涉猎经史,尤好《三礼》,国子祭酒令狐德棻甚重之"。姚崇以其"沉厚有谋,能断大事",把他推荐给武则天。⑤ 可见他们所以能在政治上发挥较大作用,是因为他们或有吏干,或与明经出身的某些人一样,具有较丰富的经史知识和较高的政治见识,而不是由于他们的文学之才。《新唐书·选举志》抽去了这些具体内容,用"类若"否定了一些进士"浮文而少实"的事实,并给进士中出现的一批名臣蒙上了一层神秘的色彩,似乎他们只要担任官职,便可"临事设施,奋其事业"。这是不符合唐朝前期实际情况的。

总之,唐朝前期明经的总体素质、社会地位和政治地位都不比进士为低。这一点早已为中外史家所注意。

二、明经地位的下降

开元以后,明经在政治上的地位已经开始下降,明经出身的高级官吏已大大低于进士科。⑥ 但其他社会地位,尚无明显变化。徐浩"少举明经,工草隶,以文学为张说所器重,调授鲁山主簿。说荐为丽正殿校理,三迁右拾遗"。⑦ 张说看重其文学,对其明经出身并不介意。李憕

---

① 《旧唐书》卷八七《魏玄同传》。

② 《旧唐书》卷九三《娄师德传》。

③ 《樊川文集》卷一二《上宣州高大夫书》。

④ 《旧唐书》卷九三《娄师德传》。

⑤ 《旧唐书》卷九一《张柬之传》。

⑥ 参见本章第一节。

⑦ 《旧唐书》卷一三七《徐浩传》。

明经出身,张说还把妹女嫁给他。①

明经地位的明显下降是在安史之乱以后。

肃宗至德元年(756)三月,"以侍御史文叔清为宣谕使,许人纳钱授官及明经出身"。② 明经作为一种出身,可以像商品一样用钱买到。尽管这发生在动乱时期政府财政困窘的严重时刻,所行时间也很短,但毕竟是在明经和金钱之间画了一次等号。这件事本身就反映了朝廷对进士和明经的看法已经发生了倾斜,因而对明经在人们心目中的地位不能不产生深远的影响。

代宗大历十二年(777),常衮为相。常衮天宝十四载(755)进士及第,文章俊拔,当时推重。及其掌政,"尤排摈非文辞登科第者"。③ "非以辞赋登科者莫得进用"。④ 明经出身者自然也在摈斥之列。这种做法虽然带有个人色彩,但在明经在政治上的地位日益下降的情况下,公开地排斥包括明经在内的非辞赋登科者,公然把明经排斥在进入高官行列的正途之外,无异于向人们申明,明经在政治上是不能与进士科分庭抗礼的。虽然开元中张九龄也曾经主张只进用文学之士,而排斥其他出身的官员,但是他并没有成功,相反他自己反被排斥出最高统治核心。⑤ 而常衮却在没有受到很大阻力的情况下实现了这一点。

政府下令许人纳钱买官,动摇了明经传统的崇高地位。执政者公开排斥非辞赋登科者,明经出身者莫得进用,进一步堵塞了明经的出路。这两件事虽然相隔达二十年之久,但对明经科的打击都是严重的。它使明经科地位正在下降和明经及第者正在一步步失去高级官吏这个阵地的事实公开化和表面化了,这反过来又加速了这个趋势的发展。

---

① 《旧唐书》卷一八七下《李憕传》。

② 《大唐传载》。

③ 《旧唐书》卷一一九《常衮传》。

④ 《旧唐书》卷一一九《崔祐甫传》。

⑤ 《旧唐书》卷九九《张九龄传》。

贞元、元和之际,社会上对进士和明经"贵此贱彼"①的现象明显起来。贞元九年(793)元稹明经擢第。当时正准备考进士的李贺善为歌篇,声华藉甚。工于诗歌的元稹很想和他结交。"一日,执贽造门。贺览刺不容,遽令仆者谓曰:明经擢第,何事来看李贺。"②对明经的轻视溢于言表。元和十年(815)李绛为华州刺史,李珏举明经,李绛见而谓之曰:"日角珠庭,非常人也,当掇进士科。明经碌碌,非子发迹之地。"③这与隋炀帝时宇文述谓李密曰:"弟聪令如此,当以才学取官。三卫丛脞,非养贤之所。"④颇有类似之处。李绛不失政治家风度,对明经没有予以鄙视,但他却说出了一个公认的事实,即明经已和隋时三卫一样,成为碌碌无为的象征。晚唐情况更加严重。大中(847—860)时,崔彦昭应进士举不第,其外表兄王凝对他说:"不若从明经举。"崔彦昭因此记恨在心。⑤"举明经"已不仅是对对方的一种轻视,而且成为一种讥讽。

明经地位的下降已经成为不可逆转的事实。政策性的因素只是加速了其下降的趋势,明经的衰落有其更加深刻的内在因素和社会原因。

1. 传统经学的衰落,是明经地位下降的基本原因。

明经考试儒家经典,因此,经学的盛衰直接关系着明经的地位。

两汉经学和魏晋玄学在南北朝时期都已经衰落。《隋书·儒林传序》谈到这个时期的情况时说:

> 然曩之弼谐庶绩,必举德于鸿儒;近代左右邦家,咸取士于刀笔。纵有学优入室,勤逾刺股,名高海内,擢第甲科,若命偶时来,未有望于青紫,或数将运舛,必委弃于草泽。然则古之学者,禄在

---

① 《全唐文》卷五九五欧阳詹《与郑伯义书》。

② 《剧谈录》卷下《元相国谒李贺》。

③ 《唐语林》卷三《识鉴》;《东观奏记》卷上。

④ 《旧唐书》卷五三《李密传》。

⑤ 《新唐书》卷一八三《崔彦昭传》。

其中,今之学者,困于贫贱。明达之人,志识之士,安肯滞于所习,以求贫贱者哉?此所以儒罕通人,学多鄙俗者也。

隋朝建立后,隋文帝虽曾征召全国儒生,并设立学校,但上述"今之学者,困于贫贱"的状况并没有改变。即使像刘焯、刘炫那样"拔萃出类,学通南北,博极今古",集南北儒学大成的大儒,也不过官至八品太学博士和七品殿内将军,并且都曾被"除名为民"。① 民间更是"佛书多于六经数十百倍"。② 经学在朝野都没有受到重视。

唐朝建立后,唐太宗不仅标榜自己"朕所好者,唯尧、舜、周、孔之道,以为如鸟有翼,如鱼有水,失之则列,不可暂无耳"。③ 并令颜师古、孔颖达等整理儒家经典,撰定了《五经正义》,作为学校教学和科举考试的根据。他还亲临国子监,听祭酒、博士讲经。经学一时间显得颇为兴旺。但他真正感兴趣的,是帝道、王道和礼乐,即儒家经典中关于怎样致治和实现教化的内容,而不是两汉以来的经学。唐高宗"薄于儒术"。④ 武则天对经学也不感兴趣。武则天、中宗时的经学家祝钦明、郭山恽所以被称为"当时大儒",也无非是因为他们利用礼经为武则天拜洛、享明堂撰定仪注,为韦后南郊助祭从《周礼》《礼记》中寻找根据,⑤因而受到最高统治者的偏爱。这种做法,更降低了经学的地位。

开元十一年(723),吐蕃向唐求《毛诗》《春秋》《礼记》《正字》等儒家经典,于休烈上疏反对。他以为:"东平王汉之懿亲,求《史记》、诸子,汉犹不与。况吐蕃,国之寇仇,今资之以书,使知用兵权略,愈生变诈,非中国之利也。"玄宗让中书门下讨论。宰相裴光庭等奏:"吐蕃聋昧顽嚚,久叛新服,因其有请,赐以《诗》《书》,庶使之渐陶声教,化流无

---

① 《隋书》卷七五《儒林传序》《刘焯传》《刘炫传》。

② 《资治通鉴》卷一七五太建十三年。

③ 《资治通鉴》卷一九二贞观二年。

④ 《旧唐书》卷一八九上《儒学传序》。

⑤ 《旧唐书》卷一八九下《韦叔夏传》《祝钦明传》。

外。休烈徒知书有权略变诈之语,不知忠、信、礼、义,皆从书出也。"①玄宗还是听从了宰相的建议,把书送给了吐蕃。按,汉成帝不给其弟东平王的《史记》和诸子,均非儒家经典。当时大将军王凤认为,"诸子书或反经术,非圣人,或明鬼神,信物怪;《太史公书》有战国纵横权谲之谋,汉兴之初谋臣奇策,天官灾异,地形厄塞,皆不宜在诸侯王,不可予"。②因而没有给。于休烈将二者相提并论,实在是混淆了诸子、《史记》和儒家经典的界限。但于休烈这种说法也并非全无根据。因为在隋唐之际和唐朝前期,一些怀有经世之心的士子,对《春秋左氏传》和《汉书》是怀有特殊兴趣的。如李密,隋末"师事国子助教包恺,受《史记》《汉书》,励精忘倦,恺门徒皆出其下"。③尝乘黄牛,将《汉书》一帙挂于角上,翻卷书读之。路遇尚书令、越国公杨素,问所读书,答曰:《项羽传》。④又如魏徵,"好读书,多所通涉,见天下渐乱,尤属意纵横之说"。⑤唐初,裴炎在弘文馆"垂十年,尤晓《春秋左氏传》及《汉书》"。⑥而他们感兴趣的,恰恰是书中"纵横权谲之谋"和"权略变诈之语"。因此,像于休烈这样"徒知书有权略变诈之语,不知忠、信、礼、义皆从书出也",是颇代表了当时一些人对儒家经典的看法的。

之所以出现不重视经学的现象,是因为到武则天统治时期,不仅是士族地主早已完全衰落,就是唐初的功臣贵族,也只剩下少数几个家族而不成其为一个集团了。一般地主成长起来并广泛地进入了各级政府机构。封建等级正处在一个重新编制的过程之中。因此,从高宗、武则天到玄宗,从皇帝到一般地主,对于汉儒为了把封建等级关系固定化而宣扬的天人感应的天命论等一套儒家学说是不感兴趣的,因而经学也

---

① 《资治通鉴》卷二一三玄宗开元十九年。
② 《汉书》卷八〇《东平思王宇传》。
③ 《隋书》卷七〇《李密传》。
④ 《旧唐书》卷五三《李密传》。
⑤ 《旧唐书》卷七一《魏徵传》。
⑥ 《旧唐书》卷八七《裴炎传》。

就一直没有受到唐朝统治者的足够重视。既不重用精于经学之士,更不提倡经义的研究。就连学者所习的经书,也由于"年代既久,传写不同",文字互有异同,也无人过问。以致"开元已来,省试将试举人,皆先纳所习之本。文字差互,辄以习本为定"。①

在这种情形下,士子学习儒家经典,纯粹是为了考试。开元八年(720)国子司业李元瓘明确指出:"今明经所习,务在出身。"完全是作为一种取得出身资格的敲门砖。因此,士子在准备应明经举时,专挑文字少的经典去背诵。"《礼记》文少,人皆竞读",而文字较多的《周礼》《仪礼》《公羊》《榖梁》等就没有人去读,以致"两监及州县,以独学无友,四经殆绝"。② 学习《左传》的人稍多一些,但也十无二三。士子们既不以经学为意,更不用说去专经术了。

德宗建中元年(780),归崇敬在《辟雍议》中指出,明经"自艰难已来,取人颇易,考试不求其文义,及第先取于帖经,遂使专门业废,请益无从,师资礼亏,传受义绝"。③ 战乱期间,从宽录取,以争取举子对朝廷的支持,是可以理解的。录取时"先取于帖经",开元、天宝时已然如此。因此,这两点都不是安史之乱以后最主要的变化。最主要的变化是归崇敬指出的"专门业废"。经学作为一项专门学问不再有人问津,以致"请益无从","传受义绝"。安史之乱以前尽管经学已不为朝野所重视,但经学的架子还是撑着。社会上还有一些儒生,祝钦明、郭山恽、元行冲还先后被称为当时的大儒。④ "精通诸经精义"的尹知章"虽居吏职,归家则讲授不辍",远近咸来受业,⑤也还在进行着讲学的活动。而到安史乱后,连这个架子也撑不住了。

---

① 《封氏闻见记校注》卷二《石经》。

② 《唐会要》卷七五《帖经条例》。

③ 《全唐文》卷三七九;《旧唐书》卷一四九《归崇敬传》。

④ 《旧唐书》卷一八九《韦叔夏传》;卷一〇二《韦述传》。

⑤ 《旧唐书》卷一八九下《尹知章传》。

虽然建立新的经学的努力早在隋唐之际王通就已经开始进行,①但是直到韩愈写出《原道》《原性》,并未能建立起一套适合唐代社会需要的新的经学体系。在两唐书《儒学传》中,除了啖助、赵匡、陆质这些不是搞传统经学的"异儒"②外,唐朝后期就找不到可以称之为儒的儒生。韩愈在《进士策问十三首》中也说:"古之学者,必有师,所以通其业,成就其道德者也,由汉氏已来,师道日微,然犹时有授经传业者,及于今则无闻矣。"③传统经学的衰落使明经借以显示自己的最后一丝余晖也消失了,这对于凭借经学神圣光辉而取得崇高地位的明经科来说,是一个致命的打击。

2. 明经考试制度本身存在的问题,是明经科地位下降的内在原因。

据《通典》卷一五,明经在唐初和进士一样,"其初止试策","至调露二年(680),考功员外郎刘思立始奏二科并加帖经"。《旧唐书·刘宪传》也说,刘思立"迁考功员外郎,始奏请明经加帖,进士试杂文"。《封氏闻见记·贡举》说"国初,明经取通两经,先帖文",是不确切的。

试策主要是着重对经义的理解,这对于有志于识古通今的士子留有发展的余地,因此可以选拔出一些经世治国之士。但对于那些只求出身的人来说,也出现了《条流明经进士诏》中所指出的"如闻明经射策,不读正经,抄撮义条,才有数卷"④的情况。他们不是认真学习应举时要考的两部经书,而是把与对策有关的章疏义条抄录下来加以背诵,结果是有些人连章句也不辨,连经书也不能顺利读下来。正是为了强使士子去读正经,刘思立才建议加试帖经。具体的办法和要求是:

---

① 尹协理、魏明:《王通论》,中国社会科学出版社,1984年。

② 《旧唐书》卷一八九下《陆质传》。

③ 《韩昌黎集》卷一四。

④ 《唐会要》卷七五《帖经条例》;《唐大诏令集》卷一〇六《条流明经进士诏》。

明经每经帖十得六已上者……然后令试策。①

帖经者以所习经掩其两端,中间开唯一行,裁纸为帖,凡帖三字。随时增损,可否不一,或得四得五得六者为通。②

(试策)皆录经文及注意为问,其答者须辨明义理,然后为通。③

这大体反映了调露二年以后,开元二十五年以前明经考试的基本要求和制度。

和调露二年前相比,明经不仅要加试帖经,而且要帖经通过后才能试策。帖经从一开始,就被放在突出的地位。

通过帖经强制地要求举子背诵两部儒家经典,如果掌握得当,未尝不是提高应举者经学水平和文化水平的一种方法。但是,正如开元十六年(728)国子祭酒杨玚奏所云:"今之举明经者,主司不详其述作之意,每至帖经,必取年头月尾,孤经绝句。"④结果是"明经以帖诵为功,罕穷旨趣",⑤不熟读和钻研儒家经典的情况更加严重。为了纠正这种倾向,开元二十五年(737)二月敕:

其明经自今以后,每经宜帖十,取通五已上。免旧试一帖。仍按问大义十条,取通六已上。免试经策十条,令答时务策三道,取粗有文理者,与及第。⑥

敕中规定,帖经十帖中,取通五以上,比原来取通六以上是降低了及格

---

① 《唐会要》卷七五《帖经条例》;《唐大诏令集》卷一〇六《条流明经进士诏》。

② 《通典》卷一五《选举三·历代制下》:开元八年七月根据国子司业李元瓘的建议,习《周礼》《仪礼》《公羊》《穀梁》者"帖十通五,许其入第"。开元二十五年制:"明经每经帖十,取通五以上,免旧试一帖。"

③ 《唐六典》卷二"吏部郎中员外郎"条。

④ 《唐会要》卷七五《帖经条例》。

⑤ 同上。

⑥ 同上。

标准。原来的墨策则改为口问大义十条,取通六以上。同时加试时务策,取粗有文理者,对明经提出了文学方面的要求。这也就是《封氏闻见记·贡举》中所说的:"其后明经停墨策,试口义,并时务策三道。"这是明经科考试科目继调露二年加试帖经后又一次重大变化。

变革考试科目,降低帖经标准的目的,原来是为了扭转"明经以帖诵为功"的情况,提高明经的经学、时务和文学水平。但事实上,明经"其试策自改问时务以来,经业之人,鲜能属缀,以此少能通者。所司知其若此,亦不于此取人。故时人云,明经问策,礼试而已。所谓变实为虚,无益于政"。① 礼部在考试帖经时,也仍然是沿着开元时"曲求其文句之难"②的路子,并加以发展。天宝十一载(752)十二月敕:

> 礼部举人,比来试人颇非允当,帖经首尾,不出前后,复取者、也、之、乎,颇相类之处下帖,为弊已久,须有厘革。礼部请每帖前后,各出一行,相类之处,并不须帖。③

至天宝十二载六月,礼部又奏:"以贡举人帖经,既前后出一行,加至帖通六与过。"④又恢复了通六为及格的旧制。

上述办法非但没有解决"以帖诵为功"的问题,而且以帖经成绩作为明经及第的主要标准,也终于确定下来。宝应二年(763),尚书左丞贾至说道:"间者礼部取人,有乖斯义。试学者以帖字为精通,而不穷旨义。"⑤建中元年(780)归崇敬更明确指出,安史之乱以后,明经"考试不求其文义,及第先取于帖经"。⑥ 主司和举人都围绕帖经而煞费苦心。杜佑在《通典·选举三》"帖经"条注中概述了当时的情况:

---

① 《通典》卷一七《选举五·杂论议中》赵匡《举人条例》。
② 《旧唐书》卷一八五下《杨玚传》。
③ 《唐会要》卷七五《帖经条例》。
④ 同上。
⑤ 《旧唐书》卷一九〇中《贾曾传附至传》。
⑥ 《旧唐书》卷一四九中《归崇敬传》。

> 后举人积多,故其法益难。务欲落之,至有帖孤章绝句,疑似
> 参互者以惑之。甚者或上抵其注,下余一二字,使寻之难知,谓之
> 倒拔。既甚难矣,而举人则有驱联孤绝索幽隐,为诗赋而诵习之。
> 不过十数篇则难者悉详矣。其于平文大义,或多墙面焉。

杜佑在这里揭示了一个重要事实,这就是由于参加考试的人数越来越
多,因此考官在出题的时候"其法益难",目的是"务欲落之",也就是要
尽可能地淘汰更多的人,以保证录取工作的顺利完成。从考试精神上
来说,已经完全背离了通过考试选拔优秀人才的初衷。

这种做法迫使举人寻找捷径去死记硬背,完全窒息了学者的独立
思考和创造精神,造成了举明经者"比来相承,难务习帖,至于义理,少
有能通"的严重后果。明经出身的元稹在对《才识兼茂明于体用策》时
写道:"今国家之所谓兴儒术者,岂不以有通经文字之科乎? 其所谓通
经者,又不出于覆射数字,明义者,才至于辨析章条。是以中第者岁盈
百数,而通经之士蔑然。"①原来规定的"其明经,各试所习业,文注精
熟,辨明义理,然后为通",②变得有名无实。

不少人对这种现象提出了意见。贞元末,柳冕在《与权侍郎书》中
写道:

> 自顷有司试明经,奏请每经问义十道,五道全写疏,五道全写
> 注。其有明圣人之道,尽六经之义,而不能诵疏与注,一切弃之。
> 恐清识之士,无由而进,腐儒之生,比肩登第,不亦失乎! ……且明
> 六经之义,合先王之道,君子之儒,教之本也。明六经之注与六经
> 之疏,小人之儒,教之末也。今者先章句之儒,后君子之儒,以求清
> 识之士,不亦难乎! 是以天下至大,任人之众而人物殄瘁,廉耻不
> 兴者,亦在取士之道,未尽其术也。③

---

① 《文苑英华》卷四八七。"才",《文苑英华》作"材",据《元稹集》卷二八改。
② 《唐六典》卷二《尚书吏部》"考功员外郎"条。
③ 《全唐文》卷五二七。

他强调明经义，反对死背章疏。但他忽略了传统经义已经不适合当时社会需要这样一个基本事实。他对经义取士的意义，也只着眼于选拔"清识之士"和"兴教化"，局限在"教之本也"这样一个抽象的范围之内。他既没有把经学看成是统治思想的理论基础，也没有复兴经学的强烈愿望，因此，只能从表层提出问题。

赵匡在《举选议》中提出的问题倒是深刻得多，在当时也更具有现实意义，他写道：

> 疏以释经，盖筌蹄耳。明经读书，勤苦已甚，其口问义，又诵疏文，徒竭其精华，习不急之业，而当代礼法，无不面墙。及临人决事，取办胥吏之口而已。所谓所习非所用，所用非所习者也，故当官少称职之吏。①

明确指出明经所习为不急之业，所习非当官所用，到担任官职，处理实际问题时，便毫无办法，只有取办胥吏之口，完全按照胥吏的意思去办。因此，当官的很少有称职的官吏。这样，赵匡总算是把明经和官吏的选拔联系起来，总算是回到了本题。

事实也是如此。《因话录》记一书生，"读经书甚精熟，不知近代事。因说骆宾王，遂云：'某识其孙李少府者，兄弟太多。'意谓'骆宾'，是诸王封号也"。

在这样的考试制度下，明经科除了能培养一些粗通文字，只会死记硬背，既缺乏经史知识，又没有实际才能的迂夫子或官僚之外，是不可能培养和选拔出称职的官吏来的，更不用说杰出的政治人才了。明经科的考试制度本身，也使明经科走入了一条明经地位必然下降的死胡同。

总之，明经所习既是不为最高统治者和一般士大夫所看重的儒家经典，所试又多为毫无意义的孤经绝句。他们除了章句，谈不上有什么

---

① 《通典》卷一七《选举三·杂论议中》。

真才实学。他们不能做到高级官吏,被人们视为碌碌无为之辈,都是很自然的。

三、明经在唐后期官僚结构中的地位

经过高宗、玄宗时期几次对明经考试制度的调整,明经科终于走上了帖经取士的道路,墨策改为口问大义,也只是把举人引向死背章疏。对于这样的考试制度,安史之乱以后,特别是在贞元、元和(785—820)时期,不断有人提出改革的建议。他们从考试内容上否定现行制度,认为它不能培养出一定规格的人才,他们要求恢复唐初以经义取士的制度,恢复唐初明经在政治上的地位和在政治上所起的作用。

但是,尽管有这么多的人提出了中肯的意见,而唐朝统治者却始终没有对明经考试制度和录取标准进行根本的改变。这与进士科录取标准在贞元、元和之际发生变化形成鲜明的对照。

唐朝后期明经的情况,有几点值得注意:

一是后期明经录取人数并未减少。开元十七年(729)"省司奏,限天下明经、进士及第,每年不过百人"。① 据《文献通考》卷二八《选举二·举士》所引《唐登科记总目》统计,玄宗时期进士每年录取人数平均不到二十七人,则明经每年录取的人数在七八十人之间。唐后期录取人数还有增加。韩愈在《赠张童子序》中说,德宗贞元十年(794)前后,"天下之以明二经举于礼部者,岁至三千人";应举及第,"属之吏部,岁不及二百人"。② 不过这只是短时期的情况。贞元十八、十九、二十一年,权德舆掌贡举,据他在《送三从弟况赴义兴尉序》中说:"吾三年第经明者三百余士。"③每年平均录取约一百人。宪宗时李

---

① 《资治通鉴》卷二一三。

② 《韩昌黎集》卷二〇。

③ 《全唐文》卷四九二。

绛说："进士明经,岁大抵百人。"①文宗大和八年(834)敕,明经及第不得过 110 人。九年,中书门下奏减 10 人。开成四年(839)又恢复为每年 110 人。②

二是后期明经及第者做到高官或成为名人者大为减少。据粗略统计,唐朝前期明经《旧唐书》和《新唐书》有传者 37 人,见于两《唐书》者 27 人。后期两《唐书》有传者 17 人,见于两《唐书》者 19 人,有传者大为减少。在后期做到高官的明经中,大部分都是天宝至贞元(742—805)期间及第的。元和(806—820)以后及第者,只有王凝等个别人,且王凝后来"再登进士甲科",③非一般明经出身者可比。

唐朝后期明经及第者担任宰相的,只有 6 人,都集中在德宗到文宗朝(780—840)。其中:

德宗朝有董晋、贾耽和卢迈等 3 人。董晋,玄宗时明经及第,至德元年(756)"肃宗自灵武幸彭原,晋上书谒见,授校书郎,翰林待制"。德宗贞元五年(789),由尚书左丞"迁门下侍郎,同平章事。时政事决在窦参,晋但奉诏书,领然诺而已"。旧传记其宰相任内唯一的事迹是就冠冕之制向德宗提出了意见,德宗称赞他说:"晋明于礼学如此。"④

顺宗朝有贾耽。贾耽,天宝十载,"以两经登第,调授贝州临清县尉。上疏论时政,授绛州正平尉"。后任汾州刺史,"在郡七年,政绩茂异"。德宗时历任山南西道、山南东道节度使,东都留守、滑州刺史、义成军节度使等职。贞元九年起为右仆射,同中书门下平章事。"自居相位,凡十三年,虽不能以安危大计启沃于人主,而常以检身厉行以律人。"他的突出贡献是在地理学方面。曾画《关中、陇右及山南九州等图》,撰《别录》六卷,并撰写了《海内华夷图》及《古今郡国县道四夷

①　《新唐书》卷一六二《许季同传》。

②　《册府元龟》卷六四一《贡举部·条制三》。

③　《旧唐书》卷一六五《王正雅传》。

④　《旧唐书》卷一四五《董晋传》。

述》四十卷。① 卢迈,叔舅崔祐甫,迈"两经及第,历太子正字、蓝田尉。以书判拔萃,授河南主簿,充集贤校理。朝臣荐其文行,迁右补阙、侍御史、刑部、吏部员外郎"。后由滁州刺史"入为司门郎中,迁右谏议大夫,累上表言时政得失……时人重之。迁尚书右丞"。贞元九年"以本官同中书门下平章事,岁余,迁中书侍郎。时大政决在陆贽、赵憬,迈谨身中立,守文奉法而已"。②

宪宗朝有贾耽、程异。程异,"尝侍父疾,乡里以孝悌称。明经及第,释褐扬州海陵主簿。登开元礼科,授华州郑县尉。精于吏职,剖判无滞"。贞元末至元和中,先后为扬子院留后、淮南等五道两税使、盐铁转运使。元和十三年转工部侍郎、同中书门下平章事,领使如故。他在淮南,铲革江淮钱谷之弊。虽长期掌管钱谷,但"性廉约,殁官第,家无余财"。③

穆宗朝有元稹。元稹,祖为县丞,父先后为比部郎中、舒王府长史。少孤,"九岁能属文,十五两经擢第。二十四调判入第四等,授秘书省校书郎。二十八应制举才识兼茂,明于体用科",授右拾遗,屡上疏议论时政。以诗文为穆宗所知,长庆二年(822)拜相。后出为刺史。元稹在相位期间,卷入党争,无大作为。任地方官时,比较注意民生。④他的主要成就是在诗歌创作上,与白居易同为新乐府的倡导者。

文宗朝有路随。路随,父泌,曾为检校户部郎中,兼御史中丞,随宪宗时为左补阙,"章疏相继",宪宗"常深用其言"。⑤ 文宗即位后为翰林承旨学士,大和二年(828)拜相。《旧唐书·路随传》说他"有学行大度,为谏官能直言,在内廷匡益"。

---

① 《旧唐书》卷一三八《贾耽传》;《全唐文》卷四七八郑余庆《左仆射贾耽神道碑》。

② 《旧唐书》卷一三六《卢迈传》。

③ 《旧唐书》卷一三五《程异传》。

④ 《旧唐书》卷一六六《元稹传》。

⑤ 《旧唐书》卷一五九《路随传》。

上述明经出身的宰相,从家庭情况看,董晋、贾耽、程异,皆父祖无官,卢迈的叔舅崔祐甫虽为宰相,关系也是比较远的,只有元稹、路随父官至五品。从官职的升迁看,其中通过上书论谏者3人,科目选2人,先参加科目选后参加制举者1人,都具有一定的政治见识和才能。其中董晋明于礼学,贾耽长于地理,程异精于理财,元稹有文才,路随有学行,都有其特殊才能,非一般明经辈可比。这与唐朝前期一些成为名臣的进士都有其特殊的个人素质,而与其进士业无涉颇为相似。从他们任官的表现看,他们为谏官能直言,出任节度使能临危应变,担任地方官都有一定的建树,为政也比较清廉。但是,在他们担任宰相期间,却多无政迹可称。进士出身的宰相有政迹者固然也不多,但毕竟还是出现了陆贽、李绛、裴垍、裴度等一批很有作为的名相。而这又是和贞元、元和之际的革新浪潮以及进士录取标准的变化有密切的关系。明经出身的上述宰相虽然摆脱了章句的局限,但他们重视的仍多为经学或其他专门学问,对于经世治国之道和解决重大现实问题的方略,除元稹等少数人外,大多缺乏钻研。因此,务实有余而眼界不够开阔,缺乏洞察全局和解决重大问题的能力。虽然他们没有像大多数明经那样成为碌碌无为之辈,但明经科内在的弱点在他们身上仍然有着深刻的反映。

三是明经出身者多担任中下级官吏。《千唐志斋藏志》所载部分明经出身者的墓志,记载了这方面的一些情况,可以略窥一斑:

李汇,祖为朝散大夫、右卫长史。弱冠明经甲科,解褐恒王府参军,最后做到抚州法曹参军,贞元二十一年去世,终年71岁。

郑憬,历任县主簿、县丞,陈州司兵参军,元和十五年去世,终年71岁。

刘茂贞,年二十一明经登第,年二十九释褐洪州建昌县尉,终泗州司仓参军,大和年去世,终年44岁。

李翼,幼以门荫自崇文馆明经调补太常寺奉礼郎,再授河中府虞乡县尉,秩满后幽居四十余年,大和六年去世,终年71岁。

卢伯卿,既冠擢明经,始调绛州万泉尉,终殿中侍御史,开成五年去世,终年 67 岁。

卢当,父为刺史,年十六经明擢第,调补汝州临汝尉,终国子助教,大中九年去世,终年 33 岁。

张勋,会昌元年学究出身,调授洪州建昌县尉,终新郑县尉,咸通二年去世,终年 55 岁。

贾洮,弱冠诣太学,三举登三史第,解褐阌乡县主簿,终河南户曹参军,咸通十四年去世,终年 51 岁。

郑渍,父县尉,未弱冠,明经高第,解褐盐城尉,终盱眙令,咸通十五年去世,终年 62 岁。

杨思立,国子祭酒杨宁子,宪宗朝宰相李鄘外孙。思立十四擢孝廉第,后又学究大易高等,授鄠县尉。终凤翔节度副使,检校兵部郎中兼御史中丞。乾符三年去世,终年 56 岁。①

以上 10 人中,起家县尉(从九品上阶)者 6 人,奉礼郎(从九品上阶)1 人,县主簿(从九品上阶、正九品下阶)2 人,王府参军(正八品下阶)1 人。其中除李汇因祖为从五品下阶的朝散大夫,起家为王府参军外,其余大部由从九品上阶起家,符合明经出身叙阶之法。

10 人中最高做到县尉者 2 人,殿中侍御史(从七品上阶)1 人,州参军 4 人(正七品上、下阶),县令(从七品下阶、从六品上阶)1 人,国子助教(从六品上阶)1 人,郎中(从五品上阶)1 人。其中李翼虞乡县尉秩满后归隐四十余年,属特殊情况。张勋 55 岁才做到县尉,在 10 人中是仕途最不顺利的一个。但这在明经及第者之中并不是个别的现象。例如郑约,最后做到洛阳县主簿(正九品上阶),贞元十年去世,终年 46 岁。② 李少安,明经及第后为所亲者荐授翼州阜城县尉,终长安

① 《千唐志斋藏志》下册,图版 995、1016、1041、1059、1073、1074、1126、1153、1189、1192、1198,文物出版社,1989 年。
② 《全唐文》卷七八穆员《郑君墓志铭》。

主簿,元和三年去世,终年 50 岁。① 毕坰,明经及第后,历任临涣、安邑、王屋等县县尉,元和六年卒于官,终年 61 岁。② 郑约、李少安品阶虽较张勍为高,但也没有超出九品。

上述情况固然反映了明经地位的下降,但同时也说明,明经在县尉、主簿、县令等中下级官吏中的比重增加了。贞元末权德舆在《答柳福州书》中就曾指出:"且明经者,仕进之多数也。"③

唐朝前期,明经、进士也都要先担任县尉、参军等中下级官吏,但由于及第人数远远不能满足官吏选补的需要,因此,中下级官吏仍多由门荫入仕和流外入流者担任。开元十七年国子祭酒杨玚上言:"臣窃见入仕诸色出身每岁向二千余人,方于明经、进士,多十余倍。自然服勤道业之士,不及胥吏。"④说的就是这种情况。门荫入仕的官贵子弟和流外入流的胥吏,他们虽然粗通文字,精于书法,但文化水平总的来说是不高的。因此,读过一些儒家经典,熟悉章疏的明经担任中下级官吏,特别是县一级官吏,是一个很大的进步。

唐代官吏考课有四善,即德义有闻,清慎明著,公平可称,恪勤匪懈。⑤ 这是对官吏的最基本的要求,只要官吏循规蹈矩,忠于职守,执行上级下达的各项任务,就算达到了标准。中下级官员的主要职责是从事各项具体政务的处理,又有胥吏为之经办,因此,对他们的文化水平乃至政治才能的要求都不是很高的。常衮在《咸阳县丞郭君墓志铭》中称颂郭某担任县尉、参军时的表现,即以"明恕贞恪,清廉仁爱"⑥为辞。

这样,随着明经入仕者的不断增加,明经与门荫和杂色入流成为唐

---

① 《全唐文》卷五〇四权德舆《长安主簿李君墓志铭》。

② 《韩昌黎集》卷二五《毕君墓志铭》。

③ 《全唐文》卷四八九。

④ 《唐会要》卷七五《帖经条例》。

⑤ 《旧唐书》卷四三《职官志》"吏部考功郎中"条。

⑥ 《全唐文》卷四二〇。

朝后期中下级官员的三个主要来源。明经科和进士科在官吏的选拔上，按照唐初的制度，虽然叙阶时明经比进士高一阶，但基本上还是属于同一层次的，只是要求各异罢了。而到唐朝后期，进士科不论是仕途出路、政治特权还是社会地位，都远高于明经科。明经科和进士科成为不同层次，有着不同要求，在官吏结构中担负不同任务的两个科目。正是由于明经出身的官员成为唐朝后期官吏结构中一个独特的部分，明经考试制度尚能适应选拔中下级官吏的需要，因此，那些想通过改革明经考试制度和录取标准以恢复明经原有层次和地位的建议，一直没有被接受。明经科继续沿着帖经取士的道路前进。

第三节　制科的衰落

在高官新贵普遍利用进士科来传袭高位的同时，制科举在文宗大和二年（828）以后，实际上就停止了。[①] 制科举大盛于武则天时期，安史乱后直到元和年间，制科一直是进士及第后通向高位的一块重要跳板。贞元十年（794）贤良方正直言极谏科登第的 16 人，其中进士出身的裴垍、王播、裴度、崔群、皇甫镈等 5 人做到了宰相。元和元年（806）才识兼茂明于体用科登科的 16 人中，明经出身的元稹，进士出身的韦处厚（原名韦惇）、萧俛做到宰相；白居易、独孤郁、崔绾、沈传师、罗让等也先后担任朝廷大臣。元和三年贤良方正直言极谏科 11 人中，进士出身的牛僧孺、李宗闵、贾𫗧等做到宰相；王起拜左仆射，并曾为使相。[②] 许多大官僚都是进士及第后通过制科释褐或通过制科入为清官，擢为员外郎、郎中，或担任翰林学士，最后做到侍郎、尚书以至宰相的。其中有些非大官僚家庭出身的进士如裴垍、裴度等都是一再参加

---

① 《唐会要》卷七六《制科举》；《登科记考》。

② 《登科记考》，《旧唐书》各有关人列传。

制举,才得以迅速升迁的。① 因此,制科对于一般官僚来说,乃是他们向高官升迁的一个主要的甚至是唯一的阶梯,而对于公卿大臣子弟来说,制科也可以加快他们升迁的速度。因而从德宗到文宗,每个新皇帝即位,都大开制科。而到大和(827—835)以后,高官新贵已经控制了朝政,有的世代担任高官甚至几代为相。他们的子弟进士及第后通过亲友、同年、门生等关系,或延誉,或辟召,或提携,给他们世袭高位提供了可靠的保证。而到唐朝末年,某些大官僚的子弟甚至连辟举这一步也不需要了,进士及第后即累官至尚书郎。在这样的情况下,制科对高官新贵已变得毫无意义。

但是,制科可以给进士及第的一般官吏以迅速升迁的机会,并给他们利用对策来攻击当权的大官僚提供了可能。如果继续举行制科考试,贞元、元和间一般士子通过进士科和制科拥入朝廷的情况就会再现;元和三年牛僧孺、皇甫湜、李宗闵在贤良方正直言极谏科的对策中直言指陈时政得失的事件就会重演。这对于正在设法巩固既得权位的大官僚来说,是非常不利的,也是不能容忍的。因此,文宗大和二年(828)刘蕡在对策中极言宦官之祸以后,制科举实际上就停止了。

为了防止中下级官吏和一般士子爬上来和高官新贵争权,文宗时杨嗣复重新提出任用官吏要"且循资级",不能越级提拔。开成年间,文宗有一次与宰相谈话:

> 帝又曰:"天后用人,有自布衣至宰相者,当时还得力否?"嗣复曰:"天后重行刑辟,轻用官爵,皆自图之计耳。凡用人之道,历试方见其能否。当艰难之时,或须拔擢;无事之日,不如且循资级。"②

循资选官,始于裴行俭在高宗总章二年(669)所设常名姓历榜,制度化

---

① 《旧唐书》卷一四七《裴垍传》,卷一四六《李绛传》,卷一三五《皇甫镈传》以及各有关列传。

② 《旧唐书》卷一七六《杨嗣复传》。

于其子裴光庭在开元中所作的循资格。在"贵戚子弟例早求官",[1]"求进者众,选人渐多",下层官吏升迁非常困难的情况下,裴行俭"始设常名姓历榜,引铨注之法,又定州县官资高下升降,以为故事"。这虽然不能使一般官吏飞黄腾达,但能保证他们缓步升迁。裴光庭的循资格为选人"定为限域,凡官罢满以苦干选而集,各有差等,卑官多选,高官少选,贤愚一贯,必合乎格者,乃得铨授。自下升上,限年蹑级,不得逾越"。这虽然不能使下级官吏立致高位,但可使士人不至于"出身二十余年而不获禄",这对于"久淹不收者"也还是一种福音,故"皆荷之,谓之圣书"。[2]

循资授官的办法虽可使一般官吏稳步地有所升迁,但是只能选拔案牍之吏、一般人才。那些能够应付复杂的政治局面和紧张的军事形势,有胆识有才学的政治、经济、军事人才,用这种办法是不可能被发现和选拔出来的。当时太常博士孙琬就指出这不是"奖劝之道",[3]杜佑在《通典》中也认为这样做"虽小有常规,而抡材之方失矣"。[4] 因此,武则天和唐玄宗都采取了开制科和其他一些方式不次提拔,破格选用那些卓有才能的士人和官吏。安史乱后,政治军事形势复杂,需要大量人才。除了在战争期间从军队将领和地方官吏中涌现了一批能干的文官武将外,其余大批人才,主要也是通过制举发现和提拔起来的。

直到元和初年,循资授官和破格用人的对象主要都是官吏选拔任用中一般的地主官吏。循资授官是为了使广大下层官吏能缓步上升,而破格用人则是要把才高位下的下层官吏和一般士人迅速提到高位。二者是相辅相成,互为补充的,所要解决的都是官吏的选拔任用和一般地主官僚的仕进道路问题。

---

① 《旧唐书》卷八七《魏玄同传》。
② 《通典》卷一五《选举三·历代制下》。
③ 《旧唐书》卷八四《裴行俭传附光庭传》。
④ 《通典》卷一五《选举三·历代制下》。

而文宗开成时杨嗣复提出的"且循资级",其意义就完全不同了。他明确反对不次拔擢,反对破格选用中下级官吏中的才能之士担任朝廷要官。他的目的就是要阻挠中下级官吏升到高位,以保证大地主、大官僚的既得权位的世代传袭。这与他和李珏在文宗时所主张的"地胄词采者居先",①李德裕在武宗时所主张的"朝廷显官须是公卿子弟"②,是完全一致的,都是为了使公卿要官子弟世代把持朝政。正是根据这样的原则,在杨嗣复执政的文宗时期和李德裕执政的武宗时期,制科举被实际停止了。这完全是出于大地主、大官僚垄断政权的需要。

---

① 《唐语林》卷七。
② 《旧唐书》卷一八上《武宗本纪》。

第九章　座主门生关系的形成

　　座主一词,至迟在开元七年(719)已见于记载。《唐大诏令集》卷二九开元七年十二月《皇太子诣太学诏》,对参加皇太子齿胄礼的陪位官根据官品高低,赐物各有差,"座主加二等"。从诏令中特别申明"弘风阐教,尚德尊师"和诏令文义来看,此处座主是指"登座说经"的原国子祭酒,时任左散骑常侍,皇太子侍读的褚无量,[①]而不是掌贡举的主司。故诏中与座主对应的是学生和听讲的得举人及诸方贡人。

　　掌贡举的主司被称为座主,较早的第一手文献材料见于天宝年间张楚所写的《与达奚侍郎书》,书中谈到当年二人被委派复考进士文策时,达奚珣之子也在应举之列,张楚为之"骤请座主,超升甲科"。[②]但直到贞元年间,才开始普遍使用。贞元六年李观初试落第后,《与右司赵员外书》:"方今座主,五百年之间出者,观三千里之贱士耳,座主有至公,而观无闻焉。"[③]贞元十二年孟郊进士及第后所作《擢第后东归书怀献座主吕侍郎》,[④]贞元十七年白居易所作《与诸同年贺座主侍郎新拜太常,同宴萧尚书亭子诗》,[⑤]诗题中都把座主放在突出的地位。《旧唐书》卷一四九《令狐峘传》更具体地反映了座主门生关系:

---

① 《旧唐书》卷一〇二《褚无量传》。

② 《全唐文》卷三〇六。

③ 《李元宾文集》卷三,参卷五《报弟兄书》。

④ 《孟东野诗集》卷六。

⑤ 《白香山集》卷一三,系年据朱金城《白居易年谱》。

（齐映为江西观察使时，令狐峘自吉州刺史）贬衢州别驾，衢州刺史田敦，峘知举时进士门生也。初峘当贡部，放榜日贬逐，与敦不相面。敦闻峘来，喜曰："始见座主。"迎谒之礼甚厚，敦月分俸之半以奉峘。峘在衢州殆十年，顺宗即位，以秘书少监征，既至而卒。

按令狐峘掌贡举的时间为建中元年，[①]齐映为江西观察使在贞元七至十一年之间，[②]而令狐峘在衢州近十年，故被贬衢州当在贞元十年前后。这个材料说明，到贞元中，座主、门生的关系，已经不仅是一种礼仪上和名分上的关系，而且有了报恩等具体内容。这与建立在学术传授基础上的师生关系显然有着巨大的差别。

这种座主、门生关系，有一个形成的过程。这个过程大致是从开元二十四年前后开始的。

开元二十二年以前，知贡举的吏部考功员外郎，除严挺之由于选拔了储光羲、崔国辅、綦毋潜、常建、王昌龄等著名诗人，在顾况的《监察御史储公集序》中被特别提出外，受到称道的只有马怀素、王丘等少数人。[③] 严挺之之所以被称道，也只是由于他拔擢了储光羲等"当时之秀"。[④]

开元二十二、二十三年，孙逖以考功员外郎知贡举，颜真卿、萧颖士、杜鸿渐、贾至、李颀、李华、柳芳等一批后来的知名之士先后进士及第。对孙逖这位主司，开元末萧颖士在《赠韦司业书》中还只是说：

曩时与孙考功无里闬交游之知，亲朋推荐之分，势悬望阻，声尘不接，蹑无情之路，回必断之明，怀恩下隔于至公，而见遇尽关于

---

① 《旧唐书》卷一二《德宗本纪》。

② 《旧唐书》卷一三六《齐映传》。

③ 《旧唐书》卷一〇〇《王丘传》；卷一〇二《马怀素传》。

④ 《全唐文》卷五二八顾况《监察御史储公集序》。

薄技,则是仆词策之知己,非心期之知己。①

而至永泰元年(765),颜真卿在所撰《尚书刑部侍郎赠尚书右仆射孙逖文公集序》中则写道:

> 公又雅有清鉴,典考功时,精核进士,虽权要不能逼。所奖擢者二十七人,数年间宏词、判等,入甲第者一十六人,授校书郎者九人,其余咸著名当世,已而多至显官。明年典举,亦如之。故言第者必称孙公而已。夫然,信可谓人文之宗师,国风之哲匠者矣。……真卿昔观光乎天府,实荷公之奖擢。②

颜真卿称颂孙逖,固然也归结为"人文之宗师",尚未脱离选拔人才的范围,但他特别提出了"授校书郎者九人,其余咸著名当世,已而多至显官"。校书郎虽然只是一个正九品下阶的小官,但属于清官行列。把进入可以不次升擢的清官行列,更和很多人做到显贵的高官,作为参加科举的一种归宿,并且和主司联系起来,那么,这种对主司奖擢的感谢,就不仅是一种知遇之恩了。他们所感谢的是经过座主的赏识和提拔,使他们走上了迅速高升的大道,重点是在个人的出路和官位的高低。颜真卿的这一段文字生动地反映了天宝、大历间主司和及第者关系的发展。

这种变化,也反映在其他一些文献中。较早的如皇甫冉《上礼部杨侍郎》:"郢匠抡材日,辕轮必尽呈。敢言当一干,徒欲隶诸生。"③这是天宝十五载皇甫冉写给是年知贡举的礼部侍郎杨濬的诗,说明天宝末已有举子把自己和主司的关系比附为师生关系。这是前所未有的。较晚的如大历时皇甫冉死后独孤及《唐故左补阙安定皇甫公集序》:

> (皇甫冉)十岁能属文,十五岁而老成。右丞相曲江张公深所

---

① 《全唐文》卷三二三。

② 《全唐文》卷三三七。

③ 《全唐诗》第四函第七册。

叹异,谓清颖秀拔,有江徐之风。伯父秘书少监彬尤器之。自是令闻休畅,举进士第一。①

大历十一年颜真卿《崔孝公宅陋室铭记》:

> (崔沔)年二十四,举乡贡进士,考功郎李迥秀器异之,曰:王佐才也。②

天宝十二载元结进士及第,大历二年他在《文编》序中,除了一般地提了一下"有司考校旧文"的制度,特别提到当时掌贡举的礼部侍郎杨濬:

> 侍郎杨公见《文编》,叹曰:"以上第污元子耳,有司得元子是赖。"叟少师友仲行公,公闻之,谕叟曰:"於戏,吾尝恐直道绝而不续,不虞杨公于子相续如缕。"明年,有司于都堂策问群士,叟竟在上第。③

感激之情跃然纸上。李迥秀为考功郎是在证圣元年(695)和天册万岁二年(696),④还在武则天时期,时间较早。张九龄不是考功郎,而是右丞相,时在开元中。只有杨濬稍晚,在天宝末。而到大历(766—779)时,元结、颜真卿、独孤及都把他们特别提出来,正是反映了当时的一种风尚,即某人及第,开始要与其赏识者或选拔者联系起来。请托、提拔,早已有之,对举主感恩也是情理中事。但是这样突出地提出主司而大加颂扬,则是大历前后才出现的,说明及第者对主司已形成一种特定的关系。

但大历三年高拯进士及第后所写的《及第后赠试官》,仍称知贡举

---

① 《全唐文》卷三八八。
② 《全唐文》卷三三八。
③ 《元次山集》卷一〇〇。
④ 《登科记考》卷四。

的礼部侍郎薛邕为试官,而不称座主,且云赠而不云呈。① 梁肃《祭独孤常州文》:"大历十二年,岁次丁巳五月朔日,门生安定梁肃,谨以清酌庶羞之奠,敬祭于故常州刺史,河南独孤公之灵。"②按,独孤及未尝知贡举,梁肃亦未曾举进士,梁肃此处是从师生意义上自称门生的。这些情况说明,"座主""门生"二词尚未取得确定的含义。

但是,进士及第后参拜主司,在大历时已经成为一种习惯的仪式。《乾𦠆子》载大历九年及第的阎济美纪事:"比榜出,某滥忝第,与状头同参座主。"③前引令狐峘事,"峘当放榜日贬逐,与(田)敦不相面",指的也是参拜主司。正是在参拜主司逐渐制度化的过程中,座主、门生关系在建中、贞元之际最后确定下来。顾炎武在《日知录》卷十七"座主门生"条中所引材料,也都是从这个时期开始的。

座主、门生关系的形成,需要一定的条件。在考功员外郎为主司时,虽然在录取时也起很大的作用,但及第者或由于成绩合格,或通过请托,故不特别归之于主司,及第者与主司也就没有产生特殊的关系。而到开元二十四年改由礼部侍郎掌贡举后,由于地位的提高,主司在录取时有了越来越大的决定权,甚至可以离开考试成绩,预先确定录取名单和名次。及第与否,主要取决于主司,这是座主、门生关系形成的前提。

而更重要的是,由于高级官吏中科举出身者特别是进士出身者不断增多,并开始占居多数;科举逐渐成为入仕的正途,朝廷不仅提高了主司的地位,而且对掌贡举者的委派也更加重视。主司在掌贡举之后不久,便多委派更高的官职,乃至担任宰相。这样,主司就不仅可以决定举子是否录取的命运,而且在他们及第后还能加以提携。只有像这样主司的地位不断提高,进士科出身者源源不断地成为高官,以提携和

---

① 《唐诗纪事》卷二九。

② 《全唐文》卷五二二。

③ 《太平广记》卷一七九《阎济美》。

感恩为纽带的座主、门生关系才具有实际的意义，才能突破和取代原来基于传道、受业基础上的师生范畴。

而在进士科由唐前期的文学之科转变为文学政事合一，主要是选拔候补高级官吏的政治之科的同时，寒士和下级官吏子第应举和及第的比重也相应增大，并多能致位高官。当他们闻达之后，自然以有地位比他们更高的座主而感到荣幸，更为座主为他们打开高升之门而感恩戴德。

贞元四、五年，刘太真知贡举。对这位当年颇招物议的座主，死后门生裴度在《刘府君神道碑铭并序》中写道：

> 公之徽烈，将示于来裔。而高碑未刻，良允继没，于是门生之在朝廷者谏议大夫杜羔、中书舍人裴度、起居舍人卢士玫、殿中侍御史李修、光禄少卿卢长卿、右司郎中韦乾度、工部员外郎李君何；在藩牧者浙东观察都团练使御史中丞李逊、黔中观察经略使御史中丞李道古、泽州刺史御史中丞卢顼、嘉州刺史王良士、复州刺史郑群、沔州刺史严公弼、慈州刺史刘元鼎；其在幕府者侍御史田伯、殿中侍御史卢璠、马逢，监察御史冯鲁、杨巨源；其在畿者栎阳令麻仲容、蓝田丞崔立之、鳌屋尉麹澹等，咸怀赏鉴，自悼遗阙。……如羔辈，被蒙简拔，附丽墙宇，树之贞石，贲此元扃，匪报也，永以为泣拜之所焉尔。[1]

刘太真知举两年，共放进士 67 人，碑中所列 22 人中，到贞元十八年立碑时位居四、五品者 11 人，六品 4 人，七品 3 人，八品 3 人，九品 1 人。十三四年间有这么多人致位高官或步入清官行列，座主的简拔之恩是永远不能忘怀的，于是树碑"永以为泣拜之所"。元和中，柳宗元在给座主顾少连的信中也写道："凡号门生而不知恩之所自者，非人也。"[2]

---

[1] 《全唐文》卷五三八。

[2] 《柳河东集》卷三〇《与顾十郎书》。

因此,在元和十年吕温所起草的《祭座主故兵部尚书顾公文》,大和元年门生杨嗣复所作《丞相礼部尚书文公权德舆文集序》中,都把顾少连和权德舆在贞元中掌贡举时门生中做到清官或位之达者特别标列出来。①

《旧唐书》卷一七七《韦保衡传》:"保衡恃恩权,素所不悦者,必加排斥。王铎贡举之师,萧遘同门生,以素薄其为人,皆摈斥之。"然而韦保衡对王铎这位座主,仍然是优礼有加。《新唐书》卷一八五《王铎传》:"韦保衡缘恩幸辅政,始由(王)铎得进士,故谨事之。虽窃政权,将大斥不附者,病铎持其事,不得肆,搢绅赖焉。"

这种门生敬事座主的关系,在王铎的另一个门生萧遘身上也反映出来。唐僖宗逃往成都后,萧遘与王铎并居相位。一日僖宗招见宰臣,王铎年高,登台阶时失足跌倒,萧遘从旁扶起。僖宗很高兴地对萧遘说:"适见卿扶王铎,予喜卿善事长矣。"萧遘对道:"臣扶王铎不独司(事)长。臣应举岁,铎为主司,以臣中选门生也。"②

门生不仅敬事座主,而且还以实际行动对座主报恩。其中最通常的就是对座主的子弟加以照顾。郑余庆之子郑瀚大和三年知贡举,郑瀚子从说"会昌二年登进士第,释褐秘书省校书郎,历拾遗、补阙、尚书郎、知制诰。故相令狐绹、魏扶皆父贡举门生,为之延誉,寻迁中书舍人"。③ 有的门生发迹后,甚至对座主也行援引。大和九年,王起"就加银青光禄大夫。时李训用事,训即起贡举门生也,欲援起为相。八月,诏拜兵部侍郎,判户部事。其冬,训败,起以儒素长者,人不以为累,但罢判户部事"。④

社会上也把门生报恩视为自然之事,贾𫗧大和七年知贡举,胡湜进

---

① 《全唐文》卷六三一、卷六一一。

② 《旧唐书》卷一七九《萧遘传》。

③ 《旧唐书》卷一五八《郑余庆传》。

④ 《旧唐书》卷一六四《王起传》。

士及第。大和九年十一月甘露事变时,宦官仇士良率兵追捕时任宰相的贾𫗧。部将对仇士良说:"胡澱受贾𫗧恩,今当匿在澱所。"于是拥兵至澱所,执𫗧诣士良,杀于辕门之外。① 也有的门生以未能报座主之深恩作为终生的憾事。白居易晚年《重题》之四:

> 宦途自此心长别,世事从今口不言。岂止形骸同土木,兼将寿夭任乾坤。胸中壮气犹须遣,身外浮荣何足论。还有一条遗恨事,高家门馆未酬恩。②

正如陈寅恪先生所说:"白乐天此诗自言已外形骸,了生死,而犹惓惓于座主高郢之深恩未报,斯不独香山居士一人之笃于恩旧者为然,凡苟非韦保衡之薄行寡情者,莫不如是。"③

既然座主、门生形成了一种既定的关系,社会舆论也就要求座主对门生的行为负责。开成三年高锴掌贡举,进士柳棠及第后归东川,得罪了东川节度使杨汝士。杨汝士乃"为书让其座主高锴侍郎曰:'柳棠者,凶悖嚚竖,识者恶之。狡过仲容,才非犬子。且膺门之贵,岂宜有此生乎?'"高锴以"不敢蔽才"为答。杨汝士又写信给高锴,信中指出:"兴亡之道,孔子先推德行,然后文学焉。吾师垂训,千古不易。前书云'不敢蔽才',何必一柳棠矣。"最后高锴也不得不向杨汝士承认:"其所忤黩尊威,亦予谬举之过也。"对于柳棠这样一位虽登科第,官只做到越隽参军事,而又行为不检的门生,唐末范摅评论说:"若柳棠者,诚累恩门举主。"④此事发生前不久,宝历二年杨嗣复知贡举时的门生刘蕡,大和二年"对策以直言忤时,中官尤所嫉忌,中尉仇士良谓嗣复曰:奈何以国家科第放此风汉耶?嗣复惧而答曰:嗣复昔与刘蕡及第时,犹

---

① 《宣室志》。

② 《白香山集》卷一六。

③ 《唐代政治史述论稿》卷中《政治革命及党派分野》。

④ 《云溪友议》卷中《弘农忿》。

未风耳"。①

门生出了问题,座主往往受到责难,座主出了问题,门生有时也会受到牵连。张仲方为吕温贡举门生。吕温因"诬告宰相李吉甫阴事"被贬,仲方亦"坐吕温贡举门生,出为金州刺史"。②

穆宗长庆以后,由于大地主、大官僚在经济上和政治上都占据了统治地位,原来出身于地主中下层的官吏也已侧身高官行列,他们为了巩固和扩大自己的权势,根据各种不同的关系结成了各种政治派系。座主、门生和同年的关系便成为结党的一种重要纽带。座主以此来壮大自己的声势。宝历元年、二年,杨嗣复以礼部侍郎知贡举,其父杨於陵自洛阳入朝,"嗣复率两榜门生迎于潼关,宴新昌里第。仆射(指杨於陵)与所执坐正寝,嗣复领诸生翼两序"。③ 长庆时,"中尉王守澄用事,(李)逢吉令门生故吏结托守澄为援,以倾(李)绅"。④

不论是座主、门生之间,还是同年之间,都还只是一种个人之间的关系,还找不出座主与一批门生或一批同年之间结党的事实。至于同年之间互相援引,事例很多:

> (令狐)楚与皇甫镈、萧俛同年登进士第。元和九年,镈初以财赋得幸,荐俛、楚俱入翰林充学士,迁职方郎中、中书舍人,皆居内职。⑤

> (元和)十三年,皇甫镈用事,言于宪宗,拜俛御史中丞。俛与镈及令狐楚,同年登进士第。明年,镈援楚作相,二人双荐俛于上。自是顾眄日隆,进阶朝议郎、飞骑尉,袭徐国公,赐绯鱼袋。穆宗即

---

① 《玉泉子》。

② 《旧唐书》卷一七一《张仲方传》。

③ 《唐诗纪事》卷四六《杨汝士》。

④ 《旧唐书》卷一七三《李绅传》。

⑤ 《旧唐书》卷一七二《令狐楚传》。

位之月,议命宰相,令狐楚援之,拜中书侍郎、平章事,仍赐金紫之服。①

（杨）嗣复与牛僧孺、李宗闵皆权德舆贡举门生,情义相得,进退取舍,多与之同。②

及敬宗即位,李程作相,与(张)仲方同年登进士第,召仲方为右谏议大夫。③

同年而分属不同政治派别的情况也是有的。如陈夷行、李珏均为元和七年许孟容知贡举时进士及第,但李珏与李宗闵、牛僧孺、李固言相善,而陈夷行则与郑覃、李德裕情投意合。大和二年五月李固言入相,相继援引,杨嗣复、李珏皆居相位,“以倾郑覃、陈夷行、李德裕三人”。④ 武宗即位,李德裕秉政,很快将陈夷行召入,复为中书侍郎平章事。⑤

至于门生对座主的关系,在很大程度上是停留在观念上的。柳宗元《与顾十郎书》深刻分析了门生对座主关系的基础：

缨冠束衽而趋以进者,咸曰我知恩。知恩则恶乎辨,然而辨之亦非难也。大抵当隆赫柄用,而蜂附蚁合,煦煦趑趄,便僻匍匐,以非乎人而售乎己。若是者,一旦势异,则电灭飙逝,不为门下用矣。其或少知耻惧,恐世人之非己也。则矫于中以貌于外,其实亦莫能至焉。⑥

门生对座主的知恩,对大多数人来说,都是有条件的,这就是座主的权势。当座主“隆赫柄用”,受到朝廷重用,有权有势时,门生们“蜂附蚁合”,便纷纷趋附在座主周围,为座主奔忙,以期得到座主的提携。而

---

① 《旧唐书》卷一七二《萧俛传》。

② 《旧唐书》卷一七六《杨嗣复传》。

③ 《旧唐书》卷一七一《张仲方传》。

④ 《旧唐书》卷一七三《李珏传》。

⑤ 《旧唐书》卷一七三《陈夷行传》。

⑥ 《柳河东集》卷三〇。

当座主一旦失势，他们便会"雷灭飙逝"，不再为座主所用。其中有些人害怕别人说闲话，"矫于中以貌于外"，表面上应付应付，"其实亦莫能至焉"，也是不再为座主所用。对座主能始终如一的，终是少数。

《独异志》卷下"崔群庄田"条也从一个侧面反映了座主、门生关系的这种情况：

> 唐崔群为相，清名甚重。元和中自中书舍人知贡举，既罢，夫人李氏因暇日常劝其树庄田以为子孙之计。笑答曰："余有三十所美庄，良田遍天下，夫人复何忧？"夫人曰："不闻君有此业。"群曰："吾前岁放春榜三十人，岂非良田耶？"夫人曰："若然者，君非陆相门生乎？然往年君掌文柄，使人约其子简礼，不令就春闱之试。如君以为良田，则陆氏一庄荒矣。"群惭而退，累日不食。

陈寅恪先生曾指出过："座主以门生为庄田，则其施恩望报之意显然可知。"[①]但崔群为了自己的清名，不让陆贽之子参加贡举，则其对陆贽选拔之恩又何以为报？高锴文宗开成时连续三年知贡举，共放进士120人。然其子高涣"久举不第"，也没有得到门生们的照顾。"或谑之曰：一百二十个蜣螂，推一个屎块不上。"[②]人们的社会观念和实际情况还是有着很大的距离。之所以出现这种距离，除了个人的因素之外，主要还是因为座主、门生的关系是建立在相互之间现实的政治利益的基础之上的，而不是一种道义上的关系。

---

① 《唐代政治史述论稿》中篇《政治革命及党派分野》。
② 《唐摭言》卷一五《没用处》。

第十章　请托行卷的盛行

请托之风始于武则天时期。武则天采取各种措施，广开入仕门路，使一般地主士人拥入官场；又不断下令举荐人才，大开制科，破格用人，使一般官吏有可能迅速升迁。一些科举出身者不仅升入五品，跨进了高级官吏通贵的行列，而且有的还做到了侍郎、尚书以至宰相。这就大大刺激了一般士子通过科举入仕的积极性。天授（690—692）中，左补阙薛谦光在所上疏中谈到当时举人，"或明制才出，试遣搜扬，驱驰府寺之门，出入王公之第，上启陈诗，唯希咳唾之泽；摩顶至足，冀荷提携之恩。故俗号举人，皆称觅举。觅为自求之称，未是人知之辞。察其行而度其材，则人品于兹见矣"。① 这些请托者主要是一般没有特殊关系的士子，不为"人知"，因此要奔走于达官贵人之间，上启陈诗，希望得到他们的赏识和提携，向有关部门或人士进行推荐。

此后，随着官僚子弟应举的增加，请托者更多的是官僚贵族子弟。中宗景龙三年（709）马怀素迁考功员外郎知贡举，"时贵戚纵恣，请托公行。怀素无所阿顺，典举平允"。② 马怀素虽然可以做到无所阿顺，但并不能扭转这种局面。《旧唐书》卷一○○《王丘传》：

> 开元初，累迁考功员外郎。先是，考功举人，请托大行，取士颇滥，每年至数百人。丘一切核其实材，登科者仅满百人。议者以为自则天已后凡数十年，无如丘者。其后席豫、严挺之为其次焉。

---

① 《旧唐书》卷一○一《薛登传》。

② 《旧唐书》卷一○二《马怀素传》。

按王丘典举在开元二年,严挺之在开元十四年至十六年,席豫可能在开元二十一年,二十年间称职者三人而已,武则天以来的请托之风只是在一定程度上受到抵制。

为了搜罗人才,玄宗仍不断下令荐举,许多士子为了获得美官,纷纷奔走于达官贵人之间,上书献诗,希望得到他们的赏识和提拔。开元初曹州布衣袁参上书中书令姚崇:"欲自托于君,长为君用。"①大诗人李白开元十八年《上安州裴长史书》、二十二年《上韩荆州书》,②同一时期任华《与庚中丞书》《上严大夫笺》《与京尹杜中丞书》③等,也都是为了求得这些高官的赏识,希望通过他们为自己制造声誉,以求仕途之通达。在这样的风气下,科举中的请托之风在开元中年以后,更加盛行起来。开元二十四年(736)李昂为考功员外郎,就曾集应举的进士与之约曰:"如有请托于人,当悉落之。"④开元二十二年孙逖知贡举,颜真卿在《孙逖文公集序》中说:"公又雅有清鉴,典考功时,精核进士,虽权要不能逼。"⑤萧颖士在《赠韦司业书》中也谈到开元二十三年他进士及第时,"与孙考功无里闬交游之知,亲朋推荐之分","见遇尽关于薄技",⑥完全是由于自己的才学而被录取。这也从一个侧面反映,请托权贵和亲朋推荐已成为能否及第的一个重要条件。赵匡总结这时的情况说:

> 举人大率二十人中方收一人,故没齿而不登科者甚众。其事难,其路隘也如此。……
>
> 收人既少,则争第急切,交驰公卿,以求汲引,毁誉同类,用以

① 《全唐文》卷三九六袁参《上中书姚令公元崇书》。
② 《全唐文》卷三四八。
③ 《全唐文》卷三七六。
④ 《大唐新语》卷一〇《厘革》。
⑤ 《全唐文》卷三三七。
⑥ 《全唐文》卷三二三。

争先,故业因儒雅,行成险薄,非受性如此,势使然也。浸以成俗,亏损国风。①

到唐朝后期,进士考试后录取的名单往往不是根据卷面的成绩,而是根据应举者的声名和各方面的推荐,由主司决定的。声誉在录取时的作用越来越重要。贞元十七年,高郢知贡举,"时应进士举者多务朋游,驰逐声名。每岁冬,州府荐送后,唯追奉宴集,罕肄其业"。② 这是从虚名比实学更重要来谈声誉的重要。柳宗元《送韦七秀才下第求益友序》:

> 所谓先声后实者,岂唯兵用之,虽士亦然。若今由州郡抵有司求进士者,岁数百人,咸多为文辞,道古语今,角夸丽,务富厚,有司一朝而受者几千万言,读不能十一,即偃仰疲耗,目眩而不欲视,心废而不欲营,如此而曰吾能不遗士者伪也。唯声先焉者,读至其文辞,心目必专,以故少不胜。京兆韦中立,其文懿且高,其行愿以恒,试其艺益工,久与居,益见其贤。然而进三年连不胜,是岂拙于为声者欤!③

这是从先声夺人,从而有司读至其文心目必专而不会被埋没这个角度来谈声誉的重要。事实上,由于心目不专,遗漏人才的事是经常发生的。如贞元十二年(796)李程应进士举时,所作《日五色赋》,破题曰:"德动天鉴,祥开日华。"是一篇很出色的作品,而杂文落榜。还是杨於陵将李程的赋稿拿给掌贡举的官员看,才改正过来,并擢为状元。④

为了避免遗贤,有的主司主动请别人推荐贤才。天宝末,礼部侍郎杨濬知贡举,问萧颖士求人,"海内以为德选"。⑤ 贞元八年,"陆贽知

---

① 《通典》卷一七《选举五·杂论议中》。
② 《旧唐书》卷一四七《高郢传》。
③ 《柳河东集》卷二三。
④ 《唐摭言》卷八《已落重收》。
⑤ 《全唐文》卷三一七李华《三贤论》。

举,访于梁肃,议其登第有才行者"。① 梁肃、崔元翰、王础向他推荐艺实之士,②其中"梁举八人,无有失者"。③ 不过这种情况很少,这两次都是作为文坛佳话而被记录下来。

更多的是一些闻人、名士向主司或与主司关系密切的人进行推荐。贞元十八年,中书舍人权德舆知贡举,祠部员外郎陆傪帮助他物色贡士。时为四门博士的韩愈作《与祠部陆员外书》,向陆傪推荐了侯喜、李绅、李翊等十人。韩愈在信中赞扬陆傪"好贤乐善,孜孜以荐进良士,明白是非为己任,方今天下一人而已"。并谈到陆傪与司贡士的权德舆之间的关系是,"彼之职在乎得人,执事之志在乎进贤,如得其人而授之,所谓两得其求,顺乎其必从也"。正是由于推荐者意在荐贤,掌贡举者务在得人,因此,对于这样的推荐,大家都不讳言。大和二年(828),太学博士吴武陵看到杜牧的《阿房宫赋》,认为"其人真王佐才也",匆匆赶到正在为赴东都试举人的崔郾饯行的长乐传舍,把杜牧推荐给崔郾,并请求给与状头。由于状头已有人,不得已,即第五人。崔郾当即向席上诸公宣布:"适吴太学以第五人见惠。"④

闻人、名士并不一定直接向主司或其亲近者推荐。通过各种方式为举子制造声誉,往往也可起很大作用。贞元中,牛僧孺以其所作一轴请谒于韩愈、皇甫湜,受到二人的称赏。二人乘他外出,前往访问,在其门上大书"韩愈、皇甫湜同访几官先辈,不遇"。第二天,观者如堵,"由是僧孺之名,大振天下"。⑤ 朱庆余应举,为水部郎中张籍所赏识。张籍"遍索庆余新旧篇什数通,吟改后,只留二十六章。水部置于怀抱,

---

① 《旧唐书》卷一五九《崔群传》。

② 《旧唐书》卷一三九《陆贽传》。

③ 《韩昌黎集》卷一七《与祠部陆员外书》。

④ 《唐摭言》卷六《公荐》。

⑤ 同上。

而推赞钦。清列以张公重名，无不缮录而讽咏之，遂登科第"。① 时为宝历二年(826)。

至于达官贵人，如果能博得他们的青睐，拾取科第，那就易如反掌了。韩愈举进士，三举而无成，由于他"投文于公卿间，故相郑余庆颇为之延誉，由是知名于时"，终于在第四次应举时及第。韩愈在《与凤翔邢尚书书》中写道：

> 布衣之士，身居穷约，不借势于王公大人，则无以成其志；王公大人，功业显著，不借誉于布衣之士，则无以广其名。是故布衣之士，虽甚贱而不谄，王公大人，虽甚贵而不骄，其事势相须，其先后相资也。②

韩愈从自己应举求官的经验出发，深刻分析了王公大人提携布衣完全是建立在一种相须、相资的利益关系的基础之上的。

为了博得达官贵人、闻人、名士的赏识，取得他们的推荐，向他们投书献文章，这就是所谓"行卷"。③ "行卷"一词，在唐代尚未普遍使用。一开始称之为上启陈诗，后来一般称之为投赍、投献、投卷。但在晚唐，也有使用行卷一词的，如李商隐《与陶进士书》就有"况复能学人行卷耶"④之句。《玉泉子》"邓敞，封敖之门生"条亦云："敞之所行卷，多二女笔迹。"《唐摭言》卷十《海叙不遇》也有欧阳詹之孙欧阳澥，"韦中令在阁下，澥即行卷及门"的记载。

行卷一般在科试之前进行。李翱《感知己赋》序："贞元九年，翱始就州府之贡举人事，其九月，执文章一通，谒于右补阙安定梁君。"⑤至于具体情况，没有记载下来。白居易的《与陈给事书》则给我们提供了

---

① 《云溪友议》卷下《闺妇歌》。
② 《韩昌黎集》卷一八。
③ 参程千帆《唐代进士行卷与文学》，上海古籍出版社，1980年。
④ 《全唐文》卷七七六。
⑤ 《全唐文》卷六三四。

一篇典型的行卷文书,节录如下:

> 正月日,乡贡进士白居易谨遣家僮奉书献于给事阁下,伏以给事门屏间请谒者如林,献书者如云,多则多矣……率不过有望于吹嘘鄣拂耳。居易则不然,今所以不请谒而奉书者,但欲贡所诚,质所疑而已,非如众士有求于吹嘘鄣拂也。给事得不独为之少留意乎!

> 伏以给事天下文宗,当代精鉴,故不揣浅陋,敢布腹心。居易,鄙人也,上无朝廷附离之援,次无乡典吹煦之誉,然则孰为而来哉,盖所仗者文章耳。……而居易之文章可进也,可退也,窃不自知之。欲以进退之疑取决于给事,给事其能舍之乎!

> 今给事鉴如水镜,言为蓍龟,邦家大事,咸取决于给事,岂独遗其微小乎。谨献杂文二十首,诗一百首,伏愿俯察悃诚,不遗贱小,退公之暇,赐精鉴之一加焉。可与进也,乞诸一言,小子则磨铅策蹇,骋力于进取矣。不可进也,亦乞诸一言,小子则息机敛迹,甘心于退藏矣。进退之心交争于胸中者有日矣,幸一言以蔽之。旬日之间,敢伫报命,尘秽听览,若夺气褫魄之为者,不宣。居易谨再拜。①

旬日之间如果不见动静,就再投书一次,叫做温卷。柳宗元就作有《上权德舆补阙温卷决进退启》。②

科举及第后,为了谋求官职,应选、应科目选时也需要行卷。韩愈进士及第后贞元九年应博学宏词科,即写有《应科目时与人书》,在此前后,他还写了《与凤翔邢尚书书》《上考功崔虞部书》,③贞元十一年,在三次应科目选均未登科之后,韩愈又三次上书宰相:

> 正月二十七日,前乡贡进士韩愈,谨伏光范门下,再拜献书相

---

① 《白香山集》卷二七。

② 《柳河东集》卷三六。

③ 《韩昌黎集》外集卷二。

公阁下。……其尝所著文，辄采其可者若干首，录在异卷，冀辱赐观焉。干黩尊严，伏地待罪，愈再拜。（《上宰相书》）

二月十六日，前乡贡进士韩愈，谨再拜言相公阁下，向上书及所著文后，待命凡十有九日，不得命，恐惧不敢逃遁，不知所为，乃复敢自纳于不测之诛，以求毕其说，而请命于左右。……今布衣虽贱，犹足以方于此，情隘辞戚，不知所裁，亦惟少垂怜焉！愈再拜。（《后十九日复上书》）

三月十六日，前乡贡进士韩愈，谨再拜言相公阁下，愈闻周公之为辅相，其急于见贤也，方一食，三吐其哺；方一沐，三捉其发。……今虽不能如周公吐哺捉发，亦宜引而进之，察其所以而去就之，不宜默默而已也。愈之待命四十余日矣，书再上而志不得通，足三及门而阍人辞焉。惟其昏愚不知逃遁，故复有周公之说焉，阁下其亦察之。……故士之行道者，不得于朝，则山林而已矣。山林者，士之所独善自养，而不忧天下者之所能安也。如有忧天下之心，则不能矣。故愈每自进而不知愧焉。书亟上，足数及门而不知止焉，宁独如此而已，惴惴焉惟不得出大贤之门下是惧，亦惟少垂察焉。渎冒威尊，惶恐无已。愈再拜。（《后二十九日复上书》）①

其中《后十九日复上书》《后二十九日复上书》，均为温卷之作。

获得官职之后，由于唐朝官吏一般为四考一任，任满之后仍需参加铨选，才能重新委派官职，因此，为了重新获得官职或谋求升迁，仍需向达官贵人行卷。韩愈自董晋表署为宣武节度推官后，仅《韩昌黎集》所载，属于行卷的文字即有贞元十八年《与于襄阳书》、贞元十九年《与陈给事书》②《上李尚书书》、永贞元年《上兵部李侍郎书》③等。

---

① 《韩昌黎集》卷一六。

② 《韩昌黎集》卷一七。

③ 《韩昌黎集》卷一五。

还有在考试落第后给主司或有关人士投书的。如韩愈贞元九年博学宏词科落下后，即曾写《上考功崔虞部书》。① 至于《云溪友议》所记：章孝标"元和十三年下第，时辈多为诗以刺主司，独章君为归燕诗，留献庾侍郎承宣。小宗伯得诗，展转吟讽，诚恨遗才，仍候秋期，必当荐引。庾果重秉礼闱，孝标来年擢第"。更是被人们引为一时佳话。

关于行卷的具体情况，所可注意者有下列数端：

1. 行卷往往与请谒是结合在一起的。像白居易上书陈给事时那样遣家僮献上者，是很少的。一般都是要亲自登门请谒。请谒当然是希望求得一见，以便给王公贵人留下一个良好的印象。但是一般举子很少有可能被接见。因此，请谒除了表示对被请谒的达官贵人的尊重与敬意，主要的目的就是通过这种形式把自己的书信和诗文呈送给达官贵人，以求得他们的赏识和看重，并进一步为自己制造声誉。《文献通考》卷二九《选举二》引江陵项氏安世语，相当形象地描述了举子们初次行卷和温卷的情况：

> 王公大人，巍然于上，以先达自居，不复求士。天下之士，什什伍伍，戴破帽，骑蹇驴，未到门百步，辄下马奉币刺，再拜以谒于典客者，投其所为之文，名之曰求知己。如是而不问，则再如前所为者，名之曰温卷。如是而又不问，则有执贽于马前自赞曰"某人上谒"者。

2. 请谒行卷后，一般希望对方做出反应。白居易在《上陈给事书》中明确提出"旬日之间，敢伫报命"。韩愈在《上宰相书》后，也有《后十九日复上书》《后二十九日复上书》。大致要求做出反应的期限，一般是十至二十天。超过这个期间仍不理睬，那就需要温卷了。所谓温卷，从前引韩愈的《复上书》和柳宗元给权德舆的温卷启来看，并不是把原来所呈诗文重新抄录送上，而是再呈上一封书信，敦促对方予以重视。

---

① 《韩昌黎集》外集卷二。

如果一而再,再而三仍无回音,那就说明对方是有意置之不理了。这也就是所谓"书上不报"。

3. 行卷时,达官贵人自然是主要的对象,但不是唯一的对象。某些文人名士,特别是那些在当时文坛上有一定影响,而又取得了一定政治地位和社会地位的文士,对社会舆论起着左右的作用,因此,也是行卷的重要对象。韩愈引致后进,"为求科第,多有投书请益者,时人谓之韩门弟子"。① 韩愈不仅热情接待,为之延誉,进行推荐,而且对他们的文章进行指点。其所作《答李翊书》《答陈生书》②就是答复举子行卷请益的信件。柳宗元也说:"往在京都,后学之士到仆门日或数十人。仆不敢虚其来意,有长必出之,有不足必葚之。"③"后辈由吾文知名者,亦为不少焉。"④文人名士的这种作用,在录取时比较切实贯彻才学取士原则的贞元、元和时期尤为突出。

由于考试前举人不合与主司相见,而且需向贡院纳省卷,因此,一般不向主司直接行卷。也有个别人,在主司未知贡举时行过卷,这在录取时就会受到格外的照顾。如牛锡庶、谢登二人连年应举不第,贞元二年随计来到长安后,到处投卷。一日,误入萧昕住宅。萧以为二人是来请谒的,命左右延接,二人"因各以常行一轴面赘,大蒙称赏。昕以久无后进及门,见之甚喜,因留连竟日"。这时正好萧昕接到任命他复知贡举的消息,二人告辞的时候,"昕面告之,复许以高第,竟如所诺"。⑤

4. 最初,行卷主要是在京都进行。后来,由于一些文人名士出牧地方或贬黜外州,同时,节镇幕僚又是举子及第后一条重要出路,因此,节度使、观察使以及其他一些地方官,也逐渐成为行卷的重要对象。如梁肃在《送皇甫七赴广州序》中所记,同郡皇甫生赴广州谒岭南节度使

① 《唐国史补》卷下。
② 《韩昌黎集》卷一六。
③ 《柳河东集》卷三四《报袁君陈秀才避师名书》。
④ 《柳河东集》卷三四《答贡士廖有方论文书》。
⑤ 《唐摭言》卷八《遭遇》。

杜佑，"斯往也，亦以赴知己而沽善价"。① 权德舆《送钮秀才谒信州陆员外便赴举序》："有秀才钮氏，以儒者衣冠，访我于衡门之下，用文一轴，与刺偕至，访其行色，则曰，将抵贤二千石陆上饶，然后自江而西，射策上国。"②这是专程前往请谒行卷的。也有随计经过某地，因而请谒投献的，如"蒋凝，江东人，工于八韵，然其形不称名。随计途次襄阳，谒徐相商公，疑其假手，因试岷山怀古一篇。凝于客次赋成，尤得意。时温飞卿居幕下，大加称誉"。③ 于邵坐贬衢州别驾，蔡虚舟"旅次于信安，谓余老于文者，展后进之礼，清晨来思，赠余旧文，凡数十篇，与之讨论，导以无倦。蔡子乃盱衡而纳焉。夫如是，则何患乎名不扬，道不行，春官卿复将示诸掌乎"。④ 于邵不仅为之指点文章，还作序为之延誉。白居易被贬为江州司马时，结庐庐山苦读的刘轲不断把自己的文章呈献给他。刘轲举进士时，白居易写了一封题为《代书》的信，遍致台省故人，请他们予以关照。⑤ 接受行卷后，除了写序作书，还有送钱表示资助的。如牛僧孺特地到襄阳谒于頔，于以海客遇之，牛怒而去。于頔得知牛僧孺离去，问客将"何以赠之？"客回答说"与之五百"。⑥ 尽管牛僧孺并没有接受，但也说明，对请谒行卷者赠遗在某些地方已成为一种惯例。

5. 行卷的时间，不是十分固定的。有在正月临考前的，也有四月、五月落第后的，而主要是在秋冬。落第的举子利用夏天复习功课，作新诗文，谓之夏课。七月以后，举子新课初成，乃执业而出，投献新课。《南部新书·乙》：

---

① 《全唐文》卷五一八；《唐刺史考》卷二五七《广州》。
② 《全唐文》卷四九三。
③ 《唐摭言》卷七《知己》。
④ 《全唐文》卷四二八于邵《送蔡秀才序》。
⑤ 《白香山集》卷二六。
⑥ 《幽闲鼓吹》。

> 长安举子,自六月以后,落第者不出京,谓之过夏。多借静坊
> 庙院及闲宅居住,作新文章,谓之夏课。亦有十人五人醵率酒馔,
> 请题目于知己朝达,谓之私试。七月后,投献新课,并于诸州府拔
> 解。人为语曰:"槐花黄,举子忙。"

一般新应举的举子,十月随计至京后,也是把功课放在一边,到处去打
听情况,研究向谁行卷最起作用,然后就奔走于权贵之间。牛锡庶、谢
登在萧昕处留连竟日,"犹虑数刻淹留,失之善地"。① 请谒行卷,时间
抓得是很紧的。

6. 初次行卷,一般包括两项内容。一项是书信一封,通过对被行
卷者的颂扬,说明为什么选择对方作为行卷的对象;通过对自己情况的
介绍,希望能引起对方的重视;同时还要说明所投卷轴的内容,以及对
举主的希望和要求。其中一些书信,不乏肉麻的吹捧,夸大其词的自我
吹嘘和苦苦的哀求。

另一项是自己的作品,一般是文章和诗赋,白居易献给陈给事的,
就有杂文二十首,诗一百首。也有只献诗或只献文的,李观献给右司赵
员外的是诗三十首,而皇甫湜献给江西李大夫的则是旧文十首。②

呈献诗文,这是行卷的主要内容。举主正是从所呈书信、文章、诗
赋中看出投卷者是否真有才华,并决定对他的态度。白居易以诗谒顾
况,顾况看着白居易说:"米价方贵,居亦弗易。"等他看到"离离原上
草,一岁一枯荣。野火烧不尽,春风吹又生",赞赏说:"道得个语,居即
易矣。"因为之延誉,声名大振。③

7. 行卷的书信、文章,应为举子本人所作,这是不言而喻的。但也
不乏捉刀代笔之作。李商隐所作《为举人上翰林萧侍郎启》《为举人献

---

① 《唐摭言》卷八《遭遇》。
② 《白香山集》卷二七《与陈给事书》;《李元宾文集》卷三《与右司赵员外书》;《皇甫持正文
  集》卷四《上江西李大夫书》。
③ 《幽闲鼓吹》。

韩郎中琼启》,①都是代别人所作行卷时的书信。《玉泉子》记载,杨希古"初应进士举,投丞郎以所业,丞郎延奖之。希古起而对曰:'斯文也,非希古之作也。'丞郎讶而诘之。曰:此舍弟源备为希古所作也,丞郎大异之曰:'今之子弟,以文求名者,大半假手也。苟袖一轴投之于先进,靡不私自炫鬻;以为莫我若也。如子之用意,足以整顿颓波矣。'"晚唐时权贵子弟请人代作行卷文字已经成为一种风气。更有甚者,直接把过去别人行卷的书信文章拿来冒充自己的作品来进行投卷。李播为蕲州刺史时,有李生称举子来谒,所投诗卷,皆为李播应举时行卷之作,只字未改。经过李播的儿子再三诘问,李生才不得不承认:"某向来诚为诳耳。二十年前,实于京辇书肆中以百钱赎得,殊不知是贤尊郎中佳制,下情不胜恐悚。"②

8. 像梁肃、韩愈、柳宗元那样引致后进,以荐贤为己任者,终是少数。他们是和贞元、元和之际的改革浪潮和古文运动紧密联系在一起的人物,荐贤是实现他们的政治理想和文学主张的具体行动之一,因而具有鲜明的时代特色。孙樵《与友人论文书》云:"当元和、长庆之间,达官以文驰名者,接武于朝,皆开设户牖,主张后进,以磨定文章,故天下之文,薰然归正。洎李御史甘以乐进后士,飘然南迁,由是达官皆阖关蚀舌,不敢上下后进。"③按李甘被贬为封州司马,时在文宗大和九年(835),直接的原因是因为他反对郑注入相。④但孙樵所云大和之后,朝士不再上下后进,是符合实际情况的。此后有些人由于其地位和作用,虽仍成为举子行卷的集中对象,但他们对举子的态度和热情,是大不相同的。李商隐在《与陶进士书》中回顾了他在这个时期行卷时的遭遇和感受:

① 《全唐文》卷七七七。
② 《太平广记》卷二六一《李秀才》。
③ 《全唐文》卷七九四。
④ 《资治通鉴》卷二四五。

已而被乡曲所荐,入来京师,久亦思前辈达者固已有是人矣,有则吾将依之。系鞋出门,寂寞往返其间,数年卒无所得,私怪之。而比有相亲者曰:"子之书,宜贡于某氏某氏,可以为子之依归矣。"即走往贡之。出其书,乃复有置之而不暇读者,又有默而视之,不暇朗读者,又有始朗读,而终有失字坏句,不见本义者。进不敢问,退不能解,默默已已,不复咨叹。故自大和七年后虽尚应举,除吉凶书及人凭倩作笺启铭表之外,不复作文。文尚不复作,况复能学人行卷耶!①

李商隐在相亲者的指点下,没有被拒之门外,已经算是很幸运的了,但是不论是不暇读者,还是默而视之者,乃至朗读而终有失字坏句,不见本义者,他们都不再为投卷者磨定文章,而且也无力对投卷者进行指正。这不仅说明文人名士已不再成为投卷的对象,也说明达官文化素养是怎样的低下。

向达官贵人请谒行卷者众,他们恃势傲物,势利待人,对于投卷者的态度,主要取决于投卷者的身份。孙樵《骂僮志》借二僮之口说:

> 吾闻他举进士者,有门吏诸生为之前焉,有亲戚知旧为之地焉。走健仆,囊大轴,肥马四驰,门门求知。所至之家,入去如归。阍者迎屈,引主人出,取卷开读,喜欢入骨。自某至某,如到一户,口口附和,不敢指破。亲朋扳联,声光烂然,其于名达,进取如掇。

这些官贵子弟,不论他们才学如何,由于有门生故吏、亲戚旧知为之攀联,行卷时到处受到欢迎,很快就声光烂然,声名大振,而被主司录取。而像孙樵这样的一般举子,低声下气,也未必有一字能达主人目:

> 今主远来关东,居长安中,进无所归,居无所依,怂割口食,以就卷轴,冒暑触雪,携出籍谒。所至之门,当关迎嗔,俯眉与语,受卷而去。望一字到主人目,且不可得,矧其开口以延乎? 时或不

---

① 《全唐文》卷七七六。

弃,而遇主人,推心于公是者,当开缄引读。苟合心曲,又曰:彼何人耶? 彼何自耶? 况所为幽拙,大与时阔。①

贞元、元和以至大和初年,一般士子通过行卷得到名人名士或达官贵人赏识而向主司推荐,得以及第成名的情况,虽然晚唐间或有之,但总的来说,已经成为历史的过去。

---

① 《全唐文》卷七九五。

第十一章 科举中的权贵子弟问题

第一节 子弟问题的提出

元和（806—820）以后，公卿大臣子弟应举的越来越多，及第名额为他们所占的情况不断发展。中下级官吏和一般士子要求不放子弟及第的呼声越来越高。结合官僚士大夫集团之间的党争，经过几次较量，武宗会昌（841—846）年间终于出现了不放子弟和子弟不敢应举的局面。穆宗初年的覆试事件，是其中的第一个回合。

唐穆宗长庆元年（821），礼部侍郎钱徽掌贡举，共放进士 33 人。放榜后，罢相出镇西川的段文昌，"赴镇辞日，内殿面奏，言徽所放进士郑朗等十四人，皆子弟艺薄，不当在选中"。[①] 穆宗以其事访于翰林学士元稹、李绅等人。"（李）德裕与同职李绅、元稹连衡言于上前，云徽受请托，所试不公。"[②]穆宗于是命中书舍人王起、主客郎中知制诰白居易等复试，结果，"孔温业、赵存约、窦洵直所试粗通，与及第；裴譔特赐及第，郑朗等十人并落下"。[③]

录取四人的情况是：

孔温业，从祖巢父官至兼御史大夫充宣慰使，被李怀光杀害，赠尚

---

① 《旧唐书》卷一六八《钱徽传》。

② 《旧唐书》卷一七六《李宗闵传》。

③ 《旧唐书》卷一六八《钱徽传》；卷一六《穆宗纪》。

书左仆射;祖岑父,官至著作郎。伯父戣,建中元年进士,元和十二年授广州刺史、岭南节度使;敬宗即位,拜吏部尚书,二子皆登进士第。父戢,明经登第,孔戣为岭南节度使时,出为潭州刺史、湖南观察使。这是一个祖辈在安史乱后逐步起家,父辈在德宗时由科举出身,而在宪宗时致于高位的新兴家族。①

赵存约,父赵植,朱泚之乱时率家人、奴客护驾有功,浑瑊辟为推官,贞元初为郑州刺史,十七年由工部侍郎出为广州刺史、岭南节度观察等使,卒于镇,是以军功起家的新贵。②

窦洵直,祖元昌,九陇令,父佚名,叔彧,庐州刺史。叔子易直,曾为京兆尹,元和十三年迁宣州刺史、宣歙池都团练观察等使。长庆二年九月,入为吏部侍郎。③

裴谞,曾祖有邻,濮州濮阳令;祖溆,河南府渑池丞,均为中下级官员。父裴度,贞元五年进士擢第,登宏辞科。宪宗时步步高升,有平淮西之大功,元和十年起为相。元和十四年,为检校左仆射,同中书门下平章事、太原尹、北都留守、河东节度使。穆宗长庆元年秋,进位检校司空,兼充押北山诸蕃使。④ 也是由科举起家的新贵。

落下的十人中,可考的除郑朗外,还有苏巢、杨殷士和卢公亮。⑤

郑朗,祖谅,冠氏令;父珣瑜,少孤,大历中以讽谏主文科高第授大理评事,相德宗、顺宗。⑥ 兄覃,以父荫补弘文校书郎,时为谏议大夫。

苏巢,李宗闵子婿。宗闵为宗室郑王元懿之后,父翱,曾任宗正卿、华州刺史。伯父夷简,元和中宰相。宗闵贞元二十一年进士擢第,元和

———————

① 《旧唐书》卷五四《孔巢父传》。

② 《旧唐书》卷一七八《赵隐传》。

③ 《新唐书》卷七一下《宰相世系表一上》;《旧唐书》卷一六七《窦易直传》。

④ 《旧唐书》卷一七〇《裴度传》。

⑤ 《旧唐书》卷六六八《钱徽传》,卷一七六《李宗闵传》《杨虞卿传》,卷一六《穆宗纪》。

⑥ 《新唐书》卷一六五《郑珣瑜传》,卷七五上《宰相世系表五上》。

四年复登制举贤良方正科,时为中书舍人。①

杨殷士,从兄杨虞卿,元和五年进士,又应博学宏词科,元和末累官至监察御史。兄汝士,元和四年进士及第,亦登博学宏词科,时为右补阙。监察御史正八品上,右补阙从七品上,虽为七、八品中下级官吏,但由于监察御史和补阙皆为清官,不以资次迁授,②可以很快升入五品;加之又是宪官、谏官,可以向皇帝上奏和进谏,因此,杨殷士也被目为子弟。

卢公亮,家庭出身情况待考。

以上8人中,除待考者一人外,父兄叔岳为科举出身者6人,除孔温业、苏巢外,其余5人祖父一辈都没有位至高官,不是传统的势门。大部分是贞元、元和间通过科举起家的新贵。

值得注意的是,复试后录取的四人中,除赵存约之父赵植已故,其余三人之父兄,皆为当朝坐镇方面的三品大员。而复落的四人的父兄中,郑朗之父珣瑜虽曾为宰相,但早在十六年前即已故去。③其兄郑覃仅为正五品上阶的谏议大夫;李宗闵亦为正五品上阶;而杨虞卿、杨汝士品阶更低,都是刚刚步入或即将步入高官行列的。故从复落的这几个人的情况看,颇有压抑贞元、元和之际起家刚刚做到或即将做到五品官的这一代官僚的意味。

主持这次贡举的钱徽,吴郡人。父起,天宝十年进士,曾任考功郎中,④是著名的大历十才子之一。钱徽贞元十年进士及第,元和六年为祠部郎中、知制诰,九年为中书舍人,长庆元年为礼部侍郎。⑤虽然位至五品已有十年,但也是刚刚升入四品。其情况实介乎录取者与复落

---

① 《旧唐书》卷一七六《李宗闵传》。

② 《旧唐书》卷四二《职官志》。

③ 《新唐书》卷一六五《郑珣瑜传》。

④ 《唐诗纪事》卷三〇《钱起》。

⑤ 《旧唐书》卷一六八《钱徽传》。

者父兄之间。

再看对这一次贡举提出意见的段文昌等数人的情况：

段文昌，高祖志玄，右骁卫大将军；曾祖瓛，朝邑令；祖怀皎，赠给事中；父谔，曾任刺史。[1] 岳父武元衡，相宪宗。韦皋在蜀，表文昌为校书郎。元和末为祠部郎中，赐绯，充翰林学士、知制诰。穆宗即位后，正拜中书舍人，寻拜中书侍郎、平章事，时年 48 岁。[2]

李绅，高祖敬玄，则天朝中书令。祖、父皆为县令。绅元和初登进士第。穆宗召为翰林学士，与李德裕、元稹同在禁署，时称"三俊"，情意相善。长庆元年三月，由右补阙迁司勋员外郎、知制诰。二年二月，超拜中书舍人，内职如故。[3]

元稹，北魏皇室之后。六代祖岩，隋兵部尚书。曾祖、祖父官位均不高。父宽，比部郎中、舒王府长史。然 8 岁丧父，家贫，15 岁两经擢第，元和元年制策登第，拜左拾遗。十四年征为膳部员外郎。穆宗即位后，转祠部郎中、知制诰，不久，召入翰林，为中书舍人、承旨学士。长庆二年，拜平章事。[4]

李德裕，赵郡人，祖栖筠，御史大夫，父吉甫，宪宗时宰相。德裕本人门荫出身，累辟诸府从事。元和十四年入朝，拜监察御史。穆宗即位，召拜翰林充学士，长庆元年转考功郎中、知制诰。二年二月，转中书舍人。[5]

从远祖看，他们都颇为相似，都有一个显赫的祖先，有的是开国功臣，有的是一代名相，有的是皇帝或士族。这些都成为他们追求高位的一种精神支柱。但从他们祖父一辈看，除李德裕外，都没有做到高官，

① 《新唐书》卷七五下《宰相世系表》五下；《册府元龟》卷一三一《帝王部·延赏二》：（元和十五年六月），段文昌祖怀皎赠给事中，父谔赠左仆射。

② 《旧唐书》卷一六七《段文昌传》。

③ 《旧唐书》卷一七三《李绅传》。

④ 《白香山集》卷六一《河南元公墓志铭并序》；《旧唐书》卷一六六《元稹传》。

⑤ 《旧唐书》卷一七四《李德裕传》。

而李德裕曾祖以上,在唐代都没有官职。① 他们大多是从父辈开始才逐步起家。他们和前面所述的贞元、元和时期起家的新贵一样,原先多属地主阶级的中下层。他们和前者的不同是,在元和、长庆之际,由于他们的文学才能得到了穆宗的赏识,都先后担任了翰林学士,并得到破格的提拔,很快升入了五品。

他们虽然已经或正在进入高官行列,并且留在皇帝的身边,但是,在位之日浅,地位很不稳定。在他们的前面,有贞元、元和之际起家的一批人,其中许多人已经成为大僚,还有一些人尚未爬上去,处于和他们类似的地位。与他们同时的,有一大批富有学识、卓有才干的五品上下的官员。这一批人锐于进取,是段文昌、李绅辈主要的竞争对手。因此,段文昌、李绅等为了巩固现有地位,并升到更高的层次,一方面极力扩大自己的影响和势力,同时,倾陷那些妨碍自己的对手。即以揭露钱徽贡举受请托一事而论,段文昌、李绅、元稹、李德裕均担任过翰林学士,可能是他们结合的一个条件。而段文昌、元稹、李德裕均不由进士出身,对进士各有不同的偏见或想法,也可能是他们联合的思想基础。但直接的原因,段文昌是因为向钱徽保荐故刑部侍郎杨凭子浑之而钱徽未予及第。李绅也是因为所托举子周汉宾不第。元稹则是与李宗闵进取有嫌隙。② 李德裕也以"李宗闵尝对策讥切其父,恨之"。③ 促使他们联合的这些个人的利害和恩怨,都没有离开科举和进取这个主题。事实上,不论钱徽大放子弟,还是段文昌等揭露钱徽所取皆子弟无艺,他们的实际目标,是十分一致的。因此,如果揭去这些官僚之间个人恩怨的面纱,就不难看出,高官子弟想方设法进士及第,高级官吏乃至宰相竞相为子弟、亲友和各种关系进行请托,这时已形成了一股潮流。《旧唐书·王起传》所云"先是贡举猥滥,势门子弟,交相酬酢。寒门俊

---

① 《新唐书》卷七二上《宰相世系表二上》。

② 《旧唐书》卷一六八《钱徽传》。

③ 《资治通鉴》卷二四一穆宗长庆元年。

造，十弃六七"，相当准确地概括了当时的情势。

按，长庆元年钱徽原来所取进士 33 人中，如段文昌所揭露，子弟 14 人，占录取总数的 42%，如果再加上未被段文昌列入子弟的天宝末进士，大历十才子之一的故户部郎中卢纶之子卢简求；①钱徽同年，贞元初进士，元和初曾任少府监，同州刺史的崔颋之子崔玙以及宗室李回（躔），②公卿权贵子弟 17 人，达 50%，再加上那些没有被录取的子弟，如杨凭之子浑之，"势门子弟，交加酬酢"，请托关节，干挠主司，垄断科举，确是达到了有唐以来前所未有的水平。反对请托，反对子弟垄断科举，虽然还没有形成为一股强大的潮流，但从《旧唐书·王起传》所云，"其年，钱徽掌贡士，为朝臣请托，人以为滥"来看，人们的不满情绪也已是达到了相当强烈的程度。特别是通过段文昌的揭露，科举中的子弟问题，第一次鲜明地提到了人们的面前，从而揭开了子弟应举和录取问题长期争论的序幕。

第二节　不放子弟局面的形成

长庆元年复试的原因是"所试不公"，"主司受请托"。郑朗等 10 人复落的借口是对试题《孤竹赋》中的孤竹管"都不知其本事，辞律鄙浅，芜累亦多"。③ 如果确有才艺而又不涉诸托，原则上高官子弟是可以参加科举考试的，录取时也不受任何限制。文宗大和元年二月敕，"自今已后，天下勋臣节将子弟，有能修词尚学，应进士、明经及通史学者，委有司务加奖引"。④ 表面看，与当年隋文帝下诏"武力之子，俱可学文"，"有功之臣，降情文艺。家门子侄，各守一经"，⑤有些相似。但

---

① 《旧唐书》卷一六三《卢简辞传附简求传》。

② 《登科记考》卷一九长庆元年；《旧唐书》卷一七七《崔珙传》，卷一七三《李回传》。

③ 《旧唐书》卷一六八《钱徽传》。

④ 《唐会要》卷七六《缘举杂录》。

⑤ 《隋书》卷二《高祖纪下》大业九年。

在唐朝后期，内地也设立了节度使，且节将多由文人担任。其中淮南和西川节度使且成为宰相回翔之地。因此，此诏实际上还是鼓励高官子弟应举。

但通过这次事件，此后一段时期内，掌贡举的官员一般都比较注意按照才学的标准来进行录取。长庆二、三年掌贡举的王起"得士尤精"。[①] 大和元年、二年，崔郾"凡两岁掌贡士，平心阅试，赏拔艺能，所擢者无非名士"。[②] 大和三年、四年掌贡举的郑澣也是"选拔造秀，时号得人"。[③] 尽管在大和年间（827—835）进士及第的子弟有纪年可考者只有 13 人，其中有 6 年每年只有 1 人。[④] 子弟及第的人数不多。但这只是坚持录取标准的结果，还没有材料表明这是一种有意的抑制。

情况到开成年间开始发生变化。开成元年至三年（836—838），高锴掌贡举三年，每岁登第者 40 人。《旧唐书·高锴传》特别指出："然锴选擢虽多，颇得实才，抑豪华，擢孤进，至今称之。"从现存史料看，三年 120 人中，子弟有王收、牛蔚、郑茂谌、杨载等数人，都集中在开成三年，显然呈现出一种上升的趋势。而旧传仅称赞他抑豪华，说明还有相当一些权贵豪门子弟受到了抑制。这也正是文宗末年出现的两种不同的趋势。

穆宗长庆年间，贞元、元和之际以进士起家的官僚，由于刚刚步入五品，地位尚不稳定，资望也浅，因而尚未形成一个强固的集团。而到文宗开成前后，他们中的一部分人已经跻居高位，有的做到侍郎、宰相，进入最高统治层。李宗闵、杨嗣复、牛僧孺、李珏便是他们的代表人物。大和、开成间及第的子弟，即多为这些三、四品大员的子弟。还有一部

---

① 《旧唐书》卷一六四《王播传附起传》。

② 《旧唐书》卷一五五《崔邠传附郾传》。

③ 《旧唐书》卷一五八《郑余庆传附澣传》。

④ 据《登科记考》卷二〇、卷二一，十三人为：裴肃子裴球、崔从子崔慎由、杜佑孙杜牧、崔绘子崔黯、崔郾子崔瑶、令狐楚子令狐绹、殷侑子羽、宗室李从晦、韦贯之子澳、杜牧弟颛、裴乂子坦、郑余庆孙处诲、牛僧孺子蔚，参两唐书各人本传。

分元和前期进士及第,这时刚刚步入高官不久的四、五品官员,如杨虞卿、杨汝士兄弟。他们的地位还不稳固。同时,他们和李宗闵等在长庆复试案中都受到打击和压抑,因此,相互结合起来。在大和年间,他们与和他们地位相当,而出身、经历稍有不同的李德裕等高级官员展开了激烈的争权夺利的斗争。

在李宗闵的支持下,杨虞卿"为举选人驰走取科第,占员阙"。[①] 以扩大他们的影响和势力。由于他们在朝廷中已经取得了举足轻重的地位,他们的一个重要目的,就是要巩固既得的权力和地位,并且世代传袭下去,因此,在进用官员时,杨嗣复、李珏提出"地胄、词彩者居先"[②]的原则。武宗所说"比闻杨虞卿兄弟朋比贵势,妨平人道路",也就成为一种必然的结果。

但也有相当一批元和前后及第的进士一直未能进入五品。这些前一时期的积累和源源不断通过科举出身而又不能迅速升迁的官吏,以及越来越多奔向科举而又一时不能及第的士子,有形无形地,就形成为一股强大的势力。加之大和末两派官吏斗争两败俱伤,李德裕、李宗闵先后贬出,甘露之变又使官僚士大夫普遍受到一次打击,下层势力乘之而起,终于在开成、会昌之际形成了一股反对子弟及第的浪潮。

尽管如此,武宗即位后子弟及第还是出现了迅速上升的趋势。会昌元年(841)进士及第的子弟有沈传师子沈询、王播侄王铎,二年有郑绸孙郑颢、郑瀚子郑从谠、李翱甥、郑亚子郑畋。这种两年间子弟五人及第的情况,在大和年间是从未出现过的。

值得注意的是,会昌初年掌贡举的柳璟,虽然《旧唐书·柳登传》说他"再司贡籍,时号得人"。而《新唐书·柳登传》则云:"(璟)会昌二年,再主贡部,坐其子招贿,贬信州司马。"此事虽未大肆张扬,但从会昌三年把21年前曾主贡举、时已高居吏部尚书、判太常卿事,年

---

① 《旧唐书》卷一七六《杨虞卿传》。

② 《南部新书》丁。

届 84 岁高龄的王起请出来权知礼部贡举来看,贡举出现了复杂的局面。①

王起知贡举后,很快就出现了杜牧在《上宣州高大夫书》中所说的情况:

> 自去岁前五年,执事者上言,云科第之选,宜与寒士;凡为子弟,议不可进。熟于上耳,固于上心,上持下执,坚如金石。为子弟者,鱼潜鼠遁,无入仕路。②

形势真可谓急转直下。按,高元裕为宣歙观察使,在会昌五年下半年到大中元年,故此书写作时间不会晚于大中元年,书中所云"自去岁前五年"当为会昌元年或二年中的一年。范摅《云溪友议》卷中"赞皇勋"条原注云:

> 光福王起侍郎,自长庆三年知举,后二十一岁,复为仆射。武皇朝犹主国。凡有亲戚在朝者,不得应举。远人得路,皆相贺庆而已。

明确指出,子弟不得应举,是在王起知贡举的会昌三、四年。因此,"执事者上言"的时间,当在会昌二年。

高元裕倡言于前,王起力行于后。在王起掌贡举期间,他大放孤寒,特别是会昌三年一榜,及第的进士均无显赫家世。榜出后,引起了很大的震动,王起在长庆二年知贡举时的门生,文宗时曾为中书舍人、翰林学士,武宗即位后出为华州刺史、镇国军潼关防御使的周墀写诗寄贺,并在序中称赞他"文学德行,当代推高。在长庆之间,春闱主贡,采摭孤进,至今称之。近者,朝廷以文柄重难,将抑浮华,详明典实,由是复委前务。三领贡籍,迄今二十二年于兹,亦缙绅儒林,罕有如此之盛。

---

① 《旧唐书》卷一六四《王起传》。
② 《樊川文集》卷一二。

况新榜既至,众口称公"。① 新及第进士 22 人和周墀诗。李潜在诗中称颂王起"文学宗师心称平,无私三用佐贞明"。邱上卿则称颂他"常将公道选诸生,不是鸳鸿不得名"。樊骧更在诗中特别提出:"孤进自今开道路,至公依旧振寰瀛。"②

王起大放孤寒,正如其门生们在诗中所指出的,乃秉公而取。《旧唐书·王起传》亦云:"起前后四典贡部,所选皆当代辞艺之士,有名于时,人皆赏其精鉴徇公也。"所持仍是长庆时的原则,只要不涉请托,确有才艺,子弟是可以录取的。因此,会昌四年再知贡举时,所取进士 30人中,包括了刑部尚书杨汝士之子知至、故相牛僧孺之甥源重、河东节度使崔元式女婿郑朴、监察御史杨发之弟严、故相窦易直之子缄。③ 但是,"物议以子弟非之",王起乃覆奏武宗。④ 武宗"令送所试杂文,付翰林重考覆。续奉进止:杨严一人,宜与及第;源重四人落下"。⑤

这样做的结果,物议自可平息,而在朝廷内却引起了一场不大不小但却是意义深远的议论。《旧唐书》卷一八上《武宗纪》会昌四年比较详细地记载了此事:

> 时左仆射王起频年知贡举,每贡院考试讫,上榜后,更呈宰相取可否。后人数不多,宰相延英论言:"主司试艺,不合取宰相与夺。比来贡举艰难,放人绝少,恐非弘访之道。"帝曰:"贡院不会我意。不放子弟,即太过。无论子弟、寒门,但取实艺耳。"李德裕对曰:"郑肃、封敖有好子弟,不敢应举。"帝曰:"我比闻杨虞卿兄弟朋比贵势,妨平人道路。昨杨知至、郑朴之徒,并令落下,抑其太甚耳。"德裕曰:"臣无名第,不合言进士之非。然臣祖天宝末以仕

---

① 《唐摭言》卷三《慈恩寺题名游赏赋咏杂纪》。

② 同上。

③ 《唐摭言》卷八《别头及第》。

④ 《旧唐书》卷一七七《杨牧传》。

⑤ 《唐摭言》卷八《别头及第》。

进无他伎,勉强随计,一举登第。自后不于私家置《文选》,盖恶其祖尚浮华,不根艺实。然朝廷显官,须是公卿子弟。何者?自小便习举业,自熟朝廷间事。台阁仪范,班行准则,不教而自成。寒士纵有出人之才,登第之后,始得一班一级,固不能熟习也。则子弟成名,不可轻矣。"

正当朝野称颂王起知贡举"再辟文场无柱路,两开金榜绝冤人"①的时候,宰相向皇帝提出,"比来贡举艰难,放人绝少",并特别提出"郑肃、封敖有好子弟,不敢应举"。这是很值得注意的。王起两榜,第一榜22人,比通常少8人。第二榜原定30人,后落下4人,都谈不上绝少。许多孤寒之士都在这期间及第,对于一般士子来说,贡举也不是变得更加艰难。说子弟不敢应举,至少也是不全面的,会昌四年二月落下的四人均为子弟,还是有一部分子弟敢于应举的。至于武宗所说的"不放子弟即太过",这是武宗自相矛盾,王起原来不是不放子弟,而是不放那些试文不合格的子弟。后来"不放子弟",则是武宗自己"并令落下"。因此,问题并不是放不放子弟,而是子弟是按照才艺还是按照其子弟的身份及第的问题。宰相提出"比来贡举艰难",一方面是反映了某些子弟迫于舆论压力不敢应举,另一方面则是要求放宽对子弟录取的标准。

李德裕还明确提出了"朝廷显官须是公卿子弟","子弟成名不可轻矣"这样重要的政治原则。他提出的理由是公卿子弟"自小便习举业,自熟朝廷间事,台阁仪范,班行准则,不教而自成"。我们暂且不去讨论寒士登第后能否熟习的问题。李德裕提出的这一套理论,实际上是要把科举和门荫制度联系起来,如果按照他说的这一套实行的话,不仅朝廷显官均为公卿子弟,即便科举及第,也应由公卿子弟垄断。在这一点上,李德裕与杨嗣复、李珏在文宗时所主张的"地胄词采者居先"②

---

① 《唐摭言》卷三《慈恩寺题名游赏赋咏杂纪》引内道场诗僧广宣诗。
② 裴庭裕《东观奏记》上卷。

是相通的。

由于多数子弟无艺，因此，是按照武宗所说的"不放子弟，即太过。无论子弟、寒门，但取实艺耳"，还是按照李德裕的没有艺实前提的"子弟成名，不可轻矣"，只要是公卿子弟，原则上就应该考虑优先录取，这就成为放不放子弟的核心问题。寒门一无权，二无势，所恃者只有才学。而子弟凭借的，则主要是父祖的地位和权势。因而，放不放子弟，在录取时就反映为才学和权势，艺实和请托之争。从长庆元年段文昌论子弟无艺，到会昌时"物议以子弟非之"，是一个变化的过程。说某几个或某些子弟无艺，那么，其他子弟并不一定无艺，甚至还可能是才艺出众的，原则上并没有否定子弟可以应举和及第。而"物议以子弟非之"，则是认为凡是子弟都不应录取。这与杜牧所云，执事者上言，"凡为子弟，议不可进"；范摅所言，王起知举，"凡有亲戚在朝者，子弟不得应举"，作为一种思潮或社会舆论来说，是一致的。尽管如前所述，这与事实并不完全相符，但公卿子弟的应举及第，也确是受到很大的限制。取上几个子弟，舆论立即大哗，这说明，主张不放子弟，在会昌年间已经形成为一股巨大的社会潮流。

这股社会潮流的基础，就是我们在前面指出的那些未仕和已仕而品位不高，或长期滞进的中下层官吏。他们人数众多，加之大官僚之间由于权力之争而分为朋党，没有形成一股统一的向下的力量，并且都企图利用下层力量来打击对方。因此，不放子弟的潮流能持续二十余年而不衰。但到会昌四年，宰相李德裕等终于发现，由于主持贡举的王起坚持按才学录取，不能按照他们的意图去做，结果，反倒使与他们接近的官僚的子弟不敢应举或不能及第，于是反过来大声疾呼，"子弟成名，不可轻矣"。

经过李德裕等在皇帝面前的力争，会昌五年贡举发生了两个微妙的变化。一是四年秋，王起出为兴元尹，兼同平章事，充山南西道节度使，改由陈商知贡举。二是陈商放进士27人，"物论以为请托，令翰林学士白敏中复试",落张渎等七人。[1] "议者以为公"。[2] 落下的七人是否为子弟,待考。但从"物论以为请托",和复试后落下七人"议者以为公"来看,陈商已经改变了王起掌贡举时坚持按标准录取的做法,而是按照李德裕提出的路子去做的。这种做法持续下去的话,就会为子弟应举大开方便之门。但是,物议导致了复试,这种做法没有能真正产生成效。两股潮流仍然是相持不下,直到宣宗即位,情况才出现了转机。

第三节　晚唐微妙的形势

《旧唐书》卷一八下《宣宗纪》大中元年:

> 二月丁酉,礼部侍郎魏扶奏:"臣今年所放进士三十三人,其封彦卿、崔琢、郑延休等三人,实有词艺,为时所称,皆以父兄见居重位,不得令中选。"诏令翰林学士承旨、户部侍郎韦琮重考覆,敕曰:"彦卿等所试文字,并合度程,可放及第。有司考试,只在至公,如涉请托,自有朝典。今后但依常例放榜,不得别有奏闻。"

会昌以来"凡是子弟,议不可进","不得中选"的风气,总算是通过皇帝的敕令,正式加以纠正。子弟及第,不得别有奏闻,录取权又全交给了主司。

经过长庆至会昌(821—846)二十余年的反复较量,大中(847—860)时大官僚之间的朋党之争终于停息下来。大官僚作为一个统一的力量,执掌着朝政,并团结一致地抑制中下层官吏。面对以最高统治权为依托的大地主、大官僚,中下层官吏和一般士子已无力对抗,子弟

---

① 《旧唐书》卷一八上《武宗纪》,放进士 27 人,据《文献通考》卷二九《选举二》所引唐登科记总目。

② 《册府元龟》卷六四四《贡举部·考试》"武宗会昌五年二月"条。

及第的主要障碍,终于被消除。

　　《云溪友议》卷下《沈母议》记载,沈询大中九年知贡举,将欲放榜,其母郡夫人曰:"吾见近日崔、李侍郎,皆与宗盟及第,似无一家之谤。汝叨此事,家门之庆也。"崔、李侍郎指大中三年知贡举的礼部侍郎李褒、六年知贡举的礼部侍郎崔瑀和七年以中书舍人知贡举、旋拜礼部侍郎的崔瑶。① 他们不仅放子弟,而且"皆与宗盟及第"。公然把科第给与亲戚,竟"无一家之谤"。没有人出来加以反对。这与会昌时动不动就"以子弟非之"相比,是一个极大的变化。正是在这样的情势下,崔瑶知贡举,才敢于"以贵要自恃,不畏外议。榜出,率皆权豪子弟"。②

　　此后,知贡举者大放子弟,就更无顾忌了。曾经经历过宣宗朝的孙棨在《北里志·序》中写道:

　　　　自大中皇帝好儒术,特重科第,故其爱婿郑詹事再掌春闱。上往往微服长安中,逢举子则狎而与之语。时以所闻质于内庭学士及都尉,皆耸然莫知所自。故进士自此尤盛,旷古无俦。然率多膏粱子弟,平进岁不及三数人。由是仆马豪华,宴游崇侈。

　　懿宗即位后,这种情况又持续了几年。大中十四年由裴坦知贡举,他让两个儿子在家议榜,"所与者,不过权豪子弟,未尝以一平人艺士议之"。③ "时举子尤盛,进士过千人,然中第者皆衣冠士子。"④其中有故户部尚书郑瀚之孙郑羲,故相裴休之子裴弘余,故相魏扶之子魏筹、河中节度使、原宰相令狐绹之子令狐滈,故相崔珙侄崔渎,以及裴坦的故人刘虚白。当时虽然有人对令狐滈应举事上疏提出意见,懿宗还是

---

①　《登科记考》卷二二。

②　《唐语林校正》卷三。

③　《玉泉子》"翁彦枢"条。

④　《册府元龟》卷六五一《贡举部·谬滥》

采取了优容的态度,把奏疏压下,平息了此事。[1] 子弟的应举、录取仍然不受任何限制。

到咸通四年(863),情况又发生了微妙的变化。左散骑常侍萧倣知此年贡举,"杂文榜中,数人有故,放榜后发觉","颇兴物论",被贬为蕲州刺史。据萧倣《与浙东郑商绰大夫雪门生薛扶状》所云:"见在子弟无三举,门生旧知才数人。"说"数人有故",并不为过。唯观其所取之人,除柳宗元之子柳告,韩愈之孙韩绾尚可称之为子弟外,亦并无权豪子弟。因此,萧倣之所以招物论,当如他在《蕲州刺史谢上兼知贡举败阙表》中所论:

> 臣伏以朝廷所大者,莫过文柄;士林所重者,无先辞科。推公过即怨讟并生,行应奉即语言皆息。为日虽久,近岁转难。如臣孤微,岂合操剸! 徒以副陛下振用,明时至公,是以不听嘱论,坚收沉滞。请托既绝,求瑕者多。[2]

实在是因为没有接受权贵的嘱托,才遭到攻击。这与长庆初段文昌因请托不成而揭露钱徽,也很有一些相似之处。不同的是,长庆时钱徽确是录取了许多子弟,而这一次所取子弟并不多;长庆时段文昌等提出的是所取子弟皆无艺,而这一次既没有提出子弟无艺,也没有像会昌时一样提出子弟问题,只是在"数人有故"上做文章。

像这样"不听嘱托,坚收沉滞"的,咸通时除了萧倣还有王凝、高湜等。

尽管大中(847—859)时权豪把持科举已成定势,但到咸通(860—874)时还是出现了拒绝权要请托的情况,而且录取时有意识地选拔一些孤进寒俊,也成为一种趋势。这是因为长庆以后日益发展的社会矛盾到这时激化了,阶级矛盾和统治阶级上下层之间的矛盾都有了进一

---

① 《旧唐书》卷一七二《令狐楚传》;《登科记考》卷二二。
② 《唐摭言》卷一四《主司失意》。

步的发展。因此,统治者希望通过扩大几个孤寒的录取名额,来缓和下层的不满情绪。但是,由于这时大地主、大官僚们在维护已经取得的既得利益、共同抑制下层这一点上仍然保持着一致,并且都采取诸如奖拔几个孤寒的办法来扩大自己的力量,也增加了下层对上层的幻想。因此,下层已不可能形成一股独立的政治力量,会昌时不放子弟的局面终究没有出现。

第十二章　门荫的衰落和进士家族

第一节　门荫的衰落

进士科成为高级官吏的主要来源后,在选官制度上引起了深刻的变化。

首先是门荫制度的衰落。

门荫虽然是一种制度化的政治特权,符合条件的大臣子孙即可按规定入仕。但是,唐令规定"三品已上荫曾孙,五品已上荫孙"。门荫制度本身只能保证五品以上官吏的子、孙两代,三品以上官吏的子、孙、曾孙三代可以做官。至于入仕以后这些高级官吏子孙是否能够像他们的父祖一样进到五品、三品,就全看他们本人的努力和造化了。门荫入仕者在叙阶时,"一品子正七品上叙",以下递降,至从五品子,从八品下叙。"孙降子一等,曾孙降子一等。"资荫出身者虽然叙阶时比科举和其他出身者为高,但即使最高的一品子也只能从正七品上叙,最低的从五品孙正九品上叙,比科举出身者不过高出两三阶。他们要步入五品成为高级官吏,还有六至十二阶的漫长历程。如按四考中中,四考进一阶的正常途径迁转,需要二十四年至四十八年。循资格实行后,还有停选的问题,所需时间更长。因此,从制度本身来说,门荫制度既不能保证高官子弟可以做到高官,更不能保证高官后代长保富贵。

唐初高官仍多由贵族高官子弟担任。这是唐初仍然存在着以关陇贵族为核心的功臣贵族集团,以及尚武、尚贵戚、尚门第等传统的观念在社会上仍然有着强大影响的结果。因此,在当时,高官子弟得以担任高官,是以贵族集团的存在为前提,通过传统和关系而实现的。

但是,随着社会政治经济的发展,以及边疆形势的变化,政府机构面临着越来越复杂的局面。解决这些问题,需要丰富的政治经验和一定的才学。而对于高官子弟来说,并不一定具备这样的条件。景龙元年(707)中书侍郎萧至忠上疏曰:

> 臣伏见贞观、永徽故事,宰相子弟,多居外职。近来势要亲识,罕有才艺,递相嘱托,虚践官阶。

开元九年(721)侍中源乾曜亦上疏曰:

> 臣窃见势要之家,并求京职,俊乂之士,多任外官。王道均平,不合如此。[①]

他们都把势要和俊乂、才艺对立起来,说明才学正在逐步成为官吏选拔的主要标准。

唐高宗、武则天以后,高级官吏中势要子弟呈下降趋势,但门荫出身者仍占有相当大的比重。开元二十四年(736)在关于是否重用河湟使典出身的牛仙客的争论中,唐玄宗甚至对张九龄提出:"卿以仙客无门籍耶? 卿有何门阀?"仍把门荫说成是出身的正途。尽管玄宗并不以门阀取士,他这么说不过是想以此来堵住张九龄之口;但是,他对门荫出身的也并没有另眼看待。不论是科举出身还是门荫出身,甚至杂色入流的,只要确有才能,他都加以重用。科举出身的张说、张九龄,门荫出身的宇文融、李林甫,杂色入流的牛仙客,都受到玄宗破格的提拔。

安史之乱后,直到元和(806—820)以前,尽管越来越多的公卿子

---

① 《唐会要》卷五三《杂录》。

弟应进士举,但门荫一直还是大官僚世袭高位的一种手段,子弟以荫授官还被看做是一种正常的出身。甚至一些进士出身的高官子弟,也以荫入仕。如郑余庆、郑澣父子皆进士及第,而郑澣长子允谟以荫位终太子右庶子;令狐楚本人进士及第,而长子绪则以荫授官。①

文宗(826—840)后,公卿高官子弟以荫授官或从辟举入仕的情况继续存在,但进士科已成为高级官吏的主要来源,以门荫入仕而做到高官特别是做到宰相的比重大大下降。德宗时宰相35人中,进士出身的13人,门荫入仕的有李勉、韩滉、萧复、张延赏、刘滋、窦参、张镒、杨炎、杜佑和卢杞等10人,宪宗时宰相29人中,进士出身的17人,门荫入仕的有杜佑、于頔、李吉甫、张弘靖等,下降到4人。② 文宗、武宗时由门荫而致位宰相的更少,两朝合起来也只有李德裕、郑覃和杜悰等3人。宣宗时除了宣宗即位后第六天即被罢相的李德裕之外,无一人是由门荫入仕的。公卿大臣子弟继续以门荫入仕,已变得没有多少前途。高官子弟凭借门荫而致高位的状况已经成为过去。

还有一些通过门荫获得出身者,终身也没有获得一个官职,到死也停留在吏部常选的地位上。例如杨侃,祖杨隐,曾任泰州录事参军,为七品官;父杨秀,中散大夫、行汉州司马,散阶为正五品上,故杨侃以荫起家,授右金吾引驾。引驾属左右金吾卫,属三卫系统,只有执勤期满,考试合格,才能参选。杨侃虽"寻即简过,调选吏部",但"屡历铨衡,频移岁稔",多少年过去,终未能获得一官半职。开元二十五年(737)去世,终年44岁。③ 郑瑨,曾祖郑仁恭,刑部侍郎,祖郑思质,太庙令、开州别驾,父屯田郎、彭州长史。别驾为从四品下阶或五品官,故郑瑨"以祖荫补左卫勋卫",虽有大志,但"命恒屈于铨衡",直到开元二十年

① 《旧唐书》卷一五八《郑余庆传》,卷一七二《令狐楚传》。
② 据《新唐书》卷六二《宰相表中》、《唐会要》卷一《帝号上》及《旧唐书》《新唐书》有关各传。
③ 《千唐志斋藏志》下册,图版763《大唐故吏部常选杨府君墓志铭并序》。

他39岁时去世，始终是吏部常选。① 又如王元，"始以门荫备宿卫，续以户选奉（？）铨衡"，也是久不得官，天宝十四载终于广陵。② 这几个材料时间都集中在开元、天宝时期。他们虽然都以门荫出身，但父祖官品大多为五品，与三品以上亲贵和世任高官者不全相同，但至少可以说明，门荫不仅作为贵族高官世袭高位的制度在唐朝是衰落了，而且一般高级官吏，特别是四、五品通贵，通过门荫世代任官也成为问题。

门荫的衰落，是唐初以关陇贵族为核心的功臣贵族集团崩溃和门第决定职位高低的门阀观念的影响进一步削弱的反映。安史之乱后，唐初皇帝视为政权主要依靠的功臣贵族集团已完全崩溃，代替他们的是武则天、玄宗时期新起的公卿大臣和战乱中出现的勋贵。这些新贵子弟虽然也以门荫入仕，但是随着士族地主的衰落和门阀制度的崩溃，门第和权力早从隋代开始就不直接联系在一起了，门第已经不是做高官的当然条件。门荫只是给高官子弟以做官的资格，要做官还需要参加铨选；要做高官则还需要有处理复杂政务的能力和较多的经史知识以及一定的文学水平。只有那些才艺出众的新贵子弟才能做到高官。这就决定了门荫制的必然衰落。

门荫容易受到统治阶级内部斗争和家庭变故的影响，因此对于根基不深，亲族不大的新贵来说，门荫制度并不是保证他们世袭高位的有效手段。太宗时宰相岑文本兄子长倩在武则天时为宰相，由于触犯诸武下制狱被诛。长倩子岑羲在中宗、睿宗时亦做到宰相，先天元年（712）又坐预太平公主谋废玄宗事件被杀，籍没其家。太宗时宰相崔仁师子挹，中宗时为国子祭酒，挹子湜进士及第，中宗、睿宗时为相，亦坐太平公主党被杀。③ 岑、崔两家皆以门荫而历位显要，但是他们的子孙都因为先天时的家庭变故而一蹶不振。至于父祖贬官，直接影响子

① 《千唐志斋藏志》下册，图版798《唐故吏部常选荥阳郑公墓志铭并序》。

② 《千唐志斋藏志》下册，图版817《唐故吏部常选王府君墓志铭并序》。

③ 《旧唐书》卷七〇《岑文本传附兄子长倩、长倩子羲传》；卷七四《崔仁师传附孙湜传》。

孙的前程,达官死亡,后代因而贫贱,更是通常的现象。不论是唐初的贵族还是后来崛起的新贵,到开元初年大多没有逃脱姚崇所说的"比见诸达官身亡以后,子孙既失复荫,多至贫寒"[①]的命运。

而参加进士考试,则受政治斗争和家庭变故的影响就要小得多。唐后期不少达官子孙从小孤贫,后来力学举进士,又重登高位,如裴休和崔从。[②] 还有一些达官本人贬死,也并未影响其子弟的前途。杨收大中九年(855)被赐死,其子鉴、钜、镣皆进士及第,杨钜后为左散骑常侍,杨镣也做到尚书。[③] 李宗闵为李德裕所陷,贬死柳州,子琨、瓒大中朝皆进士擢第。[④] 这些父祖早亡或被贬官的高级官僚子孙不仅在应进士举时,而且在及第后都可以受到父祖的亲朋、门生和故吏的照顾,甚至还可以得到皇帝的破格提拔。郑瀚子郑从谠举进士,"令狐绹、魏扶皆父贡举门生,为之延誉",会昌二年(842)一举及第。[⑤] 宣宗时令狐绹为相,对李宗闵之子就"特加奖拔"。[⑥] 宣宗"见宪宗朝公卿子孙,多擢用之",杜黄裳、裴度之子都受到重用。举进士比起门荫来,是一种灵活得多,并且能够适应各种情况变化的一种出身方式,能更有效地保证新贵子孙世袭高位。这也决定了门荫制度必然要走向衰落。

第二节　辟举与进士科的结合

公卿大臣子弟不仅在应举时具有各种有利条件,而且在进士及第后,不论是谋取官职,还是迅速升迁,都处于有利地位。唐朝前期,

---

① 《旧唐书》卷九六《姚崇传》。

② 《旧唐书》卷一七七《裴休传》《崔慎由传》。

③ 《旧唐书》卷一七七《杨收传》。

④ 《旧唐书》卷一七六《李宗闵传》。

⑤ 《旧唐书》卷一五八《郑余庆传附从谠传》。

⑥ 《旧唐书》卷一七六《李宗闵传》。

门荫出身和进士及第都需要经过铨选才能入仕。入仕后，只有通过制科和宏词、拔萃，才可以不次提升，其他入仕和迅速升迁的途径不多。直到天宝以后，充任节度使的幕僚才逐渐成为官吏迅速升迁的一条重要途径。

《册府元龟》卷七一六《幕府部·总序》：

> 节度使之属，有副使一人、行军司马一人、判官二人，掌书记一人、参谋无员、随军四人；观察使有判官、支使，经略使有判官等员。其后节度观察使、防御团练，皆有推官、巡官之职，兼度支、营田、招讨使者，又有度支、营田等判官，自是正为幕府之职。皆奏请有出身人及六品以下正员官为之。唯两省供奉、尚书省、御史台，见任郎官不得奏请。其辟署未有官者，皆谓之摄。

以上幕府之职，是一种职掌，由节度等使辟署，同时由本府奏授宪官或检校官，以表示其品阶和身份。充任节度等使的幕职，不仅是获得了官、职，而且为迅速升迁创造了条件。《封氏闻见记》卷三《风宪》云："开元已前，诸节制并无宪官，自张守珪为幽州节度，加御史大夫，幕府始带宪官，由是方面威权益重。游宦之士，至以朝廷为闲地，谓幕府为要津，迁腾倏忽，坐致郎省。"幕府所带宪官，一般为正八品上阶的监察御史，原来官品高的或以门荫入仕出身高的亦有授从七品下阶的殿中侍御史和从六品下阶的侍御史的。三者均为清官，不以"资次迁授"，可以越级提升。尤其是监察御史，当时被列入自进士而历清贵的八俊之一，"言此八者尤为俊捷，直登宰相，不要历余官也"。[①] 一般士子进士及第后需要一再应选，才能补一个从九品县尉，与监察御史相差五或六阶，需要不断应选，几经升迁，才有少数人能做到监察御史。而充任节度使的幕职，即或带宪官，或迁为

---

① 《封氏闻见记校注》卷三《制科》；《旧唐书》卷四二《职官一》。

宪官,^①在不改变原来升迁制度的前提下,加快了士人做到监察御史、进入清官行列的速度。

天宝时期李林甫专权,排斥文士,特别是科举出身的士人。不少在朝廷找不到出路的士人去从藩府,以求出路。高尚、严庄成了安禄山的重要谋士自不必说,^②就是大诗人岑参也曾一佐安西,再赴北庭,^③写下了许多豪迈的边塞诗。封常清、高适并从幕职而做到了节度使。高官子弟亦有充当节度使幕职的,中书侍郎严挺之的儿子严武即曾充任陇右节度判官。^④

安史乱后,"诸道节度、都团练、观察、租庸等使自判官副将以下,皆使自铨择"。^⑤ 由于内地也普遍设立节度、观察等使,所需幕僚数量增加,辟召的范围扩大了。权贵高官子弟以门荫解褐后,即因各种关系为节度使所辟。故相卢怀慎之孙卢杞"以门荫解褐清道率府兵曹。朔方节度使仆固怀恩辟为掌书记、试大理评事、监察御史"。^⑥ 朔方节度使张齐丘之子张镒"以门荫授左卫兵曹参军。郭子仪为关内副元帅,

---

① 即带宪官的,如韩滉,"以荫解褐左威卫骑曹参军,出为同官主簿。至德初,青齐节度邓景山辟为判官,授监察御史、兼北海郡司马"(《旧唐书》卷一二九《韩滉传》)。迁为宪官的,如乔琳,"天宝初,举进士,补成武尉,累授兴平尉。朔方节度郭子仪辟为掌书记,寻拜监察御史"(《旧唐书》卷一二七《乔琳传》)。又如鲍防,"天宝末举进士,为浙东观察使薛兼训从事,累至殿中侍御史"(《旧唐书》卷一四六《鲍防传》)。还有迁为左右拾遗、补阙、大理评事的,如关播为淮南节度使邓景山辟为从事,累迁右补阙(《旧唐书》卷一三○《关播传》)。李元平,"始为湖南观察使萧复判官,试大理评事"(《旧唐书》卷一三○《李元平传》)。据《唐六典》卷二,拾遗,补阙为清官,大理评事亦列入"都畿清望"一类,均可不以资次,隔品授官。

② 《旧唐书》卷二○○上《安禄山传》《高尚传》。

③ 闻一多《岑嘉州系年考证》(见《唐诗杂论》)。

④ 《旧唐书》卷一○四《封常清传》,卷一一一《高适传》,卷一一七《严武传》。

⑤ 《通典》卷一八《选举六·杂议论下》沈既济论。《云麓漫钞》卷四:"(唐)自中叶以来,藩镇自辟召,谓之版授,时号假版官,言未授王命,假摄之耳。"

⑥ 《旧唐书》卷一三五《卢杞传》。

以尝伏事齐丘,辟镒为判官,授大理评事,迁殿中侍御史"。① 他们都在德宗时做到宰相。进士出身的官吏也有利用这条途径的。齐映进士及第后,先应科目选博学宏辞科,授河南府参军;后滑亳节度使令狐彰辟为掌书记,累授监察御史;河阳三城使马燧又辟为判官,奏殿中侍御史,德宗贞元二年做到宰相。②

从贞元元年至大和九年(785—835),科举及第后诸侯府便可"奏试官,充从事"。③ 贞元初进士及第的高官崔从、张正甫、钱徽都是经过藩府辟举而后做到高官的。④ 但在贞元(785—805)时期及第的一般士大夫,他们致高位或做到宰相仍多经由制科和科目选而不由辟举。宪宗时进士出身的宰相17人,其中经由制科的6人,经由科目选的3人,经由制科和科目选的1人,科目选登科后辟从藩府的3人,只从辟举的4人,⑤进士及第后在迅速升迁上起主要作用的仍是制科和科目选而不是辟举。

元和(806—820)前后,情况发生变化,在贞元末年,特别是元和年间进士及第而在文、武、宣几朝做到大臣和宰相的,大部分都是先辟从藩府而后升于朝廷的。文宗时宰相中进士出身的共18人,其中经过藩府辟举的11人;武宗时进士出身的宰相12人,其中至少有10人是经过辟举的;宣宗时进士出身的宰相20人中,经过辟举的也有13人。⑥ 其他大臣

---

① 《旧唐书》卷一二五《张镒传》。

② 《旧唐书》卷一三六《齐映传》。

③ 《唐会要》卷七六《进士》。

④ 《旧唐书》卷一七七《崔慎由传》,卷一六二《张正甫传》,卷一六八《钱徽传》。

⑤ 宪宗时进士出身的宰相中,经由制科者有韦执谊、韦贯之、崔群、皇甫镈、萧俛、裴垍等;经由宏辞的有李绛、王涯,经由拔萃的有李夷简;宏辞登科者辟从藩府的有杜黄裳、郑絪,书判高等辟从藩府的有李郿;只从辟举的有郑余庆、武元衡、李逢吉、令狐楚等。

⑥ 进士出身的宰相经过辟举的,文宗时有杜元颖、李逢吉、李珏、杨嗣复、李宗闵、宋申锡、李固言、李训、舒元舆、李石、陈夷行等;武宗时有李固言、李石、杨嗣复、李珏、陈夷行、李绅、李让夷、崔铉、李回、郑肃等;宣宗时有李让夷、李绅、郑肃、李回、白敏中、崔元式、卢商、马植、周墀、裴休、魏暮、崔慎由、刘瑑等。据《旧唐书》《新唐书》各有关列传。

经过辟举的更多。如韩愈,贞元八年(792)进士及第后,"三选于吏部卒无成"。① 宰相董晋出镇大梁,辟为巡官。晋死,徐州武宁军节度使张建封又辟为节度推官。后授四门博士,转监察御史,位终吏部侍郎。② 韦表微,进士及第后累佐藩府,元和十五年(820)拜监察御史,逾年以本官充翰林学士,迁左补阙、库部员外郎、知制诰,满岁擢中书舍人,俄拜户部侍郎。"自监察六七年间秩正贰卿。"③ 又如王质,元和六年进士及第,释褐岭南管记,历佐淮蔡、许昌、梓潼、兴元四府,累奏兼监察御史。入朝为殿中侍御史,迁侍御史、户部员外郎,位终宣州刺史、兼御史中丞、宣歙团练观察使。④ 卢简辞,亦元和六年进士登第,三辟诸侯府,长庆末入朝为监察御史,转侍御史,位终检校刑部尚书、襄州刺史、山南东道节度使。其兄简能,弟弘正、简求,简求子嗣业步至高官的经历都与他相似。⑤ 进士及第后辟从藩府,入朝为清官,这在宪宗特别是文宗以后,成为士大夫迅速升迁、致位显要的主要方式。辟举成为进士及第者青云直上的一条捷径。因此,晚唐士大夫不论他喜欢不喜欢作京官,愿不愿外出,都要到地方去担任幕职,因为文宗以后,这已经成为升迁的必由之路。

　　辟举这种方式对于通过进士科起家的高官新贵子弟是极为有利的。官至五品,通过门荫,儿子只能叙八品阶,官至三品,也才能从七品起家。位至三品,不是很快就能达到的。制举需要声名和才学,科目选也需要才识,也不是所有新贵子弟都能达到的。辟举虽然也需要声名和才识,但起决定作用的却往往是各种关系的力量。一般文士往往需要辗转相荐,才能谋得一个幕职。孟郊贞元十二年进士及第后,李翱曾先后荐于张建封和郑余庆。待到郑余庆辟署他为东都水陆转运判官

① 《韩昌黎集》卷一六《上宰相书》。
② 《新唐书》卷一七六《韩愈传》;《旧唐书》卷一六〇《韩愈传》。
③ 《旧唐书》卷一八九下《韦表微传》。
④ 《旧唐书》卷一六三《王质传》。
⑤ 《旧唐书》卷一六三《卢简辞传》。

时,孟郊已是年近六十的老翁了。① 而公卿大臣的子孙则可因同年、同僚、门生、故吏等关系而迅速受到辟召。沈传师曾为杜佑所器,杜佑并把表甥女许配给他。杜佑孙杜牧进士及第后,即为沈传师辟为江西团练巡官试大理评事。② 路岩父祖皆进士及第,累辟诸侯府而做到朝廷大臣。路岩大中时进士及第后,"父友践方镇,书币交辟,久之方就。数年之间,出入禁署。累迁中书舍人、户部侍郎。咸通三年以本官同平章事,年始三十六"。③ 孔纬的祖父孔戣、父孔遵孺皆进士登第。"纬少孤,依诸父温裕、温业,皆居方镇,与名公交,故纬声籍早达。大中十三年进士擢第,释褐秘书省校书郎。崔慎由镇梓州,辟为从事。又从崔铉为扬州支使,得协律郎。"后又受到宰相杨收、御史中丞王铎、宰相徐商的不断提拔,也在僖宗时做到宰相。④ 许多新贵子弟就是通过进士、辟举这条途径做到了高官。进士制度和辟举制度紧密结合起来,给高级官僚的世代承袭提供了可靠的保证。

《唐会要》卷七六《贡举中·进士》:"(大中)二年正月,中书门下奏:从贞元元年、太和九年秋冬前,皆是及第,便从诸侯府奏试官,充从事,兼史馆、集贤、宏文、诸司、诸使奏官充职。以此取人,常多得士,由是长不乏材用。太和会昌末,中选后四选,诸道方得奏充州县官职。"

第三节　进士家族和官僚世袭

高级官吏利用进士科使子弟承袭高位有一个发展过程。

安史之乱后,一些玄宗时期大臣和宰相的子孙,在至德、贞元间

---

① 《旧唐书》卷一六〇《孟郊传》;《韩昌黎集》卷一九《与郑相公书》;《李文公集》卷八《荐所知于徐州张仆射书》。

② 《旧唐书》卷一四九《沈传师传》,卷一四七《杜佑传附杜牧传》。

③ 《旧唐书》卷一七七《路岩传》。

④ 《旧唐书》卷一七九《孔纬传》,卷一五四《孔巢父传附孔戣传》。

（756—805）又位至通显，甚至出现了张嘉贞、张延赏、张弘靖三代为相，①韩休、韩滉、韩皋三代二相一仆射②这样的家族。高官子弟世任高官的情况，在一般地主大量进入各级统治机构的基础上又开始发展了。由于科举这时还没有稳定地成为高级官吏的主要来源，进士虽然在玄宗时已"为士林华选"，但进士科还只是为一般士子步入仕途、进入最高统治机构打开了道路，还没有成为培养和选拔高级官吏的主要形式。开元时虽然宰相中多数是从科举出身，但也还是一种暂时现象。从开元末到贞元末的 70 年间，除代宗时期外，宰相多数都不是从科举出身的。因此，这个时期公卿大臣仍多通过门荫来使子孙重踞高位。科举在官僚世袭高位上还没有来得及发挥重大作用。

　　进士科在高级官僚子孙世袭高位上发挥作用，是从贞元、元和时期（785—820）开始的。

　　贞元、元和之际，在经历了开元末年以来半个多世纪的曲折发展以后，科举出身者担任朝廷要官的有了显著增加，特别是进士及第者在达官中的比重大大提高。宪宗时的宰相 29 人中，科举出身的有 19 人，其中进士及第者有 17 人。③ 这是进士出身的大臣第一次在宰相中处于多数地位。此后，正如文宗开成三年（938）十月中书门下所奏，"朝廷设文学之科，以求髦俊，台阁清选，莫不由兹"。④ 宰相和朝廷大臣大都来源于进士科。

　　进士科成为选拔高级官吏的主要途径，这个变化对当时公卿大臣子弟的仕进道路发生了深刻的影响。贞元后便有许多高官子弟不

---

① 《旧唐书》卷一二九《张延赏传》。

② 《旧唐书》卷九八《韩休传》，卷一二九《韩滉传》。

③ 据《唐会要》卷一、卷二《帝号》，《新唐书》卷六二《宰相表中》及《旧唐书》《新唐书》各有关列传统计。

④ 《唐会要》卷七六《进士》。

以门荫入仕,而去参加进士考试。代宗时宰相裴遵庆及其子裴向都是以门荫入仕的,而其孙裴寅圣,寅圣子裴枢则均应进士举。① 曾任濠、舒、常三州刺史的独孤及之子独孤郁,常州刺史皇甫愉之子皇甫镈,②以及天宝、大历间进士及第的高官的子弟如钱起之子钱徽,吕渭之子吕温等亦皆进士及第。一些祖父、曾祖父进士及第,父亲由门荫而致高位的官僚子孙,如于休烈之孙于敖,卢怀慎之曾孙卢元辅也重应科举,进士及第。③ 贞元以后达官子弟应进士举的显著增加,说明高官新贵已比较普遍地利用进士科来让他们的子弟进入仕途,继居高位。

元和以后,父子、祖孙皆进士及第的多了起来。元和中进士及第的刘宽夫,祖刘迺、父刘伯刍、子刘允章祖孙父子四代皆进士及第,均位至五品以上。④ 崔邠在元和时进士及第后,弟六人、子二人、孙一人亦皆进士及第,历任台阁大臣。⑤

经过穆、敬、文、武、宣几朝的发展,高级官僚中父子进士更多了,并且出现了许多祖孙三代以至四代俱举进士及第,一门父子兄弟并为高官,父子、祖孙、叔侄相继担任宰相的家族。

宪宗到僖宗时期(806—888),在三代进士及第的家族中,至少有19家出了宰相。其中三代为相的有杜元颖、崔铉两家;两代为相的有郑余庆、令狐楚、崔慎由等3家;一代人中二人为相的有萧俛1家;一代为相的有杜黄裳等13家。在两代进士及第的家族中,也出了不少宰

① 《旧唐书》卷一一三《裴遵庆传》。
② 《新唐书》卷一六二《独孤郁传》,卷一三五《皇甫镈传》。
③ 《旧唐书》卷一六八《钱徽传》,卷一三七《吕渭传》、卷一四九《于希烈传》、卷一三五《卢杞传》。
④ 《旧唐书》卷一五三《刘迺传》及所附各传。
⑤ 《旧唐书》卷一五五《崔邠传》及所附各传。

相,其中王播、杨收两家连续两代都出了宰相。①

在以上 21 个宰相家族中,有 18 家是在贞元前后第一代进士及第的。第一代做到高官后,又通过进士科使第二代、第三代做到高官,终唐不衰。他们中的大多数父祖官卑或无官,是贞元前后通过进士科起家的新贵。

在连续三代进士及第的 19 家宰相家族中,第一代为相的 11 人,第二代为相的 5 人,第三代为相的 9 人。唐末僖宗时的宰相中,第三代进士至少有 7 人,故相的儿孙子侄有 5 人。② 这些情况说明,通过进士科做到宰相的,后代连续为相的虽是少数,但是凭借各种关系,通过进士科,大部分后代是可以世任高官的,这种世居高位越来越多的情况,反映官僚的世袭关系到唐朝末年已相当牢固。

这样,原先是从地主阶级各阶层中选拔官吏的进士科,在很大程度上就成为公卿大臣用来世袭高位的工具,像陈岳、卢汪那样"凡十上,竟抱至冤","举进士二十余上不第,满朝称屈"③的,并不是个别的现象。黄巢在广州发表文告,揭露当时弊政,"铨贡失才",④是其中重要的一条。

---

① 三代进士中,三代为相的有:杜元颖相穆宗,元颖侄审权相懿宗,审权子让能相僖宗;崔铉相武宗,铉叔元式相宣宗,铉子沆相僖宗。两代为相的有:郑余庆相宪宗,孙郑从谠相僖宗;令狐楚相宪宗,子绹相宣宗;崔慎由相宣宗,子胤相昭宗。一代中二人为相的有:萧俛相宪宗,俛从父弟做相懿宗。一代为相的有:杜黄裳、韦贯之相宪宗;牛僧孺相穆宗;李程相僖宗;杨嗣复、崔郸相文宗;路岩、韦保衡相懿宗;郑畋、李蔚、孔纬、豆卢瑑相僖宗。两代进士中两代为相的有:王播相穆宗,播侄铎相懿宗;杨收相懿宗,侄涉相哀帝。据《唐会要》卷一、卷二《帝号》,《旧唐书》《新唐书》各有关人列传及《新唐书·宰相世袭表》统计,两朝以上为相者,只记初次相某帝。
② 僖宗时宰相中第三代进士有:郑畋、郑从谠、崔沆、杜让能、韦保衡、豆卢瑑、孔纬等。故相儿孙子侄有:萧倣、王铎、郑从谠、崔沆、杜让能,见两《唐书》各有关列传。
③ 《唐摭言》卷一〇《海叙不遇》。
④ 《新唐书》卷二二五下《黄巢传》。

第十三章　唐后期应举及第范围的扩大

　　唐朝后期,高官子弟应举者增加,许多贵族高官子弟抛开门荫,利用进士科和辟举相结合,来作为世代担任高官的工具。同时,应举者之中出现了许多贫寒子弟,原来不能预于士伍的工商子弟和胥吏也有应举及第的,①应举及第者的地区也从北方扩展到南方广大地区。这些都表明,平民和中下层官僚子弟应举及第的比重也存在着上升的趋势。

第一节　阶层的扩大

一、贫寒子弟

　　贫寒子弟的应举及第是贞元(785—805)时期一个突出的现象。韩愈、白居易都是在这个时期进士及第的。韩愈自云"家贫不足以自活",②"在京八九年,无所取资,日求于人,以度时月"。后来他回忆这一段经历时写道:"当时行之不觉也。今而思之,如痛定之人,思当痛之时不知何能自处也。"③白居易也说他"家贫多故"。④ 王播"少孤贫,

---

① 参傅璇琮《唐代科举与文学》第八章《进士出身与地区》,陕西人民出版社,1986年。

② 《韩昌黎集》卷一五《上兵部李使君书》。

③ 《韩昌黎集》卷一六《与李翱书》。

④ 《白香山集》卷二八《与元九书》。

尝客扬州惠昭寺木兰院,随僧斋飱。僧厌怠,乃斋罢而后击钟"。① 这就是有名的饭后钟的故事。王播的处境较之韩愈以及同时期或稍后的寒士窦易直、舒元舆、李景让、裴休等更为艰难。②

贞元、元和之际,进士录取时务取真才实学,高级官吏也多从进士出身者中间选拔。这就给一般子弟特别是贫寒士子提供了一个良好的机遇。平民子弟乃至低级官吏子弟没有各种关系可以凭借。在科举中他们唯一可以发挥的优势就是自己的才学,因而勤苦也就成为他们成名的先决条件。

元和、长庆(806—825)之际,高官子弟及第出现了急剧上升的趋势,一般士子及第受到了阻碍。在这样的情况下,不放子弟的呼声日益高涨,一些掌贡举的官员也有意识地奖拔孤寒。王起"在长庆之间,春闱主贡,采摭孤进"。③ 会昌三四年再知贡举,"不放子弟",④录取了一批寒士。

宣宗"好儒术,特重科第",虽然录取的进士"率多膏粱子弟,平进岁不及三数人"。⑤ 但这也表明贫寒士子仍不断有及第者。大中八年(854)郑薰知贡举,"引寒俊,士类多之"。⑥ 咸通十年(869)王凝知贡举,"贡闱取士,拔其寒俊,而权豪请托不行,为其所怒,出为商州刺史"。⑦ 十二年高湜知贡举,"时士多藉权要干请,湜不能裁,既而抵帽

---

① 《唐摭言》卷七《起目寒苦》,引文据《唐诗纪事》卷四五《王播》。

② 《因话录》卷六:窦易直"家贫,受业村学"。《新唐书》卷一七九《舒元舆传》:"地寒,不与士齿。"《金华子杂编》卷上:"李景让尚书,少孤贫。"《旧唐书》卷一七七《裴休传》:"我等穷生,菜食不充。"

③ 《唐摭言》卷三《慈恩寺题名游赏赋咏杂纪》。

④ 《旧唐书》卷一八上《武宗纪》,会昌四年。

⑤ 孙启《北里志》序。

⑥ 《新唐书》卷一七七《郑薰传》。

⑦ 《旧唐书》卷一六五《王正雅附王凝传》。

于地曰:'吾决以至公取之,得谴固吾分!'乃取公乘亿、许棠、聂夷中等"。[1] 在科举为权要所把持的情况下,也还有个别知贡举者冒着贬官、得谴的风险选拔一些贫寒之士。乾符二年(875)正月《厘革新及第进士宴会敕》:"近年以来,浇风大扇,一春所费,万余贯钱,况在麻衣,从何而出,力足者乐于书罚,家贫者苦于成名。"[2]在皇帝的诏令中也把及第者之中的家贫者特别提了出来。

尽管贫寒者及第终是少数,但从掌贡举的官员到皇帝都注意到这一部分人。这是一个非常值得注意的动向。寒主要指寒门,相对势门而言,是指那些非权贵高官子弟和平民子弟。贫则指其家境。贫者固多寒士,但也不排斥其有一个显赫的祖先。但就他们应举时的处境而言,基本上是一致的,都没有可以凭借的力量。统治者之所以注意这一部分人,并在录取时给予几个名额的照顾,一方面是随着经济的发展,普通百姓包括下层地主官吏的子弟,读书应举的越来越多,他们已经成为一个不可忽视的社会力量。另一方面则是随着土地兼并的发展,贫富不均的问题日益严重起来。有意识地录取几个孤贫寒俊,正是统治者缓和上下矛盾的一种手法。

二、州县胥吏和工商子弟

唐朝前期,虽然工商列入士农工商四民之中,取得了良人的身份,但直到开元末年,仍然保持了"工商之家,不得预于士"[3]的规定。州县胥吏虽然粗通文字,但也算不得习学文武者,故也不能列入士类。

唐朝后期,上述规定从制度上来说,并未改变。但是,应举者的身份限制实际上却放松了许多。至德二年(757)"许人纳钱授官及明经

---

① 《新唐书》卷一七七《高钺传附高湜传》。

② 《唐大诏令集》卷一〇六。

③ 《唐六典》卷三"户部郎中员外郎"条。

出身"。① 前提是纳钱，对纳钱者的身份并未作任何限制，实际上是对取得出身资格者身份限制的松动。而后期由于人口流动，取解不本乡贯，对取解者的身份不可能进行严格的审查，即使对本地应举者的身份限制也没有严格按法令执行。因此，不仅农家人可以应举，其他唐朝法令规定不得进入士伍的工商子弟以及州县胥吏，也有应举及第的。

州县胥吏应举及第见于记载的，如贞元十二年进士及第的湛贲，袁州宜春人，原为县吏，后在其妻的激励下，"孜孜学业，未数载一举登第"。② 元和二年敕："自今已后，州府所送进士，如迹涉疏狂，兼亏礼教，或曾任州府小吏，有一事不合清流者，虽薄有辞艺，并不得申送。"③ 从此敕看，州府小吏应举并非是个别现象。此后，州县小吏应举、及第的仍有见于记载的。如汪遵，宣州泾县人。"幼为小吏，昼夜读书良苦，人皆不觉。"后辞役就贡，咸通七年进士及第。④ 同年抵京师的邵谒，韶州翁源县人，"少为县厅吏，客至仓卒，令怒其不撤床迎待，逐去。遂截髻著县门上，发愤读书"，应进士举。⑤

工商子弟应举及第的，有开成、会昌间进士及第的陈会。《北梦琐言》卷三记载：陈会"家以当垆为业，为不扫街，官吏殴之。其母甚贤，勉以修进，不许归乡，以成名为期。每岁糇粮纸笔，衣服仆马，皆自成都赍至"。及第后，剑南节度使李固言"览报状，处分厢界，收下酒旆，阖其户。家人犹拒之，遂巡贺登第"。作为酒家子，陈会不扫街而遭到官吏的殴打，地位之低下自不待言。而当陈会进士及第后，李固言命令陈家收下酒旆，关掉酒店，意思是陈会既已进士及第，取得做官资格，因此其家就不再能执工商之业了。

---

① 《大唐传载》。

② 《唐摭言》卷八《以贤妻激劝而得者》。

③ 《唐会要》卷七六《进士》。

④ 《唐才子传》卷八。

⑤ 同上。

《唐六典》卷二"吏部尚书"条："凡官人身及同居大功已上亲，自执工商、家专其业，皆不得入仕。"唐朝后期，情况有所松动。《白香山集》卷五〇《判》第二十四道："得甲之周亲，执工伎之业，吏曹以甲不合仕。甲云，今见修改。吏曹又云，虽改，仍限三年后听仕，未知合否。"此判为白居易贞元中为准备参加拔萃科考试而作，可知最晚在贞元时已有了周亲放弃工伎之业三年后，本人可以入仕的规定。据白居易所作对中"业有四人，职无二事，如或居肆，则不及仕门"。判中所指之工伎，即士农工商四民之中的工。从前期法令中把工商并提，对工商做出同样的不能入仕的规定来看，此处自迁其业三年而可入仕的规定，同样适用于商。这样实际上就取消了唐初工商子弟不得入仕的规定。值得注意的是，白居易在上述对中一方面指出："有慕九流，虽欲自迁其业，未经三载，安可同诸公。难违甲令之文，宜守吏曹之限。"同时又提出："如或材高拔俗，行茂出群，岂难限以常科，自可登乎大用。"认为只要是出类拔萃，三年之限也可取消。这与他所设判："得州府贡士，或市井之子孙，为省司所诘，申称群萃之秀者，不合限以常科。"[1]基本思想是一致的。只要是确有突出表现，不论放弃工商时间的长短，甚至仍执工商的市井子孙，都可以应举入仕。白居易在这里所表达的思想，不仅是一种思潮，而且是对某些州府举送市井子孙提供一种解释，一种理论依据。剑南节度使李固言在陈会进士及第后不允许其家继续以商为业，正是对其应举和出身资格的承认。这也说明，白居易判中所说在现实生活中是确实存在的，是具有普遍意义的。这就为市井子孙参加科举提供了可能性。

文献材料还记载了盐商子弟应举入仕的情况。其中最突出的是大和六年进士及第的毕诚。他初举进士不第，"尝谒一受知朝士者，希为改名，以期亨达。此朝士讥其醝贾之子，请改为诚字"。[2] 他忻然接受，

① 《白香山集》卷五〇《判五十道》。
② 《北梦琐言》卷三。

竟以此名登第。"杜悰为淮南节度使,置幕中,始落盐籍。"①此外还有咸通六年进士及第的江陵盐商之子常修,咸通十五年进士及第的池州醝贾之子顾云。②

盐商不同于一般的商人。它是唐朝后期榷盐制度的产物。刘晏改革盐法后,盐官收购盐户所产之盐后,不再由官府出售,而是加价卖给商人,由盐商运销四方。

关于盐商,白居易有两段文字。其一见于《白香山集》卷四六《策林二·二十三议盐法之弊 论盐商之幸》:

> 臣又见自关以东,上农大贾,易其资产,入为盐商,率皆多藏私财,别营稗贩,少出官利,唯求隶名,居无征徭,行无榷税,身则庇于盐籍,利尽入于私室。

其二见于他的《新乐府·盐商妇》:"婿作盐商十五年,不属州县属天子。每年盐利入官时,少入官家多入私。"这两篇文字,均作于元和初。长庆二年(822)韩愈也曾谈道:"盐商纳榷(或作税),为官粜盐,子父相承,坐受厚利。"③

《全唐文》卷七八武宗《加尊号赦文》:

> 度支、盐铁、户部诸色所由茶油盐商人,准敕例条免户内差役。天下州县豪宿之家,皆名属仓场盐院,以避徭役。……以此富屋皆趋幸门,贫者偏当使役。

根据上述记载可知,盐商为官府卖盐,不仅盐利收入"少入官家多入私",可以"坐受厚利",而且"居无征徭",享受后来只有"前进士及登科有名闻者"才能享受的免除差科色役的特权。④ 因此,不仅一般商

---

① 《东观奏记》卷下。

② 《南楚新闻》《唐诗纪事》卷六七。

③ 《韩昌黎集》卷四〇《论栾盐法事宜状》。

④ 《全唐文》卷七八武宗《加尊号后郊天赦文》。

人、农民"入为盐商",取得盐籍,以求庇护;就是地方上的富室豪宿之家,也都想方设法"名属仓场盐院,以避徭役"。盐商不属州县并享有免除征徭的特权待遇,就使他在一定程度上具有官商的性质,从而淡化了商的身份。这也就为盐商子弟应举入仕扫除了障碍。

工商子弟应举入仕还有更为深刻的社会背景。唐朝后期工商业活动的范围扩大,已不限于原来的市中;而且经营者之中有许多原来的农民,已不局限于原来有市籍的工商之家。随着地方经济的发展,兴起了许多草市,有的并且发展为固定的集镇。随着商业交通的发展,驿站附近兴起了许多农民兴办的店铺。从事贸易、伐木或其他手工业的农民也很多。经济的发展和社会分工的扩大,使许多农民从农业中分离或半分离出来,从事工商业活动。这是唐代经济发展的一个突出成就。加之还有许多官僚从事商业,士、农和工、商已很难严格划分。工商子弟正是利用这种旧秩序已经破坏,而新秩序还没有来得及建立的情势,参加科举,进入仕途的。

第二节　地域的扩大

唐朝前期科举出身的人物,大多数是北方人。江南道虽然也出现了不少人物,仅两《唐书》有传的就有 63 人,但多集中在润、苏、常三州。[①] 这三州的 32 人中,科举出身的有润州的王昌龄、权皋、包佶,常州的高智周、蒋镇,苏州的陆元方、陆象先、陆璪、陆余庆、归崇敬,共 10人。[②] 其中高智周、陆元方、陆象先都做过宰相,归崇敬德宗时位至工部尚书,蒋镇德宗时也位至工部侍郎。科举出身的人数很少,做到高官

---

① 参考史念海《两〈唐书〉列传人物的籍贯分布》(《河山集·五集》,山西人民出版社,1991),根据及第时间,权皋、包佶、归崇敬由后期移至前期。

② 《新唐书》卷二〇三《王昌龄传》;《旧唐书》卷一四八《权德舆传》;《唐才子传》卷三《包佶》;《旧唐书》卷一八五上《高智周传》,卷一二七《蒋镇传》,卷八八《陆元方传附子象先传》;《新唐书》卷一一六《陆元方传附余庆、璪传》;《旧唐书》卷一四九《归崇敬传》。

的比重却高达50%，这是一个很有意思的现象。江南其他地区应举及第的就更少了，有些地方几十年才有一个及第的，还有的地方在安史乱前的一百三十多年间，一直都是空白。

唐朝后期，情况发生了很大变化。润、苏、常三州进士及第者增加了，前期没有出过进士的一些地区也出现了进士。

就润、苏、常三州而言，后期见于两《唐书》的人物共41人，占江南道人物总数90人的45%。① 其中进士出身的，有润州的权璩，曾任中书舍人；常州的薛放，位终江西观察使；蒋伸，相宣宗；蒋曙，曾任鄂岳团练判官；李绅，相武宗；苏州有顾况，曾任著作郎；于公异，曾任祠部员外郎；归融，位终山南西道节度使；沈传师，位至吏部侍郎，传师子沈询，位终昭义节度使；柳宗元，位终柳州刺史；杨发，位终岭南节度使，杨发弟收，相懿宗，杨严，位至兵部侍郎，收子杨钜、杨镰，严子杨注、杨涉，杨涉亦位至宰相；顾少连，位至吏部尚书，少连子顾师邕，位至水部员外郎；陆贽，相德宗。明经出身的有归登，位终工部尚书；丁公著，位终太常卿。先以门荫入仕，后来制举登科的有陆亘，位终宣歙观察使。② 科举出身的共23人，占入传总人数的56%。入传的人物，一半以上具有科举出身的资格。其中位至四、五品以上高官的共15人，占科举入仕者总数的68%。这也从一个侧面说明科举已成为高级官吏的主要来源。

以上三州两《唐书》有传的科举及第者主要集中在苏州，共18人，占三州总数22人的81%。而苏州又集中在顾、归、杨、沈四家，共15

① 参考史念海《两〈唐书〉列传人物的籍贯分布》。

② 《新唐书》卷一六五《权德舆传附璩传》；《旧唐书》卷一五五《薛戎传附弟放传》；《新唐书》卷一三二《蒋乂传附伸、曙》；《旧唐书》卷一七三《李绅传》；《唐才子传》卷三《顾况》；《旧唐书》卷一三七《于公异传》，卷一四九《归崇敬传附子登、登子融传》、《沈传师传附子询传》；《新唐书》卷一六八《柳宗元传》；《旧唐书》卷一七七《杨收传》及所附各传；《新唐书》卷一六二《顾少连传》，卷一七九《顾师邕传》；《旧唐书》卷一三九《陆贽传》，卷一八八《丁公著传》，卷一六二《陆亘传》。

人,占苏州总数 18 人的 83%。这四家中,归、顾、沈三家均为吴人,是土著的家族。只有杨家,祖上是同州冯翊人,直到杨发、杨收之父杨遗直,"位终濠州录事参军,家世为儒,遗直客于苏州,讲学为事,因家于吴"。[①] 此外,常州的薛放,原为河中宝鼎人,后"居于毗陵之阳羡山"。[②] 润州的李绅,高祖李敬玄为亳州谯人,"父晤,历金坛、乌程、晋陵三县令,因家无锡"。[③] 都不是原籍江南的。还有柳宗元,其先河东人,"父镇,天宝末遇乱,奉母隐王屋山,常间行求养,后徙于吴"。到柳宗元出生时,他又外出做官了。[④] 因此,韩愈《柳子厚墓志铭》只提到"皇考讳镇,以事母弃太常博士,求为县令江南"。墓志铭还提到柳宗元死后"归葬万年先人墓侧"。[⑤] 可见柳宗元的家族早已从河东迁到长安,徙吴只是为了避难。尽管这些家族在江南的时间有长有短,但都反映了安史之乱后南北文化的又一次交融。

应举及第增长幅度最大的,是福建、江西和湖南。

福建在贞元以前科举及第,见于文献记载的,据徐松《登科记考》所考,只有神龙二年(706)进士及第的姚仲豫、薛令之,天宝十二载明经擢第的林披和大历二年(767)进士及第的贾翕等 4 人。《唐语林》卷四说"闽自贞元以前,未有进士"是不确的。但贞元以后闽之进士激增确是事实。据《登科记考》,仅从贞元四年至十七年(788—801),科举及第者就有 10 人,其中进士 6 人,明经 4 人。元和元年(806)至光启二年(886)的八十年间,仅进士及第者就有 33 人。在唐王朝苟延残喘的最后十六年(890—907),进士及第者共 17 人,平均每年 1 人。增加的趋势是很明显的。

江西增长最快的是袁州(今宜春)和信州(今上饶)。据《钦定四库

---

① 《旧唐书》卷一七七《杨收传》。

② 《旧唐书》卷一五五《薛戎传》。

③ 《旧唐书》卷八一《李敬玄传》,卷一七三《李绅传》。

④ 《新唐书》卷一六八《柳宗元传》。

⑤ 《韩昌黎集》卷三二。

全书·江西通志》卷四九《选举》,袁州贞元、元和年间(785—820)进士及第者5人,宝历至天复年间(825—904)增至22人。信州除了景云中(710—712)方竦,元和中(806—820)吴武陵,长期无进士及第者。而从咸通四年至天复三年(863—903),四十年间进士及第者增至9人。这些都是有年代可考的。据《登科记考》卷二七,《永乐大典》引《宜春志》,无纪年可考的唐代进士及第者,还有40人。

湖南,开元以前几无中举者,此后,各科及第的有29人,其中大多也是贞元以后考中的。①

荆州(今湖北江陵)自贞元五年、十四年(798)李建、李逊弟兄进士及第后,五十年间几无及第者。② 因此,大中四年(850)刘蜕进士及第,就成为"破天荒"的大事。《北梦琐言》卷四记此事云:"唐荆州衣冠数泽,每岁解送举人,多不成名,号曰'天荒解'。刘蜕舍人以荆解及第,号为'破天荒'。尔来余知古、关图、常修皆荆州之居人也,率有高文,连登上科。"

南方其他地区应举及第的也都有增加,特别是皖南的宣、歙、池,浙东的杭州,不仅本地应举者有所增加,还有一些外地举子到这里取解应举。白居易即为宣城守所贡,③而白居易为杭州刺史,江东士子也多至杭州取解。④

虽然从及第人数来看,在总数中比重仍然很小,但是作为一种起步,一种趋势,却是值得注意的。这不仅反映了这些地区的经济发展进入了一个新的阶段,也预示着宋代南方政治人才群体的兴起。唐末不第进士罗隐返回杭州,镇海节度使辟为从事。⑤ 乾宁二年(895)进士及

---

① 唐启淮:《唐五代时期湖南地区社会经济的发展》,《中国社会经济史研究》,1985年第4期。

② 《登科记考》卷一二至卷二二。

③ 《白香山集》卷二六《送侯权秀才序》。

④ 《唐摭言》卷二《争解元》。

⑤ 《旧五代史》卷二四《罗隐传》。

第的黄滔回到福建后,也成为王潮闽政权的重要支持力量。五代十国时南方各国的统治者不尽是本地人,而当地的士人始终是一支活跃的政治力量。到北宋终于出现了大批出生于江西、福建、苏南等南方各地的政治人物。其中包括苏州人范仲淹和抚州临川(今江西抚州西)人王安石、吉州永丰(今属江西)人欧阳修、泉州晋江人曾公亮等著名的政治家。

第十四章　科举与社会等级再编制

第一节　社会价值观念的变化

科举的发展改变了原有的仕进道路,彻底摧垮了周隋以来的用人标准和价值观念。

周隋之际,无论是克绍箕裘,继承祖业,还是改换门庭,光宗耀祖,都需要通过武功。例如窦威,他的先世在西魏、北周均为第一等高门,父炽入隋后拜太尉。"威家世勋贵,诸昆弟并尚武艺,而威耽玩文史,介然自守。诸兄哂之,谓为书痴。"守秘书郎十余年,"学业益广,时诸兄并以军功致仕通显,交结豪贵,宾客盈门,而威职掌闲散"。诸兄笑他"名位不达,固其宜矣"。① 这种尚武、尚贵戚的风气到唐初虽然有了很大的变化,大量起用才识之士,但门荫仍为入仕正途。门第对于个人和家庭的发展来说,仍然起着重要的作用。一般没有门第和官爵的地主起家仍以军功为第一捷径。故贞观末薛仁贵想改葬父母,改换风水以改变自己的处境时,他的夫人劝他从军以建立功名,"富贵还乡葬未晚"。由于他作战英勇,果然被破格授予从五品上阶武散官游击将军,②成为高级官吏,真可谓一步登天。但这种情况并没有持续多久,随着财富的增加,地主富户不再愿意从事冒险事业。遇到州县发遣兵

---

① 《旧唐书》卷六一《窦威传》。
② 《新唐书》卷一一一《薛仁贵传》。

募,他们便参逐官府,东西藏避,以逃脱兵役。①

到唐朝中后期,情况发生了更大变化,唐人传奇中沈既济的《枕中记》和白行简的《李娃传》,从两个不同的侧面反映了这种变化。

《李娃传》的男主人公郑生为山东士族第一等高门荥阳郑氏的后裔,父荥阳公为常州刺史,时望甚崇,家境也很殷富。郑生"始弱冠矣,隽朗有词藻,迥然不群,深为时辈推服"。不是靠门第,也不是依靠做高官的父亲,而是因为隽朗有词藻,而享有一定的声誉。"其父爱而器之,曰:此吾家千里驹也。"让他应乡赋秀才举,希望他通过科举而青云直上,成为其家的千里马。这说明,包括荥阳公在内,当时社会上已经普遍认识到,既不能依靠山东士族的门第,也不能靠父祖官位的资荫,只有通过进士科,才能保持家族的兴旺。因此,身为刺史的荥阳公,才对儿子郑生寄予那么大的希望。

可是郑生到长安后,立即被城市里的声色奢靡搞得迷迷糊糊。他迷恋娼女李娃,整天泡在娼优堆里,狎戏游宴,囊中尽空,结果沦为凶肆哀挽之歌者。其父发现后,责罚几至于死,流落街头。后路遇李娃,李娃自己赎身并收留了郑生,督促郑生斥百虑以志学,三年而业精熟,于是一举而登甲科,"声振礼闱,虽前辈见其文,罔不敛衽敬羡,愿友之而不可得"。科举及第,声名大振,功成名就,该等着步入仕门青云直上了。而李娃认为:"今秀士苟获一科第,则自谓可以取中朝之显职,擅天下之美名。子行秽迹鄙,不侔于他士。当砻淬利器,以求再捷,方可连衡多士,争霸群英。"李娃的这一段话说得很有分寸,也很实际。她的意思是,即使一般秀士获得科第后可以立即得到美官,而郑生由于过去的劣迹,还需要再取得科第,才可以在激烈的竞争中压过群英。郑生听从了李娃的劝告,益自勤苦,声价弥甚,在应制举直言极谏科时策名第一,授成都府参军。说来也巧,郑生上任路上,恰逢其父由常州刺史升任成都尹兼剑南采访使,父子在剑门相遇。荥阳公不仅认了儿子,

① 《旧唐书》卷八四《刘仁轨传》。

"曰:吾与尔父子如初",并且以大礼迎娶曾经为娼的李娃为媳。

故事说明,只要进士及第,制举登科,不仅秽行鄙迹不会引起人们的非议,而且过去因污辱家门而断绝父子关系的事也被一笔勾销。这里根本的一条就是因为科举特别是进士科这时已经成为仕进的唯一正途。虽然科举及第不一定能青云直上,但是要青云直上,却必须科举及第。因此,对于荥阳公来说,儿子进士及第、制举登科并获得正七品下阶的参军官职,不仅是意味着败子回头;更重要的是,这样一来,门庭的延续和光大有了保证。郑生又成了"吾家之千里驹",故而不仅父子相认,而且对于帮助儿子取得功名起了极大作用的李娃也打破了门第、等级的偏见,"命媒氏迎二姓之好,备六礼以迎之,遂如秦晋之偶"。

《李娃传》虽然还不无门阀观念残余影响,但更主要的是强调科举在决定一个人的命运和一个家族的前途上所起的作用。科举不仅可以改变一个人的处境和社会地位,而且可以影响一个家族的兴衰。故事中荥阳公的言行举止形象地表明,当时高官权贵们已经把家族的希望寄托在子弟的科举及第上。

和《李娃传》中的郑生不一样,《枕中记》的主人公卢生,是一个"衣短褐,乘青驹,将适于田"的少年,是一个既没有门第,父祖又没有官职的平民百姓。他在邸中歇息时长叹息曰:"大丈夫生世不谐,困如是也。"吕翁问他何谓适,卢生答道:"士之生世,当建功树名,出将入相,列鼎而食,选声而听,使族益昌而家益肥,然后可以言适乎。吾尝思于学,富于游艺,自惟当年青紫可拾。今已适壮,犹勤畎亩,非困而何?"凭借自己的学艺,通过科举入仕,建功树名,家肥族昌,这就是他的理想。

后来卢生梦中娶清河崔氏女,举进士科登第,释褐秘书省校书郎,应制举登科转渭南尉,迁监察御史,转起居舍人知制诰,三载出典同州,后来出将入相,建功立业,中间虽经坎坷,一次被贬,一次被流放,最后被招为中书令,封燕国公。观其梦中一生,"出入中外,徊翔台阁,五十余年,崇盛赫奕"。他的五个儿子,也或以进士,或以门荫入仕。

这是开元前后平民入仕,青云直上的典型道路。魏知古、张说都是通过这条道路进入最高统治机构,侧身高官权贵行列的。

魏知古,先世和父祖均无记载,出身于平民家庭,进士及第后,累授著作郎兼修国史。长安中,历迁凤阁舍人,卫尉少卿,神龙初擢拜吏部侍郎,睿宗时为相。开元二年,累封梁国公,先后任黄门监、紫微令。①

张说,据《新唐书·宰相世系表》,祖洛无官,父骘,洪洞丞,是一个八品或九品小官。张说本人制举出身,授太子校书,累转右补阙。武则天时曾任凤阁舍人,中宗、睿宗时历任黄门侍郎、工部侍郎、兵部侍郎。玄宗开元初征拜中书令、封燕国公。其后出为相州刺史,迁右羽林将军兼检校幽州都督。开元七年检校并州大都督府长史、兼天兵军大使。九年召为兵部尚书、同中书门下三品。十一年为中书令。张说虽出将入相,位极人臣,但仕途也颇为坎坷,曾配流钦州,又出为相州刺史,最后还被人奏弹,免去了相职。② 他的一生,与《枕中记》中卢生梦中的一生,极为相似。

魏知古和张说是两个突出的例子。《枕中记》中有很多他们的影子,沈既济很可能即以他们作为卢生的原型。而其他平民或下级官吏的子弟,也无不沿着这条科举入仕的道路而做到中高级官吏。因此,《枕中记》并不是一个纯虚构的梦境,而是在现实生活中确实存在的。正因为如此,科举对一般士子才能有那样大的吸引力。正如沈既济在《词科论》中所云:

> 永隆(680—681)中,始以文章选士。及永淳(682—683)之后,太后君临天下二十余年。当时公卿百辟,无不以文章达。因循遐久,浸以成风。以至于开元、天宝(713—756)之中,上承高祖、太宗之遗烈,下继四圣治平之化,贤人在朝,良将在边,家给户足,人无苦窳,四夷来同,海内晏然。虽有宏猷上略无所措,奇谋雄武

---

① 《新唐书》卷七二中《宰相世系表二中》鹿城魏氏;《旧唐书》卷九八《魏知古传》。

② 《旧唐书》卷九七《张说传》。

无所奋。百余年间,生育长养,不知金鼓之声,烽燧之光,以至于老。故太平君子,唯门调户选,征文射策,以取禄位。此行己立身之美者也。父教其子,兄教其弟,无所易业,大者登台阁,小者仕郡县,资身奉家,各得其足,五尺童子,耻不言文墨焉。是以进士为士林华选,四方观听,希其风采。每岁得第之人,不浃辰而周闻天下。①

但是,科举录取名额有限,能循着科举这条路入仕并爬上去的,总是少数。因此,对多数士子来说,终将是一场黄粱梦。卢生对一般士子来说,具有很大的典型性。尽管在《枕中记》的结尾卢生表示人生之适,不过如此,不再抱有奢望,但多数士子仍然是沿着这条路孜孜不倦地追求着。

第二节　士族含义的变化

唐武宗会昌五年(845)诏明确规定,江淮百姓,只有"前进士及登科有名闻者"方可称为"衣冠户",才可以享受免除差役的特权。其余"纵因官罢职,居别州寄住,亦不称为衣冠户。其差科色役,并同当处百姓流例处分"。② 这个诏令不仅把官员中的科举及第者和其他出身者区别开来,而且赋予进士及登科有名闻者以特殊的身份。科第成为确定一部分人的社会等级和政治特权的依据。这不论在社会等级编制,还是在科举制的发展上,都具有重要意义。

唐朝建立后,继承隋制,设立门荫、官人永业田、官人免除赋役、官人犯罪按爵位和官品高低议请减赎等制度。其中五品是一条重要的界限。三品以上亲贵和五品以上通贵不仅可以门荫子孙,而且可以免除一起居住的全家的赋役。六品以下官员不能荫子孙,也只能免除本人

---

① 《通典》卷一五《选举三·历代制下》。

② 《全唐文》卷七八武宗《加尊号后郊天赦文》;《唐大诏令集》卷七一《会昌五年正月三日南郊赦文》。

的赋役。政治经济特权完全与现任官职相联系,而与三代以上祖先的官职和门第无关。社会等级的编制在九品中正制废除后出现了新的形势。

但是,门阀观念和门阀制度在唐初仍然有着强大的影响。唐太宗即沿袭北魏以来各朝定姓族等级的做法,于贞观八年(634)命高士廉等定天下氏族。最初的目的还仅限于审定旧的士族郡姓,[①]并没有提出什么特定的原则。只是到《氏族志》修成时,见崔民幹被列为第一等高门,唐太宗才提出修订《氏族志》的目的是要"崇重今朝冠冕",并且规定修订的原则是"不须论数世以前,止取今日官爵高下作等级"。[②]按照现任官职来划分等级,这是一个全新的原则。它与北魏孝文帝时既承认现时权贵,也承认过去的冠冕,只要祖先曾为高官,即可列入士族,有很大的不同;而与唐令所规定的按现任官品等级来确定政治经济特权,是完全一致的。

贞观《氏族志》虽然根据唐太宗的旨意以今日官爵高下作等级,但仍着意考辨士族的真伪,不叙新贵郡望。新官之辈纷纷与山东士族通谱联姻,来提高自己的社会地位,但这毕竟只限于少数高官。广大地主官吏感兴趣的是通过各种方式谋求一官半职,或迅速升迁。像薛仁贵那样白衣从军,以军功由兵卒而致位五品游击将军,[③]对一般地主有着强大的吸引力。高宗初年征辽,"百姓人人投募,争欲征行,乃有不用官物,请办衣粮,投名义征",[④]就是因为有官职和勋赏吸引着他们。

高宗显庆四年(659)诏改《氏族志》为《姓氏录》。参加修订的礼部郎中孔志约等"立格云:'皇朝得五品官者,皆升士流。'于是兵卒以军功致五品者,尽入书限"。[⑤] 并且一律不注明郡望。《姓氏录》确定了

---

① 王仲荦:《〈唐贞观八年条举氏族事件〉残卷考释》,《文史》第9辑,1980年。

② 《旧唐书》卷六五《高士廉传》。

③ 《新唐书》卷一一一《薛仁贵传》。

④ 《旧唐书》卷八四《刘仁轨传》。

⑤ 《旧唐书》卷八二《李义府传》。

五品以上皆升士流，不论原来的出身，只要达到五品即入士流，这是对门阀观念的彻底否定。不叙郡望，唐太宗提出的"不须论数世以前，止取今日官爵高下作等级"的原则也得到了完美的实现。"兵卒以军功致五品者尽入书限"，以各种方式进入高官行列的新贵的地位也得到了确认。这样就从根本上打破了魏晋以来传统的士族观念。官品高下的区分正式取代了门第高下的区分，官民的区分也逐步取代了士族、庶民的区分。新的士族观念正在逐步形成。

尽管门阀观念还具有相当的影响，社会上还流传着伪托相州僧昙刚撰的《山东士大夫类例》三卷，"其非士族及假冒者不见录"。① 但是，现实的政治经济利益还是促使大多数人接受官职和政治经济特权相结合的原则，去追逐官职和高位。而且，通谱联姻，也只有致位高官以后，才可能实现。对于一般无权无势的士人和官吏来说，山东旧门是无法"高攀"，也不值一顾的。因此，随着地主经济的发展和读书者的不断增加，在高宗初年投名义征的浪潮过去之后，越来越多的士子投向科举。而不能带来实际政治经济利益的郡望和门第，在社会上的影响大大降低。唐玄宗开元初王翰窃定海内文士百有余人，分作九等，②公布后在社会上所引起的反响，比起稍后孔至所撰"品第海内族姓，近代新门不入"的《百家类例》，③也就强烈得多。文士在人们心目中的地位越来越高。

在唐前期的法令中，士有其特定的含义："凡习学文武者为士。"④唐初做出的这个规定，范围还比较广泛。不论学文还是习武，都可以称作士。后来范围逐步缩小，主要指读书人。梁肃所云，开元中"士有不由文学而进，谈者所耻"。⑤说的是以文学取士的进士科为时所尚。士

---

① 《隋唐嘉话》下。

② 《封氏闻见记校注》卷三《铨曹》。

③ 《封氏闻见记校注》卷一〇《讨论》。

④ 《唐六典》卷三"户部郎中员外郎"条。

⑤ 《全唐文》卷五二〇梁肃《李公墓志铭》。

虽然还包括其他读书以求仕进的人,但习武者已被排除在外。

士族也开始在新的意义上被使用。杜佑在贞元七年完成的《通典》中写道:"自是士族所趋向,惟明经,进士。"①杜佑这里所说的士族,即士子这个读书人的群体。元和以后,士族并见于制敕中。元和元年(806)处斩刘辟诏曰:

> 刘辟生于士族,敢蓄枭心,驱劫蜀人,拒扞王命。②

按刘辟,《旧唐书·刘辟传》不记其籍贯、父祖,止云"贞元中进士擢第,宏词登科"。既非山东旧门,又无显赫家世,诏中所云"生于士族",乃指其为进士出身。

《唐大诏令集》卷二九《太和七年册皇太子德音》:

> 其公卿士族子弟,明年已后,不先入国学习业,不在应明经、进士之限……
>
> 比年所颁制度,皆约国家令式,去其甚者,稍谓得中。而士大夫苟自便身,安于习俗,因循未革,以至于今。百官士族,起今年十月服冬裘已后,其衣服舆马,并宜准太和六年六月十七日敕处分。如固违制度,九品已上量加黜责,其布衣五年不得举选。

在这个诏令中,士大夫包括百官和士族,而士族则相对公卿、百官而言,主要是指具有参加举选资格的布衣。

《旧唐书》卷一四七《杜佑传附杜悰传》:

> (杜佑孙)悰,以荫三迁太子司议郎。元和九年,选尚公主,召见于麟德殿,寻尚岐阳公主。……自顷选尚,多于贵戚或武臣节将之家。于时翰林学士独孤郁,权德舆之女婿,时德舆作相,郁避嫌辞内职。上颇重学士,不获已许之,且叹德舆有佳婿,遂令宰臣于卿士家选尚文雅之士可居清列者。初于文学后进中选择,皆辞疾

---

① 《通典》卷一五《选举三·历代制下》。

② 《旧唐书》卷一四〇《刘辟传》。

不应，唯惊愿焉。……开成初，入为工部尚书、判度支。属岐阳公主薨，久而未谢。文宗怪之，问左右。户部侍郎李珏对曰："近日驸马为公主服斩衰三年，所以士族之家不愿为国戚者，半为此也。杜悰未谢，拘此服纪也。"

《旧唐书·独孤郁传》记此事则云：

> 因诏宰相于士族之家选尚公主者。

据此，士族之家当为区别于贵戚和武臣节将之家的卿士之家，即以文入仕的公卿百官。宣宗时"有诏于士族中选人才尚公主，衣冠多避之"。[1]也是把士族作为衣冠即公卿百官的同义词来使用的。

可见在唐朝后期，士族或指读书应举的布衣之家，或指进士出身的家族，或指公卿百官，虽然还没有一个非常确定的或法定的含义，但不论在何种场合，都不是用来指称魏晋南北朝时期的旧士族，也不是用于指称他们的后裔。时代已经赋予士族以新的意义。在一般情况下，士族主要是指那些通过科举入仕，或家中有人正准备应举入仕的家族。因而科举及第或从事举业都是被称为士族的一个前提。士族含义的这种变化反映了门阀制度和门阀观念的彻底衰落，也说明随着一般地主土地所有制的发展和封建经济的繁荣，新的封建等级再编制正在逐步完成。

第三节　衣　冠　户

士族虽然不是一个法定的称号，而文宗前后出现的衣冠户却在武宗时由诏令规定为"前进士及登科有名闻者"的专有称号。[2]

衣冠户的出现，是和免除赋役问题联系在一起的。

唐朝后期，关于赋役的减免，不论从制度上还是实际执行上都是混

---

[1]　《旧唐书》卷一四九《于休烈传附于琮传》。

[2]　见前引武宗会昌五年诏。

乱的。唐初颁行的《赋役令》对赋役的减免有明确的规定。建中元年(780)两税法实行后,原有的《赋役令》没有明令废除。宝历元年(826)户部侍郎崔元略在奏议中仍引用《赋役令》关于"内外六品以下官及京司诸色职掌人,合免课役"的规定。① 但是两税中的钱是按户等交纳的,宪宗时以法令形色肯定下来的徭役,是按户征发的。② 因此在实际执行中就变成了"近代以来,九品之家皆不征"。③ 六品以下官员免课役的范围由一身扩大为一家。正是由于旧的适应租庸调、杂徭制度的赋役令和新的两税法、差役制度之间还存在着许多不明确的地方,以及安史乱后唐政府对于寄庄、寄住户纳税的优待,因此,在武宗前情况是相当混乱的。在江淮一带出现了"或本州百姓,子弟才沾一官,及官满后,移住邻州,兼于诸军诸使假职,便称衣冠户"的情况。他们"广置资产,输税全轻,便免诸色差役"。④

至于进士和其他科举及第者,没有免除课役的明确规定,直到长庆元年(821),穆宗在《南郊改元德音》中规定:

> 将欲化人,必先兴学。苟升名于俊造,宜甄异于乡闾,各委刺史、县令,招延儒学,明加训诱,名登科第,即免征徭。⑤

科举及第者才正式获得了免除征徭的待遇。四年后唐敬宗在《宝历元年南郊赦》中又重申:

> 天下州县,各委刺史、县令,招延儒学,明加训诱,名登科第,即免征役。⑥

这两个诏令没有说明是免其一身,还是全家皆免。会昌五年武宗

---

① 《册府元龟》卷四七四《台省部·奏议五》。

② 吴宗国:《唐末阶级矛盾激化的几个问题》,《北京大学学报》,1984 年第 3 期。

③ 《通典》卷一八《选举六·杂议论下》沈既济论。

④ 《全唐文》卷七八《加尊号后郊天赦文》。

⑤ 《全唐文》卷六六。

⑥ 《唐大诏令集》卷七〇。

《加尊号后郊天赦文》关于"江淮百姓非前进士及登科有名闻者,纵因官罢职,亦不称为衣冠户"的规定,虽然把前进士放到突出的地位,而且把制科和科目选的登科者①都列入衣冠户的范围,但对这些人怎样免除差役,仍无明确规定。

乾符二年(875)僖宗《南郊赦文》:

> 准会昌中赦:家有进士及第,方免差役,其余只庇一身。就中江南富人多,一武官便庇一户,致使贫者转更流亡。从今后,并依百姓一例差遣,仍委方镇,各下诸州,准此检点。②

赦文所引会昌赦不见于其他记载,是会昌时原赦,还是后来的补充和修正,姑且不论,但有一点是明确的,只有进士及第者方免全家差役。其余诸科,都只庇一身。这一点从杨夔《复宫阙后上执政书》中所云"且赦有进士及第,许免一门差徭,其余杂科,止于免一身而已",③也可以得到证明。

总而言之,穆宗到僖宗的半个世纪间,科举及第者不仅获得衣冠户的称号,而且获得了免除差役的待遇。而其中进士科出身的官僚享受的复除特权,比其他科目出身乃至门荫子弟的特权都要多。进士及第者有了两晋南北朝时期的士族门阀和唐初以来五品以上官僚所拥有的能庇护一家的特权。④ 这样以科第来确定一部分人的特权,是继魏晋南北朝的门第,隋和唐初以来的官品之外,又提出了一条新的标准。这不仅是因为科举特别是进士科已成为高级官吏的主要来源,入仕的正途,而且是因为通过科举,可以改变人们的社会等级。

---

① 唐代常科、制科和科目选考中者,均可称及第,见《唐会要》卷七四《吏曹条例》贞元二年五月吏部奏。后期进士、明经录取者一般称及第、擢第、高第,制科、科目选一般则称登科,见《登科记考》卷一八至卷二二引用的有关材料。

② 《全唐文》卷八九;《唐大诏令集》卷七二《乾符二年南郊赦》。

③ 《全唐文》卷八六六。

④ 张泽咸:《唐代的衣冠户和形势户》,《中华文史论丛》,1980 年第 3 辑。

由于生产的提高和商品货币关系的发展,唐朝中叶以后土地所有权转移相对加速。地主官僚不能长期保有其土地,建立在土地财产基础上的个人的和家族的等级处于经常的变动之中。封建等级制度还存在了很长的时间,而其成员则是经常变动的,并且成为封建等级常存的前提。

以科举为中心来确定士族等级,毕竟还不是尽善尽美的,还不能满足所有官吏,主要是那些非进士出身的官吏的要求。唐朝后期虽然明令规定只有前进士及登科有名闻者才可称为衣冠户,但终唐仍被作为官僚家族的通称而被使用着。因此,唐朝的衣冠户到宋代发展为官户、形势户,仍然回到以官品来确定等级的标准。但是,宋代相当一部分官僚是从科举出身的,因此官户、形势户和唐代衣冠户二者又是相通的。

第四节 举 人 层

贡举人,据《唐律疏议》卷九《职制上》贡举非其人条疏议:"依令,诸州岁别贡人。若别敕令举,及国子诸馆年常送省者,为举人。"举人包括别敕令举的制举人和荐举人,以及由国子监保送参加常举的国子明经、国子进士。诸州岁贡之人即"其不在馆学而举者,谓之乡贡",①包括乡贡明经、乡贡进士等。后来,凡取得应举资格的,均称之为举人。

国子明经、国子进士、乡贡明经、乡贡进士,凡是获得这些贡举人称号的,不过表明他们已取得了应举的资格,并不表明他们的社会身份,更不是一种头衔。而对于已经及第的前进士、前明经就不同了,他们既然已经及第,也就是取得了出身,即做官的资格。因此,在他们还没有获得官职就去世时,往往以他们这个仅有的身份作为头衔来书写他们

---

① 《通典》卷一五《选举三·历代制下》。

的碑志。最初，还只是出现在志文中，如仪凤四年（679）杨炯所撰《从弟去盈墓志铭》，志文中即标明"国子进士杨去盈"。① 后来就直接冠在志题中的墓主姓名之上，如开元十一年（723）所书的《大唐故前乡贡明经上谷寇君墓志铭》。②

贡举人以所举科目作为头衔最初多见于墓志。武周时《孝廉张君墓志铭》，墓主张庆之，"州辟孝廉不赴"，③是未及第的孝廉。但这种情况当时还不多见。到开元、天宝之际，在为别人撰书碑志时冠以乡贡进士、乡贡明经头衔的多了起来。仅见于《千唐志斋藏志》的就有：

开元二十九年：河南府乡贡进士陈众甫词，侄孙乡贡明经有磷书

开元二十九年：河南府进士翁伟撰

天宝元年：乡贡进士彰眺撰并书

天宝四载：东京国子监进士王寰撰

天宝七载：乡贡进士吏部常选河东薛咸撰，南阳孝廉吏部常选张瑁书

天宝八载：乡贡进士周顼撰

天宝十三载：河南府进士李渐撰④

唐朝后期，以乡贡进士、乡贡明经为头衔撰写和书写志文的更多，在《千唐志斋藏志》《金石萃编》和《八琼室金石补正》（《全唐文补遗》⑤）中都有记载，这里不再列举。

以乡贡进士作为墓主的头衔写入志题，中唐已经出现：

---

① 《杨炯集》卷九。

② 《千唐志斋藏志》上册，图版634。

③ 《八琼室金石补正》卷四。

④ 《千唐志斋藏志》下册，图版785、786、800、819、837、848、851、894。

⑤ 《全唐文补遗》第一辑至第九辑，三秦出版社，1994—2006年。

元和十二年(817):唐乡贡进士卢君夫人博陵崔氏墓志铭①

但更多见于晚唐,仍以《千唐志斋藏志》为例:

大和元年(827):唐故乡贡进士京兆韦府君墓志铭并序

大中九年(855):唐故乡贡进士孙府君墓志

大中十一年:唐故乡贡进士陇西李君墓志铭

大中十三年:唐故乡贡进士敦煌张府君墓志铭并序

咸通六年(865):唐故乡贡进士孙备夫人于氏墓志铭

咸通十一年:唐故乡贡进士南郡张公墓志铭②

晚唐还出现了把"乡贡三传""乡贡学究"写入志题的:

大中十年:唐故乡贡三传支府君墓志铭

乾符四年:唐故乡贡学究李公墓志铭③

至于是否把乡贡明经作为墓主头衔写入志题,尚需进一步研究。

此外,举进士的士子在行卷时也自称乡贡进士。《唐国史补》卷下:

进士为时所尚久矣。是故俊乂实集其中,由此出者,终身为闻
人。故争名常切,而为俗亦弊。其都会谓之举场,通称谓之秀才。
投刺谓之乡贡,得第谓之前进士。

白居易《与陈给事书》:

正月日,乡贡进士白居易谨遣家僮奉书献于给事阁下。④

题名时,亦有用乡贡进士为衔的,如《华岳题十六段》中元和十四年
(819)正月一日《容府□□题名残字》:"乡贡进士任□,表弟谷。"⑤

① 《全唐文补遗》第三辑,三秦出版社,1997年,第171页。

② 《千唐志斋藏志》下册,图版1031、1107、1127、1137、1147、1164、1179。

③ 《全唐文补遗》第四辑,三秦出版社,1997年,第180、260页。

④ 《白香山集》卷二七。

⑤ 《八琼室金石补正》卷五五。

在诗题和送别诗序中,赴举和不第进士一般都以秀才相称。如权德舆《送裴秀才贡举》;①欧阳詹《送袁秀才下第归毗陵》《送陈八秀才赴举序》《泉州刺史席公宴邑中赴举秀才于东湖亭序》;②柳宗元《送元秀才下第东归序》《送蔡秀才下第归觐序》。③ 个别也有称进士的,如皮日休《伤进士严子和诗》。④

总之,乡贡进士,乡贡明经这些原来是贡举人的名称,离开了原来的意义,而被作为一种表示身份的头衔,在社会上广泛使用。

这种情况,与贞元(785—805)以后"膏粱之族,率以学校为鄙事。若乡贡,盖假名就贡而已",⑤应进士举者,大多从州府取解,与中进士社会地位的提高有关。而更重要的是,由于贡举者的不断增加,而能及第者终归有限,社会上积累了一批取得贡举资格而未能取得出身的人。

贡举人不同于常人。至少从制度上来说,要取得乡贡进士、乡贡明经的称号,是要通过州府的考试的。考试合格,才能取解,才能得到中央参加考试的资格。因此,取得乡贡进士或乡贡明经的称号,意味着已经经过了一次淘汰,是州府考试的优胜者。这样,就把他们和一般士子区分开来。

科举考试不及第的,根据开元二十一年五月敕:"即诸州人省试不第,情愿入学者听。"可以申请进入四门学。⑥ 按,学生属于内职掌,而准《赋役令》,"内外六品以下官,及京司诸色职掌人,合免课役"。⑦ 一旦成为四门学学生,便可享受六品以下、九品以上官才能享受的免除课役的特权。

---

① 《全唐诗》第五函第八册。

② 《全唐诗》第六函第一册,《全唐文》卷五九七、五九六。

③ 《柳河东集》卷二三。

④ 《全唐诗》第九函第九册。

⑤ 《唐摭言》卷一《乡贡》。

⑥ 《通典》卷四〇《职官二十二·大唐官品》。

⑦ 《唐会要》卷五八《户部侍郎》。

乡贡进士、乡贡明经虽然没有取得做官的出身资格，但士的身份是确定无疑的。《唐六典》卷三"户部郎中员外郎"条关于士所下的定义是："凡习学文武者为士。"并规定，工商之家不得预于士。作为良人的一部分，士居于士农工商四民之首。但在社会上习文成风的情况下，加之唐朝后期取解不受籍贯限制，许多农家子弟乃至商人子弟都取得了贡举人的资格。这样，科举便变成了四民身份变动的桥梁。农、商子弟只要取得贡举人资格，士的身份也就确定了下来。

乡贡进士、乡贡明经作为士的一部分，人数越来越多。他们上面连着已经及第的进士、明经，而在他们的后面，则还有一大批连贡举人资格都没有取得的读书人。正是在及第者和读书人之间，出现了贡举人这样一个社会群体、社会层面。

贡举人，尤其是其中应进士举者，是一个相当活跃的社会力量。《封氏闻见记》卷三《贡举》记载：

> 玄宗时，士子殷盛，每岁进士到省者常不减千余人。在馆诸生更相造诣，互结朋党以相渔夺，号之为"棚"，推声望者为棚头，权门贵盛，无不走也，以此荧惑主司视听。其不第者率多喧讼，考功不能御。

《旧唐书》卷一四七《高郢传》亦记载贞元时情况：

> 时应进士举者，多务朋游，驰逐声名。每岁冬，州府荐送后，唯追奉宴集，罕肄其业。

这虽然只是考试前后的活动，但是通过这些活动，不仅加强了贡举人之间的联系，而且也成为及第入仕者和不第者之间联系的纽带。科举出身的官吏和刚及第的进士赋诗送别不第者，成为唐朝后期长安的一项重要社交活动。这对提高贡举人的社会地位，具有很大意义。

不第者还到各地寻求地方官吏的赏识和支持，[①]这也加强了他们

---

① 参本书第十章。

和地方官之间的联系。

以上所述，都还没有离开及第这个主题。但是，贡举人毕竟是大大超过可以及第的人数，因此，很多人数举之后，便开始另谋出路。

大多数人回到本乡本土，或留居城市，成为类似后来"乡绅"一类的人物。他们乡贡进士、乡贡明经的身份，使他们不同于普通老百姓；他们又是农村的知识分子，撰写墓志铭，很自然地成为他们的一项工作。

个别的归隐入道，如柳宗元《送娄图南秀才游淮南将入道序》中引娄图南所云："自度卒不能堪其劳，故舍之而游，逾湖江，出豫章，至南海，复由桂而下也。少好道士言，饵药为寿，未尽其术，故往且求之。"

还有不少人去从藩府。唐朝后期节度使可以自辟僚佐，科举不第者亦有被辟署的。如魏邈，"贞元初，以乡举射策上省者五六，以贿援兼无，竟不登第。然当时称屈者众矣。其后为河阳节度使所辟，随逐戎幕，处事详明，奏怀州参军，丁祖母忧不上，后参选，拜果州司户参军，未上为度支山南租庸使所厚，抑志勾留，共理盐卤"。① 元和四年，宰相裴度补其为待制官，拜婺州司功参军，转宣州司功参军。魏邈由乡贡进士而成为节度使幕僚，最后做到朝廷命官，在当时应该算是幸运的了。多数还是在地方任职。会昌五年六月敕："诸道所奏幕府及州县官，近日多乡贡进士奏请。此事已曾厘革，不合因循。且无出身，何名入仕。自今以后，不得更许如此，仍永为定例。"②敕本身就说明晚唐乡贡进士担任幕职和州县官已成为相当普遍的现象，因此，虽有此敕，地方长官继续奏请乡贡进士任幕府及州县官，如：

咸通十一年：乡贡进士前摄幽州大都督府参军许舟

广明二年（881）：前摄沧州司马乡贡进士徐胶③

---

① 《八琼室金石补正》卷六九《大唐故宣州司功参军魏府君墓志铭并序》。

② 《唐会要》卷七九《诸使杂录下》。

③ 《京畿冢墓遗文》卷下《唐故幽州随使节度押衙正议大夫检校国子祭酒兼侍御史上柱国太原王府君夫人清河张氏合祔墓志铭》《大唐故幽州节度要籍祖君夫人弘农杨氏墓志铭并序》。

他们虽然没有能像魏邈那样入朝做官,但也总算是有了一个不离参加科举初衷的归宿。这些情况也表明,吸收乡贡进士参加政权,已经成为各地节度使、观察使有意识的行动。乡贡进士已经成为各地地主在政治上的代表而参加到府、州、县各级政权中去。这对于扩大统治基础,协调地主阶级内部关系,稳定封建秩序,具有重要意义。

还有一些乡贡进士,虽然入幕,但是怀有对朝廷深刻的怨恨。如"李山甫者,数举进士被黜,依魏幕府,内乐祸,且怨中朝大臣"。中和四年(884),曾任宰相的王铎,徙义昌节度使。王铎"出入裘马鲜明,姬侍且众。过魏,(节度使)乐彦祯子从训心利之"。李山甫乃"导从训以诡谋,使伏兵高鸡泊劫之,(王)铎及家属吏佐三百余人皆遇害"。①

更多的乡贡进士连入幕的机会也没有,其中一些人铤而走险。黄巢就是"屡举进士不第,与(王)仙芝共贩私盐",②最后终于走上起义反抗的道路。

唐朝后期,"乡贡进士""乡贡明经"作为一种头衔而广泛使用。这说明,参加科举而没有及第的人数越来越多,已经在社会上形成一个新的群体,虽然国家没有表示承认,但是已经得到社会的认可。他们虽然科举没有及第,但是他们参加了州县的考试和考核,取得了参加科举的资格。在参加科举考试的过程中,他们与同辈建立了相当多的联系,其中包括科举及第进入官场的举人。而在他们的后面还有许多没有取得参加科举考试资格的士子,这种情况使他们在地方处于一种特殊地位,受到人们的尊重。这是一个非常值得注意的社会现象。

---

① 《新唐书》卷一八五《王铎传》。

② 《平巢事迹考》。

第十五章 科举发展的趋势

从隋文帝开皇七年（587）制诸州岁贡三人，到1905年清朝废除科举，科举制在中国实行了一千三百多年，几为察举制实行时间的一倍。在这漫长的岁月里，科举制发展总的趋势是：

1. 诸科逐步衰落，逐步集中到进士科。唐代科举分为制举和常举。常举主要有明经、进士和明法等科。北宋也有制举和常举，常举有进士科和明经诸科。明经诸科包括九经、五经、三史、三传等，大部分唐代即已设立。熙宁四年（1071），宋神宗接受王安石建议，取消明经诸科。此后虽然还有一些变化，但集中到进士科这个趋势没有改变。明清都是以考进士作为科举的最终归结。

2. 录取标准逐步集中到经义。这里所说的主要是进士科。进士科的录取标准，经历了文章、诗赋、策问、经义几个阶段。唐初进士试时务策五道。策问中虽然加进了儒家经典和历史方面的内容，但在评定成绩时，主要是看策文的词华，而不是看策文的内容。中宗神龙元年（705）帖经、试杂文和策问三场试的格局最后确定下来后的一段时间里，也主要是看文章做得如何。直到开元、天宝（713—756）之际，诗赋的好坏才成为进士录取的主要标准。到贞元、元和（785—820）之际，随着古文写作和革新浪潮的兴起，诗赋取士受到了强烈的冲击。策文内容的好坏成为录取时的主要依据，帖经和诗赋降到了次要地位。晚唐诗赋取士之风又有所抬头。到北宋，就完全恢复了诗赋取士。宋初进士试诗、赋、论各一首，策五道，帖《论语》十帖，对《春秋》或《礼记》墨文十条，仍然保持着三场试的基本格局，但在录取时，"乃专以辞赋取进士"。①

王安石变法,取消明经诸科,进士罢诗赋、帖经、墨义,改试经义、论、策。科举毕竟是选拔政治人才即各级官员的一种考试制度,它的考试科目和录取标准自然应该是服务于这个目的。唐朝前期的以文取士,不过是在社会上文化正在普及、官吏的文化水准亟待提高的情况下一种暂时的现象;也是武则天当政后,由文学之士担任的负责诏敕起草和表状处理的中书舍人在政务处理和官职升迁上都日益处于枢纽地位,因而成为士子追求目标的一种反映。但是,仅有文学是处理不了政事的,更无法应付日益复杂的各种政务。因此,不论是武则天还是唐玄宗,在他们任用和提拔官吏时,除了张说、张九龄当权的短暂时期,都着重于处理政务的能力。反映到选举上,就是文学、政事的长期论争和进士录取标准的不断变化。王安石停止进士试诗赋,改试经义,标志着唐中叶以来文学、政事争论的终结。进士科沿着政事之科向前发展。这是科举考试中的一次重大变革。明代科举考试即沿袭宋元,乡试、会试均考三场,第一场四书义,第二场论、判、诏诰和章表,第三场经策。录取时主要都是看经义的成绩。不同的是,王安石是以考《诗经》《尚书》《易经》《周礼》和《礼记》为主,兼考《论语》《孟子》,而明清则以《大学》《中庸》《论语》《孟子》为主,并以朱熹的《四书集注》为准。从以《五经》经义为主到以《四书》经义为主,反映了伴随着社会政治和经济的发展,中国古代学术文化的变迁。

宋元以来,经义即习用对偶,并模仿古人语气,至明沿而未改。到明成化(1465—1487)以后经义文形成了固定的格式,发展为八股文。八股文对于那些以经世治国为己任,博通经史,熟悉社会,才智出众的士子来说,仍然有着广泛驰骋的余地,明清时期许多有名的政治家都是通过科举脱颖而出的。但是,对于那些以科举作敲门砖的一般士子来说,他们不认真钻研儒家经典,不努力学习历代史籍,也不了解社会实

① 参见范仲淹《答手诏条陈十事》,收入《范文正公文集·政府奏议》卷上。

际,而去专攻所谓时文,即八股文。他们从思想到行动都被科举这条绳索紧紧地束缚住,即使像《儒林外史》中的范进那样大龄而尚未中举者,也仍然乐此不疲。而这正是统治者所需要的。历代统治者运用科举来选拔具有才学、识见和能力的人才,安排到各级政府,以组成一个强有力的统治系统。这是他们实行科举制的主要目的。而宋朝以后,统治者更是越来越有意识地利用科举来作为控制思想、牢笼人才的工具。

3. 分等录取,起家越来越高。唐代进士及第,甲第从九品上阶叙阶,乙等从九品下阶叙阶,一般授予县尉或校书郎一类小官。除非有荫或制举、科目选登科,才有可能破格授官。北宋从太平兴国(976—984)年间开始,进士分等录取,按等第高低委派官职。进士录取时按成绩分为赐进士及第、赐进士出身、赐同进士出身三等,并按等级委派官职。前三名升迁很快,仁宗(1022—1063 年在位)一朝十三榜 39 人中,只有五人未位至公卿,高级官吏大部分亦多由进士出身者担任。按才学选官,学而优则仕的原则在北宋得到充分的体现。

明代殿试后分三甲发榜。一甲三人,赐进士及第,头名状元,第二名榜眼,第三名探花,合称三鼎甲。二甲若干人,赐进士出身,三甲若干人,赐同进士出身。得中进士,便可直接授官。一甲例授翰林院修纂、编修。二甲、三甲永乐二年(1404)以后,可参加庶吉士的考选,录取者入翰林院学习三年,再授予重要官职。其余的则授予给事中、御史、主事或知州、知县等官职。这样的安排使新进士步入官场后首先有一个见习和接触实际政务的机会。对于十年寒窗的士子来说,是十分必要的新课目。

重视才学,把进士中成绩最好的迅速加以提拔,并且建立制度,让他们实习政务,接触社会,是进士科成为高级官吏主要来源后两个显著特点。这是处理日益复杂的政务的需要,也是整个社会文化水平提高的反映。

4. 分层录取,扩大录取名额。唐代分科录取,州县考试合格,取得到中央参加科举考试资格者,在唐朝后期虽有把乡贡明经、乡贡进士作为头衔来使用的,但那只是一种显示自己的手段,对入仕做官并没有很大的实际意义。宋代扩大录取名额。北宋初年,科举隔年或数年举行一次。宋英宗治平三年(1066)定为三年举行一次。自宋太祖至宋徽宗八朝的 166 年中,共开科六十九次,取进士,诸科 34163 人,平均每年取士 205 人,比唐高出 60% 以上;进士平均每年录取 115 人,比唐一般为 30 人要高出三四倍。① 对于屡试不第者,北宋开始实行"特奏名"制度。开宝三年(970)放榜后,宋太祖"诏礼部贡院阅进士,诸科十五举以上,曾经终场者,以名闻",得 106 人,并赐出身。虽诏"自今勿得为例",②但太宗、真宗继续实行。宋仁宗景祐元年(1034)春正月癸未诏:"礼部所试举人,十取其二。进士三举,诸科五举,尝经殿试,进士五举年五十,诸科六举年六十,及曾经先朝御试者皆以名闻。"二月辛丑:"诏礼部贡院,诸科举人七举者,不限年,并许特奏名。"③此后,每开常科,均有特奏名,④特奏名遂成为定制。累举不第者,根据举数和年龄,由礼部特与奏名,直接参加殿试,不论合格与否,都赐及第或出身,同时授予一定官职。宋朝统治者对久举不第者给予一些照顾,以缓解他们对朝廷的不满,这是接受了唐末以来的教训。这说明宋朝统治者已经不仅利用科举来选拔官吏,而且更有意识地利用科举来调节上下层的关系,把广大士子笼络在皇朝周围。

明仿元制,科举分为在府城举行的院试、省城举行的乡试和在中央举行的会试和殿试三级考试。无论考中哪一级,都可以获得一种称号。经县、府两级考试合格的童生,院试考试及格,取得府州县学生的资格,叫做进学,称为生员,一般称为秀才,民间称为相公。府州县学的生员

---

① 何忠礼:《北宋扩大科举取士的原因与冗官冗吏的关系》,《宋史研究集刊》,浙江古籍出版社,1986 年。

② 《续资治通鉴长编》卷一一"开宝三年三月壬寅"条。

③ 《宋史》卷一〇《仁宗本纪二》。

④ 《宋会要辑稿·选举三》之一七;《续资治通鉴长编》卷一一四"景祐元年正月癸未"条。

和国子监的监生以及捐纳取得监生资格的,参加乡试及格,称为举人,不仅可以到中央参加会试,考进士,而且取得了做官的资格,所以民间称举人为"老爷"。这种秀才即可享有某些特殊待遇,举人取得做官的资格,一部分成绩优异的进士可以很快做到大官的办法,对满足广大士大夫入仕的要求,刺激他们全身心地投入科举具有很大作用。这不论是对于从下层选拔优秀人才,充实官僚队伍,增强政府活力,还是协调上下层关系,控制思想,牢笼人才,都具有重要意义。

后　记

科举之名始于宋代。唐代贡举制,宋以后也习称为科举。这是因为它已具备了科举制的最基本的特征,故本书亦以科举名之。

本书仅就唐代科举制度中一些主要问题及其相关问题进行了论述,没有触及的问题还有很多。十几年来科举学作为一门新兴的学科有了很大的发展。对于唐代科举,学者们也从不同的方面去进行新的探索,取得了许多成就。有兴趣的读者可参考这些包含了最新研究成果的论著。

当年在本书写作过程中,参考了海内外学者有关科举的论著,受到诸位师友的鼓励和支持。在刘雪枫先生的督促和努力下,本书 1992 年 12 月由辽宁大学出版社出版。

本书初版以后,受到了爱好唐代历史和文化的朋友们的关心。我还听到不止一位年轻的朋友说,他们买不到本书,就只好复印。这些都使我倍感欣慰,但也感到十分愧疚。时间虽然过去了十八个年头,但我在本书中的基本看法并没有变化。因此这次修订没有进行大的改动,只在个别地方做了一些文字上的修改。现在北京大学出版社和刘方女士又给了这本书再版的机会,在此,我深表谢意。

吴宗国

2009 年 9 月 26 日

于北京大学蓝旗营